“走向真实成长”四川大学附属实验小学集团
教育实践成果系列丛书

情智共生 点亮习作课堂

——小学语文习作单元整体教学实践研究

顾 问：刘 晏
主 编：贺 婧 杨 娟 邓 茜
副主编：杨 璐 陈春鸿 谢 敏
编 委（排名不分先后）：
张 兰 周 丹 殷秀娟 李 燕 杨慧颖
郑卓立 张晓姝 陈方英 潘佳丽 张明秋
何东蔺 许艳丽

四川大學出版社
SICHUAN UNIVERSITY PRESS

图书在版编目（CIP）数据

情智共生 点亮习作课堂．小学语文习作单元整体教学实践研究 / 贺婧，杨娟，邓茜主编．— 成都：四川大学出版社，2022.6（2024.6 重印）

ISBN 978-7-5690-5179-7

Ⅰ．①情… Ⅱ．①贺… ②杨… ③邓… Ⅲ．①作文课—课堂教学—教学研究—小学 Ⅳ．①G623.242

中国版本图书馆 CIP 数据核字（2022）第 112253 号

书　　名：情智共生 点亮习作课堂：小学语文习作单元整体教学实践研究
Qingzhi Gongsheng Dianliang Xizuo Ketang: Xiaoxue Yuwen Xizuo Danyuan Zhengti Jiaoxue Shijian Yanjiu

主　　编：贺 婧　杨 娟　邓 茜

选题策划：唐 飞　王心怡
责任编辑：王心怡
责任校对：荆 菁
装帧设计：墨创文化
责任印制：王 炜
封面题词：林发云

出版发行：四川大学出版社有限责任公司
地址：成都市一环路南一段 24 号（610065）
电话：（028）85408311（发行部）、85400276（总编室）
电子邮箱：scupress@vip.163.com
网址：https://press.scu.edu.cn
印前制作：四川胜翔数码印务设计有限公司
印刷装订：永清县晔盛亚胶印有限公司

成品尺寸：170mm×240mm
本册印张：10.75
总 印 张：20.75
本册字数：201 千字
总 字 数：387 千字

版　　次：2022 年 7 月 第 1 版
印　　次：2024 年 6 月 第 2 次印刷
定　　价：88.00 元（全 2 册）

本社图书如有印装质量问题，请联系发行部调换

四川大学出版社
微信公众号

序言

真实成长

初识贺婧老师，是2006年，当时她刚调入四川大学附属实验小学（简称“附小”）集团，后因工作需要，一直在附小本部工作至今。一晃，16年过去了，在这16年中，我有幸见证贺婧老师在附小经历适应、发展、成长和思考等多个发展阶段，在教育和教学上逐渐走向成熟，走向高远。2019年12月，武侯区贺婧名师工作室成立，则是对她成熟和高度的一种认可。工作室共计18名成员，来自省内8所学校，其中，成熟型教师6名，青年教师12名，贺婧老师自然成为领路人。

“真实成长”和“情智课堂”是近5年来附小教育所主张的两个重要命题，在持续4年的深入研究和思考中，我们形成了“真实成长”的关键表述：儿童在生活情境中，顺应身心发展规律，在个性化和社会化的有机契合中，通过德智体美劳的全面发展、心智情意志的充分发展，以及好奇心、生活力、创造力的自由发展，成为美好世界与美好生活创造者和享受者的高品质学习生活过程。而“情智课堂”则主张在课堂上让抽象的知识在感性的情境中充满生命力，让知识、能力和情感融为一体，并以体验为主的生活学习方式，使学生在课堂上明理、动情、增智，发展想象力，最终实现情生智长。

要让学生在“情智课堂”上实现“真实成长”，则需要教师“真实地教”，学生“真实地学”。特别是语文教学中的习作，一直是块“难啃的骨头”。儿童是具有丰富的想象和创造力的，只有让习作回归“儿童的真实表达”，有“儿童感、思维度、生活味和创新性”，方能实现其情趣、思想、精神、能力等的“真实成长”。

2020年以来，贺婧老师紧抓“真实成长”和“情智课堂”，引导工作室以“统编版教材的习作课堂”为研究抓手，着力落实习作中的“真实地教”与“真实地学”。

首先，是习作“教什么”？工作室聚焦“习作单元”，采用自主研学和线上研讨相结合的方式，开展“习作单元整体教学设计”的研教实践。通过一年的实践研究，理解并明晰了统编版教材“习作单元”的编排意图及编排体例，针对“习作单元”自成体系的特点，站在单元统整的高度解读教材，围绕单元习作训练目标，进行单元整体习作教学设计。在“教什么”的认识上，工作室打破“课”的局限，从“点状的单一课型”到“大单元”的整体系列架构，这是“教”者“大语文”的视野与格局。

其次，是习作“怎么教”？在单元整体教学的落地训练中，循序强化学生习作能力培养，突显习作序列化、体系化。工作室完成了 4 个年级 8 个单元的整体教学设计；提出了“习作单元整体教学设计”的“四有”主张——有目标，有方法，有重点，有序列；建构起了情智共生的课堂教学样态，启动情智—生成情智—发展情智—情智共生。链接教材和生活，使学生的习作水平随着融入生活的广度，深度地开掘，让学生的兴趣、思想、情感和思维在课堂上“真实地发生”，促进了学生习作能力的提升，一年来的落地实践，积淀了“习作单元”的教学经验，形成了有特色的教学实践案例约 14 万字。

学生如何“真实地学”？所谓“情动而辞发”，“真实的学”在于过程中“情的激发、思的激活、智的生长”的真实发生，“读写”的充分融合是关键。2021 年，在贺婧老师的带领下，工作室在“习作单元整体教学设计”实践研究的基础上，提出了小学语文中高段“随文微写”策略的实践研究，将习作研究的触手深入常态的阅读教学中。“读”是输入，“写”是输出，抓取阅读文本中与作者、与生活、与学生“情智交融”的“点”，让学生喜欢表达、乐于表达且善于表达，实现情动促思、思活生智和智启创能。

在《义务教育语文课程标准》引领下，工作室挖掘课文中符合单元习作训练目标的“小练笔”作为微写训练点，与阅读教学设计巧妙融合，落实语言学用的训练。在实践研究中，工作室梳理出了 3～6 年级各单元“随文微写”练笔点，建构起了“随文微写阅读教学课堂模式”：学文—生成—实践—提升；创生了“情智共生随文微写阅读课堂新样态”：阅读—得法—仿练—悟情；形成了经典课例及心得体会约 13 万字。

在研究中，工作室在贺婧老师的带领下，首先尊重教情、学情以及学段要求，分解单元习作技术，整合阅读教材，精心选择微写点；接着精准定位目标，直击学练重难点；之后层次性推进教学，落地学练微写。

两年多来，尽管疫情不断，但是工作室的全体成员，仍然不忘本分，坚定地行走在课堂变革第一线，勤奋学习，躬耕课堂，以生为本，以研为先，聚焦情智共生的课堂，生成了约 27 万字的原生态研究素材，在不断的提炼、修订中，最后浓缩为近 20 万字的实践成果。

两年多来，工作室老师们的成长如春笋拔节，他们以工作室习作研究为畅想曲，积极参与各自学校的教育教学研究活动，成为各学校的骨干力量，基本实现了武侯区贺婧名师工作室成立的初衷，也让附小教育的影响进一步拓展，更重要的是通过名师工作室成员们的共同努力，使研究成为一种现象，使成长成为一种飞跃，使共生成为一种幸福！我想，这也是贺婧老师真实成长的生动故事。

刘　晏

2022 年 3 月 26 日

前言

捧着一颗心来，只为彼岸花开

教育的幸福是什么？一直快乐地用心做有意义的教育之事，相信这是老师们的共识。三年来，我就是和这么一群怀揣教育本心的人，朝着一个目标一起行走，一起成长并幸福着。

启程，向幸福出发：遇见统编版教材，开启“情智课堂”

2019 年的秋天，全国将统一使用小学语文统编版教材。暑假里，我购来教材先行学习，在研读学习的过程中，我发现教材呈现了全新的编写体例，有明显的三大特点：一是“人文主题、语文要素”进行双线组元；二是“阅读与表达并重”的创新编排；三是专门编排了“习作单元”。这样的教材编排基本确立了“以生为本，顺学而教”的教学定位，新教材的使用将颠覆我们长期以来“以阅读为中心”的习惯教法。新教材如何使用？教什么？怎样教？这成了摆在我们面前的一道考题。

新学期伊始，为了契合新教材，在四川大学附属实验小学（简称“附小”）集团刘晏校长的领导下，如火如荼的课堂教学改革——打造学科“情智课堂”拉开了帷幕。这一场课堂变革为我们打开了另一扇窗，变“讲堂为学堂”，变“教教材”为“用教材教”，在“双减”背景下，新课程、新学程，让学生在自主探究学习中“情生智长”。新的改变下，迷茫与踟蹰总是与我们不期而遇。但在专家的引领下，在对统编版教材编排体系的系统学习中，在课堂教学磨课研讨中，我看到了课堂变革的曙光。虽然深知这条改变之路道阻且长，但是我的内心无比坚定，破晓雾而行，与光明相约，奔赴幸福课堂。

破竹，幸福拔节生长：成立名师工作室，研究真实的习作教学

2019 年，在武侯区教育局及附小集团领导的关怀下，我成立了贺婧名师工作室。在申报工作室研究发展方向时，我深知自己的使命和责任。通过再次系统地解读《义务教育语文课程标准》（简称《课标》）和统编版教材，并与工作室骨干成员多次论证，我们毅然决定从统编版教材的创新点——“阅读与表达并重”入手，解决新、老教材的共同难题——习作教学。

董必武有诗云：“竹叶青青不肯黄，枝条楚楚耐严霜。昭苏万物春风里，更有笋尖出土忙。”确定研究方向后，工作室的老师们便开始在习作教学这片沃土上拔节生长，展现出积极进取的幸福模样。2020 年，突如其来的新冠肺炎疫情给工作室的学习、研究工作带来了巨大困难。我们力排万难，聚焦“习作单元”，以此为切入点，采用线上研讨、自主研学和教学实践相结合的方式，开展“习作单元整体教学设计”的研教实践。通过一年的实践研究，我们更深刻地理解了“习作单元”的编排意图以及教材的编排体例，着眼单元整体，进行教学设计，实施单元整体教学实践，积淀了“习作单元”的教学经验，形成了有特色的教学实践案例。在实践中我们也发现，我们重视了习作专题单元教学，而在那些普通单元中，以习作能力的迁移运用为暗线的教材资源却常常被忽视。如何准确把握编者意图，活用教材现有资源，成了摆在我们面前的又一难题。于是我们开始尝试“在阅读教学中落实语言学用”的微写训练。2021 年，我们站在“习作单元整体教学设计”实践研究的基础上，提出了小学语文中高段“随文微写”策略的实践研究，并申报为区级课题 。在《课标》要求下，挖掘单元精读课文中符合单元习作训练目标的文段作为微写训练点，与阅读教学设计巧妙融合，落实语言学用的训练。

花开，幸福随心绽放：凝结成果集，深耕习作课堂

三年来，尽管经历了许多磨难，但是工作室的全体成员仍然不忘初心，用辛勤的汗水浇得彼岸花开，收获满满的幸福。一直以来，我们始终行走在教学改革的一线。在刘晏校长的关怀下，我们勤奋学习，躬耕课堂，以生为本，以研为先，生成了约 27 万字的原生态研究素材。在附小集团教师发展中心领导的不断鼓励下，经过反复提炼、修订，最后浓缩为近 20 万字的实践成果——以“习作单元”为主题的“整体教学设计”和聚焦普通单元的“随文微写教学设计”上下两册书稿。

这套书从老师怎样“真实地教”讲到学生如何“真实地学”，收录的是工作室老师三年来对“情智课堂”习作教学的研究和思考，记录的是学生和老师在课堂内外的“真实成长”。在书稿汇总之时，我们也特别感谢四川大学出版社的唐飞老师给予我们无私的帮助与指引。

感谢附小，为我们工作室提供了研究实践的成长沃土，为我们提供了诸多实践平台；感谢附小集团刘晏校长的谆谆教诲，时时关怀和引领，并亲自为我们作序；感谢附小教师发展中心的黄颖校长、刘芸主任给予我们成长的力量；感谢工作室所有的老师，勤耕课堂，播撒智慧的种子。为了让更多的老师和我们一同成长，我们汇总记录了工作室实践研究的足迹，回报附小，也以飨同行。

当然，我们也清醒地认识到，工作室是引领年轻老师成长的平台，在短暂的两三年的学习和实践中，我们对统编版教材习作教学的研究和实践还存在局限性，加之我们水平有限，在编写的过程中，除了研教实践的初步经验，我们还参阅了大量的文献和教学成果，在学习中借鉴，在传承中创新。但因篇幅所限，尚未完全列举与说明，如遇不周之处，敬请联系我们。同时，本书的观点及主张也仅是我们的浅显之见，纰漏和疏忽也在所难免，还望读者不吝赐教。

在思考中实践，在实践中收获，在收获中反思、成长。捧着一颗心来，只为彼岸花开。切实用好统编版教材，教好语文，我们永远在路上。

贺 婧

2021 年 9 月

目　录

上下求索

朝夕不倦

上下求索

情智共生，点亮习作课堂

——统编版语文教材习作单元教学实践研究

小学语文习作教学易出现“高耗低效”，是语文教学的“痛点”与“难点”。我们依循《义务教育语文课程标准》（简称《课标》）要求，根据统编版教材习作单元的编排体例，考虑年段学情，尝试单元整体教学设计。从“四有”入手，提出了统编版教材习作单元教学基本主张，并落地实践。有目标——深入研读教材，领会编者意图，精准把握目标；有方法——统整教学内容，分解单元目标，教、学、练、用落地；有重点——直击单元目标，化整为零，层层递进；有序列——依托教材学情，循序情智共生，提高习作效益。

一、统编版教材习作单元教学实践研究的背景

（一）基于《课标》对习作的要求

《课标》指出：语文课程应致力于学生语文素养的形成与发展。关于习作，《课标》总目标有以下表述：能具体明确、文从字顺地表述自己的意思。能根据日常生活需要，运用常见的表达方式写作。写作能力是语文素养的综合体现，由此可见，小学语文习作教学的重要性不言而喻。

（二）基于统编版教材习作单元编排体例

在小学语文统编版教材中，自三年级上册开始出现“习作单元”这样的特殊单元编排，这在以往的教材体例中是没有的。每一册第五单元均为独立的习作主题单元，它包括六个部分：单元导语、精读课文、交流平台、初试身手、习作例文和单元习作。单元各版块之间环环相扣，并且各册的习作单元前后贯通，自成体系。这在小学语文教材中是一个创举，但还没有比较系统的操作经验可循，这给当下的习作单元教学提出了新课题。

（三）基于统编版教材习作单元教学的现状

习作是实践性很强的课程，但是在日常教学中，教师怕教，学生怕写。长期以来，教师为了提高学生的习作能力，有的主张多写多练，熟能生巧；有的主张由说到写，降低坡度；有的主张评改作文时多就少改，多鼓励少批评，让学生品尝成功的快乐。这些都不失为作文教学的好方法，也的确在一定程度上使作文教学得到了改观。

但在使用统编版教材后，我们周围依然会出现令人倍感头疼的困难局面：教师出题（一厢情愿）——学生写作（被动应付）——教师批阅（愚公移山）——教师评讲（孤掌难鸣）。这导致学生的习作大多是“奉命而作，为文造情”，苦不堪言。

根据课堂观察、调查分析和实践研究，我们发现统编版教材习作单元教学低效的主要因素如下。

1. 重课件，轻教材

统编版教材不仅精心编排了系统的教学内容，还编写了与教材配套使用的《教师教学用书》，它是教师备课的依据和参考。但在日常教学中，很多教师并未用心研读教材和《教师教学用书》，只是拿着购买的教学设计或网上下载的课件上课，忽视了《教师教学用书》的导向作用，导致无法灵活使用教材，教学设计生搬硬套，无法让语文要素在课堂上落实到位。

2. 重单篇，轻整体

长期以阅读教学为主阵地的小学语文教材，按人文主题组织单元，语用序列不清晰，教师教学更多的是运用点状思维解读教材，重视单篇课文教学，不重视单元整体。而新的统编版教材，按照人文主题和语文要素结合的双线组织单元结构，以人文主题突出育人目标，以语文要素统领单元教学，这样的编排结构需要教师立足单元整体，明确单元整体目标，同时把语文素养贯穿到整个单元教学内容中，逐步贯彻落实，培养小学生的语文素养。但是长期的教学定式导致一线教师未从观念上更新，仍然轻整体把握教材，重单篇教学“碎碎念”。

3. 重感悟，轻训练

统编版教材的习作单元，在单元导语中明确了单元的教学目标，体现了阅读要素和习作要素两个重点语文要素。因此，在单元精读课文教学时，重点不是感悟人文主题和思想感情，而是聚焦表达方式，进行表达训练，分步引导学生掌握本单元的写作方法。但在实际教学中，教师的教学落点仍以阅读感悟为主，几乎没有进行落地的习作技能训练。

4. 重指导，轻评价

很多教师在进行习作教学时，在习作的审题、立意、选材、构建框架方面给予十分耐心细致的指导，但是常常忽略年段教材的编排特点，缺乏系统性和整体性的联系，没有针对性。并且较少引导学生进行习作批改和评讲、评价。在习作评价时，缺乏针对性，要么全方位批改、全方位评讲，要么随意评分，不愿意花时间且没有根据单元习作训练目标进行针对性的点评和修正。

（四）基于学生的习作心理障碍

对小学生来说，由于写比读难，再加上教师指导不得法，容易助长儿童害怕习作的心理。为消除这种初期习作的心理障碍，最有效的办法莫过于让学生从自己的写作活动中获得成功的体验。习作单元就能很好地解决这个问题。学生通过“精读课文”习得表达方法；通过“交流平台”深刻领悟；创设情境，“初试身手”，通过模仿实现习作知识的最直接的迁移，大大降低了“单元习作”的难度。习作单元能使学生的习作水平在短时间内获得较大的提高，从而提高习作的兴趣，调动习作的积极性，消除害怕的心理障碍。

（五）基于“情智共生”的课堂变革

语文特级教师孙双金说：“好的课堂应当是情智共生的课堂，要以情促智，以智生情，让学生情感的闸门不断开启，让学生智慧的火花不断点燃。”

在习作单元教学实践研究中，我们追求“情智共生”的习作课堂变革。以生为本，充分挖掘习作单元课程的情感和智慧因素，调动教师的情智才能，营造积极的情智氛围，着眼于发展学生习作的情感潜能和智慧潜能，着力于唤起学生沉睡的情感，点燃学生智慧的火花，“情动而辞发”，建构情智和谐发展的习作课堂。

二、以课堂教学为阵地的实践研究

（一）研究的理论支持

1. 吸纳与借鉴

习作教学是语文教学的核心环节之一，其成功与否牵涉整个教学改革的成败。

叶圣陶先生在其教育思想中提出语文教育的最终目的为：自能读书，不待老师讲；自能作文，不待老师改。可以认为“自能”是写作教学的最终目的：以“厚积”为基点，以“想写”为关键，以“乐写”为指向，以“善写”为目的。其思想有力地论证了作文与表达、成长和生活的关系问题，启发教师作文教学要注意交流互动、情感体验及全面发展等方面。教师应该让学生在习得的过程中走向自能，学会语用，进而提高语文的核心素养。叶圣陶先生还就习作问题指出：“学生明乎此，认真练习，教者明乎此，认真指导，终必有成。”由此可见，小学生的作文是需要教的，是可以训练的，学生的作文能力通过教学得到提升。我们需要做的，就是静下心来，脚踏实地去研究怎么教，怎么更好地教。

丁有宽老师在20世纪50年代就开始了“小学语文读写结合法”的探索，主张“读为基础，从读学写，写中促读，突出重点，多读多写”。在教学中，把作文知识和训练融会到讲读课文的语文教学过程中去，将读写有机地结合在一起，课内课外打成一片，课内教方法，课外是拓展，着眼于学生的读写训练，使读写训练“有的、有序、有点、有法”。

刘勰在《文心雕龙》中用8个字道出了作文的本质：“情以物迁，辞以情发。”这也道出了作文的三个要素——客观世界、情感、语言之间的关系。李吉林老师归纳出情境作文指导五步法：第一，观察情境，提供题材；第二，进入情境，激发动机；第三，拓展情境，打开思路；第四，范文引路，教给方法；第五，提早起步，螺旋上升。李吉林老师用坚实的“五步”开发了学生的创造潜能，给他们带来习作的快乐。

孙双金老师的“情智语文”着眼于发展学生情感潜能和智慧潜能的教学，它着力唤起学生沉睡的情感，点燃学生智慧的火花，让学生情感更丰富、更真挚，让学生智慧更灵活、更丰厚。他的“情智语文”对我们的习作教学实践有切实的指导意义，习作课堂上只有带领学生入情入境、深切感悟，才能促进其交流和表达。

2. 进化与生长

叶圣陶先生的“自能是学习的最终目的”，丁有宽老师的读写结合法，李吉林老师的情境作文五步法，孙双金老师的“情智语文”……各位大师的思想和路径，为我们的“情智共生”习作教学实践指明了方向。

教育是对生命活动规律和意义优化的持续进化、实践探索和体悟生长。儿童是在具体的情境中学习，在积极的情感互动中认知，在好奇与梦想中成长的。我们在课堂教学这片沃土上躬耕实践，在习作单元教学中孜孜不倦地探索。我们认为，在习作课堂上，教师应该创设情境，激发情感，拓展情志，而学生在这个过程中习得方法，养成习惯，生成情感，增长智慧（如图 1 所示）。这样的课堂成了我们习作教学的追求。

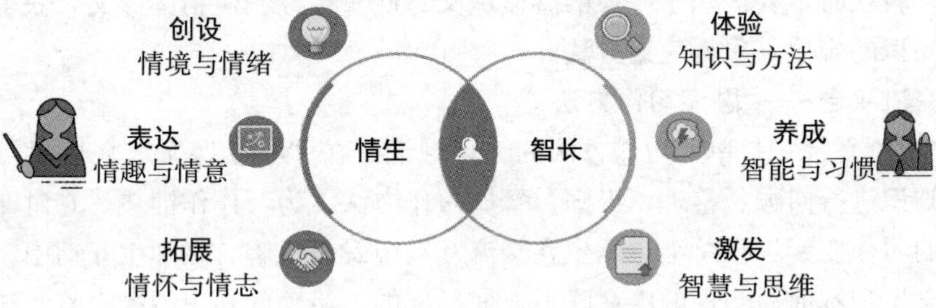

图 1　情智共生的习作课堂中的师生关系

（二）落地的实践操作

在实践研究中，我们依循《课标》要求，根据统编版教材习作单元的编排体例，考虑年段学情，尝试单元整体教学设计。从“四有”入手，提出了统编版教材习作单元教学主张，并落地实践。

1. 有目标——深入研读教材，领会编者意图，精准把握目标

通过深入钻研教材，研读习作单元语文要素，可以清晰地看出习作单元的一个突出特点：单元的六个组成部分有一个核心点。这个核心点使六个在形式、内容上都完全不同的部分具有了向心力，且六个组成部分彼此咬合，相互衔接，构成一个以习作能力培养为中心的传动链。从导语到习作练习，是学生练习并形成这种习作能力的学习过程，呈现出整体的教学功能。

在充分领会编者意图的基础上，建立学习、理解单元内容的整体概念，确立单元教学的重点、难点，根据不同年段学生的智能、思维状态和心理特点，精准把握习作单元教学目标。

2. 有方法——统整教学内容，分解单元目标，教、学、练、用落地

统编版小学语文教材习作单元的最大特点就是所有版块教学目标都指向单元习作。因此，教学习作单元要增强单元整体教学意识，准确把握单元版块之间的连接点，注重教学设计的整体性和过程性，由“精读课文”学表达到“交流平台”总结表达方式，再到“初试身手”的微型练笔，最后到学习“习作例文”，综合写作训练，发挥教材优势，整合版块内容，分解单元目标，使教学内容设计面向全体学生，按照循序渐进的过程，层层推进教、学、练、用，才

能达到最终的习作教学目标。

精读课文——习得习作方法

“精读课文”是单元的讲练篇。它是单元重点的集中体现，两篇课文各有侧重。教学时，要区别于一般的阅读课文，侧重指导学生精读课文，获得单元习作知识的规律，习得表达方法。

交流平台—— 融汇习作方法

“交流平台”是单元习作方法的综合融汇。在“精读课文”之后对习作的要点知识进行回顾、整理、巩固，掌握习作方法，为习作作铺垫。它对课文中蕴含的习作要素进行总结，学生在交流互动中发表见解。在师生互动中，教师帮助学生理解前后知识的内在联系，使局部的、零碎的知识纳入完整的知识系统中去，进一步强化学过的习作知识和方法。同时，这种示例也为学生今后自主、独立地进行交流提供了参考的样式。

初试身手——试用习作方法

“初试身手”是单元的学步篇。学生用前面学到的方法进行微型写作，以此检测学生掌握写作方法的程度。教学时，要根据学习迁移规律，引导学生试用从“精读课文”中学到的习作方法，在创设的情境中，全体学生通过反复仿创训练，逐步把知识转化为技能。

习作例文——运用习作方法

“习作例文”是单元的放手篇。“习作例文”安排在“初试身手”之后，聚焦写作方法，是教师指导学生模仿写作的一种针对训练，是运用习作方法的范例。教学时，要放手让学生运用学到的知识和方法自学课文。同时，“习作例文”又指向“知”之后的“行”：在自学中，学生自己发现问题、分析问题和解决问题，从而达到“教是为了不教”的目的，使学生从“学会”进入“会学”的境界。可见，“习作例文”的运用不是一次性的，它可能成为学生多次回顾、对照与模仿的范例。

单元习作——操练习作方法

“单元习作”是整个单元的核心目标，学生要相对独立地完成一次比较完整的习作训练，旨在使学生能够将学习、领悟到的写作方法、技巧、要点进行迁移，成为自己的写作方法。这里的写既是片段练习的深化与完善，又是掌握单元习作要素的表现。

3. 有重点——直击目标重难点，化整为零，层层递进

根据习作单元的教学重难点，我们要把握好单元整体与其各部分之间的关系，具体分析各个部分的教学价值，直击目标重难点，基于习作能力来整体建

构单元学习内容，化整为零，展开学习过程。从学生的最近发展区入手，层层递进，从而准确发挥习作单元的教学功能，实现培养学生习作能力的目标。

4. 有序列——依托教材学情，循序情智共生，提高习作效益

依托教材学情，习作单元教学过程的每个环节都需要精心设计活动序列。有趣的活动，才能激发学生情智，调动起学生学习写作的兴趣和热情；有效的活动，写作方法才会在学生的言语结构中逐渐“内化”，在学生具体的言语实践中慢慢“固化”，在学生真实的习作表达中成功“活化”，使其最终养成熟练的言语素养，逐步提高言语技能。

（1）创设情境——启动情智。根据课文特点，寻找阅读契机，以有效的方法调动学生学习课文的积极性，迅速启动情智，进入学习情境。

（2）自读感悟——生成情智。充分利用自读感悟，促进学生对语言的理解和运用，实现情智合力的生成。学生在学习中迁移，在品析中创新；教师在引导中以情促情，在点化中以智启智，最终实现学生的情智生成。

（3）交流互动——发展情智。学生个体智慧的发展升华离不开集体的情智碰撞和相互激励。因此，课堂交流便成了学生情智发展的重要过程。

（4）书面表达——情智共生。学生落地的书面表达是学生情智共生的集中展现。“情动而辞发”，表达本身就是情智的宣泄过程，是一种不可替代的情智提升。

由此，习作单元的教学是一种指向某一明确习作要素的结构化、阶梯化的实践活动。“精读课文”与“习作例文”虽同为单元选文，但功能不同；“初试身手”中的微练笔与“单元习作”，虽要求不同，但彼此关联，逐层深入，呈现为一种整体性的实践活动课程。

三、“情智共生”习作教学研究特色

一年多来，从教材解读，到落地的课堂教学实践，我们有了如下收获。

（一）提出了“习作单元整体教学设计”的基本主张

“四有”：有目标，有方法，有重点，有序列（如图 2 所示）。

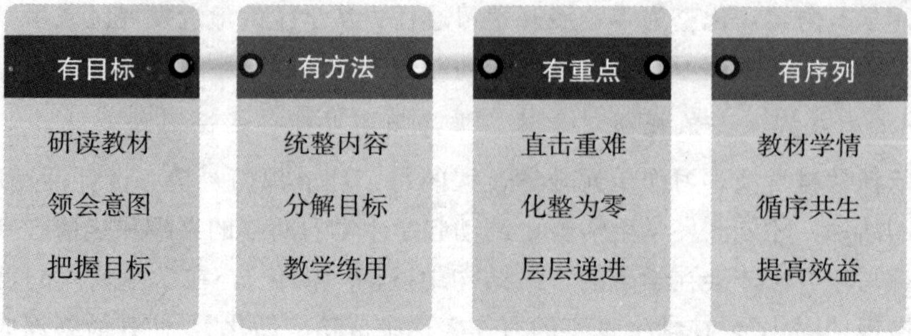

图 2　“习作单元整体教学设计”的基本主张

（二）建构了“习作单元整体教学设计”的基本范式

“习作单元整体教学设计”的基本范式如图 3 所示。

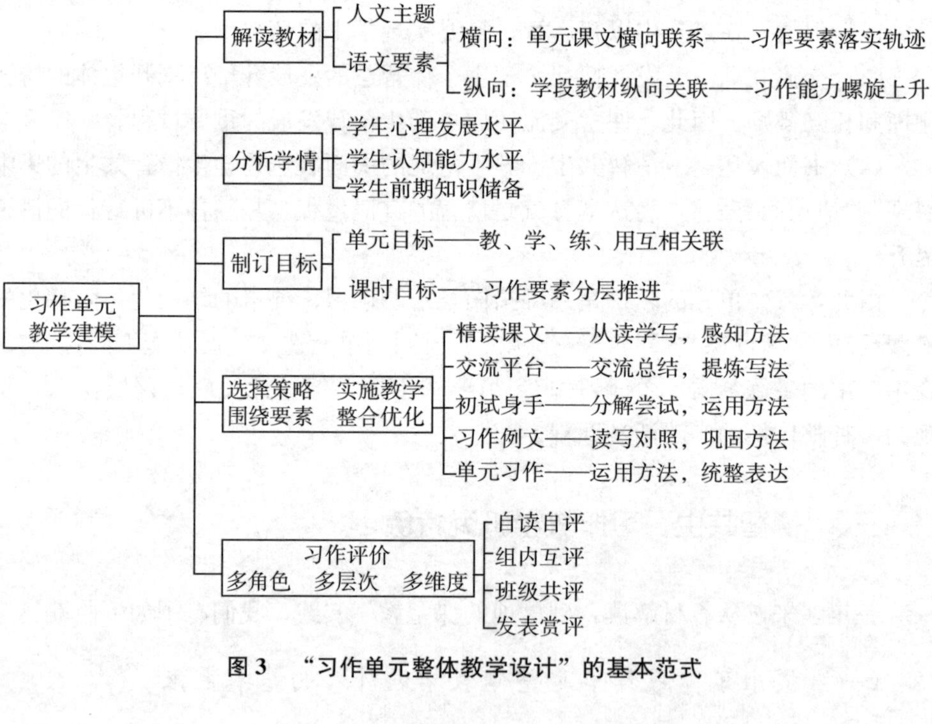

图 3　“习作单元整体教学设计”的基本范式

（三）创建了情智共生习作课堂样态

我们通过创设生活情境，唤起学生的情感体验，营造学本课堂，让学生充分体会表达的乐趣，“以正情促智，以大智生情”，实现情生智长。

“情智共生”习作课堂样态如图 4 所示。

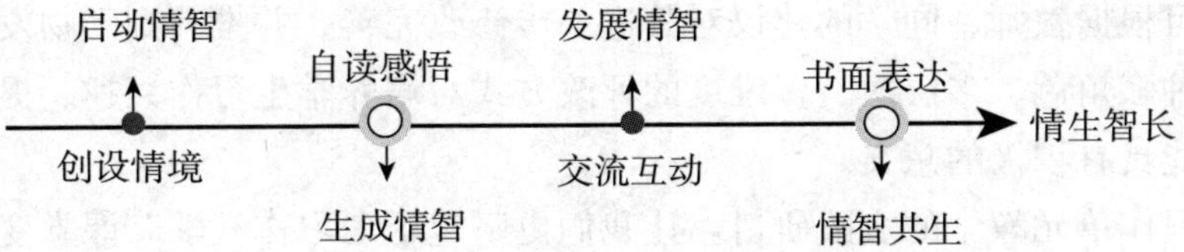

图 4　“情智共生”习作课堂样态

（四）建立了习作评价系统

学生习作评价由于缺乏系统性的指导，一直是一线教师实践操作中的难点，也是习作评价中的一个缺口。基于此，我们尝试紧扣《课标》和学段单元习作要素的要求，对小学阶段文体习作梳理出具有一定参考意义的习作评价方法，让教师在习作教学过程中有据可依，有迹可循，让学生乐学、善写。

1. 设置评价清单，自读自评

习作完成后，学生根据评价清单自主进行修改完善。例如，下表为四年级下册五单元习作评价清单表。

表 1　四年级下册五单元习作评价清单表

序号	习作评价要点	自评得★	互评得★	修改建议
1	能按游览顺序介绍所观察到的景物	★★★	★★★	
2	游览位置变换时能使用恰当的过渡语句	★★★	★★★	
3	能选取印象深刻的景物进行介绍	★★★	★★★	
4	能恰当运用所积累的语言	★★★	★★★	

2. 组内互评

组员通过组内互读，对照习作评价清单互评，提出修改建议的方式，推荐优秀习作在班级展示。

3. 全班共评

教师批阅学生习作，挑选三至四篇具有代表性的习作，或是比较精彩的习作片段，或是有典型问题的习作，进行全班共评。讲评既是对不同习作的精彩片段进行多角度赏析点评，也是对本次习作共同的问题进行点拨引导。

4. 发表赏评

在多角度、多维度的评价后，将优秀习作张贴在班级墙报栏，供大家欣赏；也可根据教师、同学的建议对其进一步修改完善，并推荐到刊物发表。

这种多角色、多层次、多维度的评改方式对培养学生习作兴趣、提高学生习作技能具有积极的意义。

对习作单元教学的实践研讨，让我们更坚定了“习作教学”课堂变革的信心，期望在阅读教学中将这样的语言学用训练落实得更好，让学生情智共生，真实成长。

参考文献：

[1] 丁有宽，丁有宽与读写导练 [M]. 北京：北京师范大学出版社，2006.

[2] 方明. 陶行知教育名篇 [M]. 北京：教育科学出版社，2005.

[3] 余映潮. 小学语文教学艺术 30 讲 [M]. 北京：中国人民大学出版社，2019.

[4] 吴忠豪，薛法根. 小学语文名师文本解读及教学活动设计. 六年级. 下册 [M]. 上海：上海教育出版社，2020.

[5] 李凤菊. 统编小学语文教材习作单元教学现状分析与策略探究 [J]. 教学与研究，2020 (12).

贺婧名师工作室“情智共生”单元习作教学编审组

习作单元整体教学设计策略初探

小学语文统编版教材围绕“人文主题”和“语文要素”双线组织单元，除了加强不同年段、册次之间的纵向联系，体现由易到难、由浅入深的发展梯度外，为了化解习作上的难点，特别突出了“阅读和表达并重”的特点，同时为了凸显习作的独立地位，统编版教材从三年级开始每册编排一个以培养学生习作能力为核心的习作单元。

三年级上册训练“观察”，三年级下册练习“想象”，四、五年级重点帮助学生了解写人记事等不同类型习作的习作方法，六年级针对如何围绕一个中心习作和表达真情实感进行培养。习作单元的编排，完全从培养学生习作能力出发，引导学生体会作者是如何写文章的，并设置了一系列训练，保证学生在某项重要习作能力上形成突破，获得提升。

习作单元在导语中明确了习作教学的要求和目标，紧扣要求和目标，设置了“精读课文”“交流平台”“初试身手”“习作例文”和“单元习作”等内容，紧密围绕培养学生的习作能力这条主线，着力加强单元内部的横向联系，使各版块内容环环相扣，相互配合，形成一个系统性整体。

这样的编排体例，要求我们要立足单元目标，明确各版块内容之间的关联，系统解读教材、处理教材，进行单元整体教学设计，提高教学效率。在教学实践中，我们进行了一些探索，取得了较好的效果。

一、重视版块关联，系统解读教材

于永正老师曾说：“备课要着重在钻研教材上下功夫，教材是教学的载体，只有深入熟悉教材，才能够恰当制订教学目标，准确把握教材的重难点，设计出新颖、独到、实用的教学流程。”对于习作单元的教材解读，要从整体入手，站在单元整体的高度去思考每个版块的编排意图，以及它们之间的关联性，从而充分发挥其功能，为发展学生的习作能力服务。

比如，三年级上册的“观察”单元，为了帮助学生学会观察，先安排了两篇精读课文《搭船的鸟》《金色的草地》，为学生展示了作者是如何观察的。接下来是两个小版块：“交流平台”“初试身手”。“交流平台”借助之前学过的两篇文章，对如何观察进行小结，指出要留心观察和细致观察。“初试身手”是一个练习环节，要求学生写一写平时观察到的事物，写成片段即可。再是两篇“习作例文”：《我家的小狗》《我爱故乡的杨梅》。例文比较短小，旁边有批注，引导学生进一步体会如何把观察到的事物写下来。最后是“单元习作”练习，写作的范围很开放，写一个事物或者一个场景都可以，可以说是对整个单元学习成果的应用和检验。整个单元围绕训练学生的观察能力进行编排和组织，步步深入，帮助学生提高观察能力，养成观察习惯。有了这样的认知，就做到了心中有数，教学设计能从整体出发，关注版块之间的横向联系，统整教材内容，收放有度。

二、关注精读课文，学习表达方法

教育家丁有宽老师指出：读和写是个互逆的过程。它们之间既相对独立，又密切联系。读是理解、吸收，写是理解、表达。有理解的吸收，才会有理解的表达。反之，表达能力强了，又促进理解、吸收能力的提高。抓住它们之间这个联系点，即读写对应性，系统地对学生进行读写训练，不仅是培养学生作文能力行之有效的途径，同时也促进了学生读、听、说能力的发展。习作单元的教学中，我们要加强读写结合，以读促写，以巩固习得的表达方法。

统编版教材四年级上册“我手写我心，彩笔绘生活”习作单元，其“交流平台”有四句话：“写一件事，要把事情的起因、经过、结果写清楚”“时间、地点、人物要交代明白”“写事情要按照一定的顺序写，如《爬天都峰》是按照爬山前、爬山中、爬上峰顶的顺序来写的”和“《麻雀》的作者把看到的、听到的、想到的写了下来，活灵活现地展现了麻雀和猎狗相遇时的情形”。这四句话不仅对单元习作目标进行了解释，还告诉我们达成习作目标的路径。教学两篇精读课文时，我们整合了“交流平台”的信息，在阅读《爬天都峰》一文时，我们重在学习其“按顺序表达”的方法；而阅读《麻雀》时，要学习作者“把看到的、听到的、想到的写下来”的表达方法。在教学《爬天都峰》时，教师引导学生以合作填写导学单的方式，按“起因、经过和结果”的顺序对文中事件进行梳理并交流，让学生懂得这样写有利于把整件事的来龙去脉交代清楚。学生不但掌握了概括一件事情的起因、经过和结果的方法，更清楚了习作中就应该用这样的方法把一件事情表达清楚和完整。

三、统整教材资源，优化教学效果

《课标》指出：教师应努力改进课堂教学，注重听说读写之间的有机联系，加强教学内容的整合，统筹安排教学活动，促进学生语文素养的整体提高。在教学习作单元时，我们也可以根据版块内容之间的横向联系，统整教学资源，实现教学效果的优化。

比如，在四年级上册习作单元教学时，我们把“精读课文”与“初试身手”整合。在教学《麻雀》时，学生先默读课文，勾画描写小麻雀、老麻雀和猎狗的语句，然后在交流的过程中，教师引导学生通过朗读、抓关键词句理解老麻雀面对凶猛的猎狗仍然勇敢无畏地去救小麻雀的举动，感悟到母爱的强大力量。让学生明白，这些描写都是作者在打猎回来的路上看到的、听到的和想到的，我们在习作中也要这样才能把过程写清楚。接着，教师出示教材“初试身手”第一题中的两幅图，让学生看图并发挥想象，说一说图片上的内容。这样的教材资源整合，说写结合，从读学写，既巩固了从文本习得的“写清楚”的表达方法，又为后面的单元习作打下了基础。

同样，根据教学需要，我们也可以把“交流平台”与“精读课文”整合，把“交流平台”与“初试身手”整合，把“初试身手”与“单元习作”整合。通过这样的整合，优化教学资源，使其发挥最大的效益。

四、重视读写结合，强化语言实践

“语文是一门实践性很强的课程。”习作单元教学的根本目标在于学习运用语言文字，培养书面表达的能力，尤其应该重视其实践性。四年级上册习作单元精读课文《爬天都峰》，在教学第 6 自然段时，通过反复品读，让学生懂得作者是用一系列动作把爬上峰顶的过程写清楚的，我们可以结合“初试身手”的第二题，让学生用学到的方法试着把家人做家务的过程写下来。又如在教学本单元习作例文《小木船》后，让学生对文中“友谊破裂”或“重新和好”的“过程”进行片段仿写。学生在反复的语言实践中将习得的表达方法加以运用，不断固化“写清楚”的能力。

统编版小学语文教材习作单元教学目标的核心是培养学生的习作能力。我们在教学中要重视各版块内容之间的关联，站在整体的高度备课，优化整合教学资源，读写结合，以读促写，强化学生的语文课堂实践，提高习作水平。

四川大学附属实验小学　贺　婧

立足单元整体，聚点而教

——基于“单元整体习作”的教学策略

习作单元的独立设计是统编版教材在编写上的一大创新，也是一大突破。统编版教材以单元整组形式独立编排教学内容，对习作训练要素进行了集中安排，这样的安排真正关照了《课标》的要求，不仅为教师提供了指导和操作方向，更切实保障了学生在习作素养上的提升和突破。学习语文是为了积累语言、运用语言。单元学习之初要让学生明白，学习本单元的最终目标是写一篇习作，单元中各项内容都是围绕此次习作编排的，它们之间环环相扣、紧密相连。基于此，教师应该带着整体的观念、鸟瞰的视角立足习作单元整体，在制订单元核心教学目标的基础上，整合单元版块，借助课后习题“精细”定位，运用课程资源“精确”施教，针对训练难点“精准”指导，真正实现学生习作素养的有效提升。

一、巧借课后习题“精细”定位，体现“习作眼光”

统编版教材将语文素养培养过程中需要学生掌握的各项能力分解为若干能力训练点，由浅入深、由易及难地分布在课后习题中。习作单元也不例外，课后习题紧贴习作要素，凸显习作训练重点，不仅为文本及单元整体教学服务，还为教师教学提供了有力的线索和抓手。

（一）利用课后习题，把好预习的“方向盘”

“凡事预则立，不预则废。”课前预习是开展语文教学活动的一个重要环节，教师要实现精准教学，就要准确把握学情，做到有的放矢。而课前借助课后习题进行针对性的预习，能有效提高课堂效率。

以四年级上册的习作单元为例，聚焦《麻雀》一课，可以清晰地看到编者安排的两个课后习题既包含了单元的习作要素又涵盖了本课的知识要点、能力训练点和教学重难点。教师利用课后习题，结合不同学段的学情，提出层次不同的预习要求，让学生有章可循。这样既锻炼了学生的阅读能力，又为教师开展习作教学提供了突破点。

（二）根据课后习题，确定教学的“指南针”

课后习题是编者结合学段目标、单元要素以及文本特点精心设计的，往往蕴藏着编者意图，或明或暗地提示教师“教什么”，是教师确定教学内容的“指南针”。立足习作单元整体，在仔细研读教材的基础上，根据课后习题，精细定位教学目标。以五年级上册习作单元为例（见表1），从横向上看，单元目标指向阅读与表达并重，课后习题围绕着单元目标出题，两者紧密联系。

表1　五年级上册习作单元单元目标、课后习题与课文目标定位

单元目标	课文	课后习题	课文目标定位
学习不同类型的说明文本，了解其特点，并尝试写一篇说明文	《太阳》	1. 默读课文，想一想：课文从哪些方面介绍了太阳？太阳对人类有哪些作用？ 2. 读句子，结合课文内容，说说作者是运用哪些说明方法介绍太阳的，体会这样写的好处	1. 把握文章内容，理清文章基本结构； 2. 了解基本的说明方法，能结合具体语句体会使用说明方法的好处
	《松鼠》	1. 默读课文，把从课文中获得的有关松鼠的信息分条写下来； 2. 读下面的句子，找出课文的相应的内容，体会表达上的不同	1. 整体把握课文内容，能分条记录获取的信息，初步感受松鼠的特点； 2. 通过对比，感受说明性文章不同的语言风格

课后习题作为统编版教材的重要组成部分，在实际的教学中，它具有导教和导学的双重功能，是教师开展习作教学活动的重要支撑。

二、运用课程资源“精确”施教，落实“习作要素”

统编版教材以《课标》为依据，吸纳了语文课程改革的优秀成果，沉淀了课程改革的先进理念和成功经验，在单元中精选了文质兼美的“精读课文”、初步尝试运用表达的“初试身手”、贴近学生生活的“习作例文”等课程资源。因此教师应立足教材，充分研读教材，挖掘、利用教材中的资源设计有效的学习活动，从而“精确”施教，落实“习作要素”。

（一）前后文勾连——整体出发，从易到难

统编版教材的每个习作单元都安排了两篇精读课文，但是这一单元精读课文的定位不同于其他单元的定位，其直接指向表达。以六年级上册的习作单元为例，此单元安排了《夏日里的成长》和《盼》两篇课文，其目的是让学生体会文章是怎样围绕中心意思来写的，初步体会从不同方面或选取不同事例来表达中心意思的写法。

《夏日里的成长》是一篇散文，篇幅短小、内容浅显，而且文章的结构清晰，因此可以结合课堂作业本相关练习出示思维导图，体会作者的谋篇布局。借助思维导图，学生能直观地感受到作者围绕中心句从三个不同的方面进行表达。

教学第二课《盼》时，不能把它作为一个孤立的文本来看，通过前后文勾连，就能发现本课在单元中所承担的作用。《盼》是一篇记叙文，文章比较长，因此可以鼓励学生自己尝试用填写事例的方式梳理文脉。在梳理过程中把长文章读短，体会到这几个事例的选择都非常典型，而且重点事例一目了然。

本单元的两篇课文引导学生从阅读中体会如何选择中心明确、恰当的材料表达中心思想。因此，教师教学习作单元的课文时，有必要将前后文勾连起来，从整体出发，循序渐进地引导学生从文本中发现、习得表达方法。

（二）“文助”间融合——化整为零，水到渠成

统编版教材开发出了一套清晰的助学系统，它包含了整个单元的知识要点、能力训练点和教学的重难点，教师在进行教学设计时应有效统整，融合课文与助学系统，化整为零，充分发挥助学系统的导学作用。

如三年级上册以“观察”为主题的习作单元，单元安排的两篇课文的课后习题都围绕关键词“观察”进行精心设置，引导学生在阅读中习得表达方法。“交流平台”对课文的写作方法进行了回顾和梳理，总结了观察的要点。“初试身手”鼓励学生尝试初步表达。“习作例文”重在引导学生借鉴和学习。可见，单元的课文与单元内的助学系统都是紧密相连、指向一致的，因此教师要善于整合助学系统，在原本面面俱到的基础上做“减法”。

教师在融合助学系统的基础上，灵活开发出相应的表格，引导学生通过自主思考、合作交流、分组汇报的形式完成表格内容。在汇报的过程中，适时梳理、总结，最后提炼出写一种事物或一处场景的方法，例如：①可以写一写事物周围的环境；②可以运用多种感官，写一写看到的、听到的、摸到的、闻到

的和尝到的；③按一定的顺序写；④运用恰当的修辞手法和写作方法；⑤把自己的感受融入进去。

课文和助学系统的融合，能有效地辅助教师精准施教，有利于教与学的优化开展，让学与练有机结合，真正实现学用结合、教学相长。

（三）例文间对比——聚焦写法，内化熟练

习作单元编排中，课文更多铺垫的是写作知识和策略，习作综合训练更多的是可操作性的程序化知识，那么“习作例文”就在一定层面上承担着二者之间内化熟练的重任。习作单元的例文无论是在选材、表达方法上还是在目标上都各有侧重，因此例文不是精读课文的重复。

三年级上册习作单元安排的两篇例文，《我家的小狗》是作者对小狗持续的、细心的观察；《我爱故乡的杨梅》是作者对杨梅的外形、颜色等进行观察。

我是这样进行两篇例文的教学的。

首先，阅读例文，初悟方法。引导学生结合旁批和课后思考题自主阅读例文，从优秀作品中初步感悟其表达方法。

其次，适当批注，再悟方法。在自主学习的基础上，带着思考和疑问深入地阅读。学着旁批，对文中一些写法学着进行批注。例如，在学习《我家的小狗》一文时，有学生在“它喜欢哼哼叫和汪汪叫”一处批注了“作者观察到了小狗喜欢这两种不同的叫声，真细心”。

最后，例文对比，深悟方法。在《我家的小狗》中，作者用耳朵听了无数次狗叫，经过观察、比较才有了新发现，所以细致观察很重要。而《我爱故乡的杨梅》的作者从多个方面观察事物，用多种感官体会事物的特点。

习作例文从不同角度为学生习作提供范例。学生在例文的比较学习中开阔了眼界，进一步理解了表达方法。

三、针对训练难点“精准”指导，习得“表达技巧”

“单元习作”是统编版教材习作单元的最后一部分，也是单元学习成果的集中展示，更是学生语文素养的综合体现。但是不可否认的是，对于学生来说，每一次习作实践都是存在难点的，教师需要针对训练难点“精准”指导，突破难点，让学生习得“表达技巧”。

（一）巧借比较法，紧扣中心

苏霍姆林斯基曾说过，运用比较的方法理解内容，能体会出作者遣词造句的匠心。的确，比较是一种行之有效的教学方法，能调动学生主动探究的积极性。

六年级上册的习作单元要求学生紧扣“围绕中心意思选取材料”。对该学段的学生来说，选取恰当的材料是有一定难度的，因此教师在习作前需要提供指导。教材在“初试身手”版块中安排了两个非常好的练习，为学生完成习作提供了学习的“支架”。笔者将此作为习作选材的资源，先选取一个贴近学生的中心，鼓励学生积极调动生活经验、联系实际并独立尝试写一写。之后，选择有代表性的素材单进行展示（见图 1）。

闲不住的奶奶	闲不住的奶奶
1. 做饭	1. 每天从早忙到晚
2. 洗衣服	2. 家人干活抢着做
3. 耕耘菜地	3. 邻居有困难就帮忙
4. 打扫卫生	4. 空闲时间跳广场舞

图 1　两份有代表性的素材单

通过两份素材单的呈现，在比较中发现前一位同学的选材都是围绕奶奶做家务来体现奶奶的忙，选材单一又重复，没有很好地体现中心；后一位同学从不同的方面来表现，使得人物形象更加丰满。在比较之后，针对问题，再对素材单进行修改、完善，引导学生领会习作中选取的所有材料都要为中心服务，同时避免同类材料重复写。

经过一次次实践，学生在比较中发现了表达的乐趣，在习作前能突破选材的难点，围绕中心意思选取合适的材料，而且内容丰富多彩。

（二）巧用小练笔，迁移表达

《课标》关于习作教学提出：“写作教学应贴近学生实际，让学生易于动笔，乐于表达。”在习作教学中，用好小练笔是突破习作难点的一个好方法。

运用说明方法来介绍一种事物是五年级上册习作单元的要求。基于学情，学生对于列数字、作比较和打比方几种说明方法掌握得比较扎实，难的是用上举例子的说明方法来表达，而且本单元的课文中鲜有举例子的范例。因此，在习作前的指导中，用好小练笔突破难点，写好习作方可水到渠成。

第一步，出示范例，发现语言特点。课上先呈现例子（见图2），引导学生体会例子中语言表达的特点。举例时，一般会用上“例如”“有的……有的……有的……”“就拿……来说吧”等标志性语言，也有不出现标志性语言但仍是在举例子的特殊情况，如第四个句子。

举例子： 1. 科学家提出许多设想，例如，在火星或者月球上建造移民基地。 2. 这些石刻狮子，有的母子相抱，有的交头接耳，有的像倾听水声，千态万状，惟妙惟肖。 3. 许多物质的颜色取决于它自身的身份，就拿长江来说吧，它的水中含大量泥沙，所以是黄色的。 4. 有一种号称“海中之虎”的虎鲸，常常好几十头结成一群，围住一头三十多吨重的长须鲸，几个小时就能把它吃光。

图2　举例子的语言表达范例

第二步，尝试练笔，克服习作难点。选择一个自己感兴趣的事物，试着运用举例子的方法来说明它的特征。学生的模仿学习能力很强，在介绍夏日荷花时用上了几个“有的”来介绍不同的姿态，介绍小狗的习性时运用了“就拿……来说吧”等。

第三步，直面习作，迁移表达方法。单元语文要素是习作的起点，而习作目标是习作教学的终点，学生通过前面的学习和实践突破难点，落实习作。

在习作教学时，教师要善于捕捉训练点，根据具体的习作情况安排有针对性的小练笔，继而突破习作难点，实现学生善写、乐写，有效提高他们的习作水平。

综上所述，统编版教材新增的习作策略单元自成体系，又具有整体性，教师在仔细研读教材的基础上应立足习作单元整体，带着“整体观”设计教学内容，实现精准教学，真正提升学生的习作能力，切实提高学生的语文素养。相信在教师的精准教学下，孩子们一定会在写作的路上绽放光彩。

参考文献

[1] 沈丽君. 整体把握　用好例文——以统编教材三（上）习作单元《我们眼中的缤纷世界》教学为例 [J]. 小学教学参考，2018 (28).

[2] 吴勇. 习作单元：“读写结合”教学的新动向——小学语文统编教材“习作单元”的教学认知与实践策略 [J]. 中小学教材教学，2019 (4).

［3］杨志成．统编小学语文教科书中的习作单元教学例谈——以四年级上册习作单元教学为例［J］．小学语文，2019（10）．

［4］吴勇．写作资源教学化：习作单元的认知和实践路径——以统编教材五年级上册第五单元为例［J］．小学教学参考，2019（25）．

成都市龙江路小学分校　张晓姝

统编版语文教材五年级上册习作单元教学策略之我见

《课标》指出：语文是一门关于语言文字运用的综合性、实践性课程。统编版教材从三年级开始专门设置了习作单元，旨在改变传统教材中“读写结合”训练点的零散状态，通过严谨的编排达到“以读促写，读写结合”的目的。

今天，我将以统编版教材五年级上册的习作单元教学为例，谈谈如何从“单元整体”教学着眼，根据单元内容的设置，选择有效落地的训练策略，进行有层次、有梯度的习作训练。

统编版教材五年级上册的习作单元的阅读要素，是把一种事物介绍清楚。紧扣这一要素，编者分别编选了《太阳》《松鼠》以及例文《鲸》《风向袋的制作》。本单元的习作要素，是运用说明方法介绍一种事物。根据对单元语文要素的把握及教材的编排，我从整体上设计教学，然后分层、阶梯式地进行训练，取得了较好的效果。

一、契合教材编排，利用“精读课文”的阅读要素，展开习作的铺垫训练

教学时，我遵循儿童的认知规律，紧扣习作单元中的“精读课文”《太阳》和《松鼠》，为学生设置铺垫式的习作训练，这两篇课文有这样两道课后练习题：“读读文中的语句，说说作者分别运用了哪些说明方法来介绍太阳”和“自由默读课文，将描写松鼠的信息分条写下来”。很明显，这两道习题的设置就是为学生铺垫后续实践练笔所需要的知识和信息。前一道习题指向写作方法，侧重于“怎么写”；第二道习题指向写作素材的搜集与罗列，侧重于“写什么”。想要把事物介绍清楚，这两个维度显得尤为关键。教学时，我紧扣课文，充分解读并挖掘这两道习题背后蕴藏的教学价值，在阅读教学中以“带你

认识太阳”“说说小松鼠的秘密”推进随文微写作，要求学生用上习得的说明方法，为他人介绍“太阳”和“松鼠”。这既是说明性小品文的当堂练习，也为后续的实践练笔铺垫了必要的写作知识和策略。

二、顺应认知规律，利用精彩语段的示范，展开习作的模仿训练

精读课文中精彩的语段蕴藏着丰富的教学价值，教师要充分发挥语言结构的示范性功能，在关注“写什么”时，引导学生洞察作者对素材的精心选择；在关注“怎么写”时，教师要解构言语密码中蕴藏的教学价值，进而让学生在仿写练笔中达成读写之间的初步迁移。

在教学《松鼠》时，我紧扣课文中的第 4 自然段，引导学生在理解的基础上提炼出文本表达的内在结构：从搭窝的地点到搭窝的动作过程，再到描写窝的样子。在此基础上，我顺势引导学生模仿第 4 自然段的言语结构进行仿写练笔。仿照课文第 4 自然段，从“蚂蚁搬家”“小鸟筑巢”“小狗玩球”中选择一种动物活动的素材并写一段话。这样平移式的练笔迁移能让学生将教材中稳定而优质的言语体系内化于心。

三、精解编写意图，利用“初试身手”，展开习作的针对训练

统编版教材在习作单元中专门设置了“初试身手”的版块，这一版块直指训练，体量相对较小，是让学生脱离阅读的思维模式，直接进入写作意识中的一种“准写作”尝试。

从本单元来看，“初试身手”的训练主要包含两个任务：第一，选择生活中的事物，尝试使用多种说明方法进行介绍。这一训练任务，主要聚焦学生对说明方法的迁移运用。第二，通过查找资料，尝试改写文体。将《白鹭》改写为一篇说明文。主要指向于感知说明文的言语特征，积累说明性语言的运用。本单元的语文要素是将一种事物介绍清楚，完成了这两个任务，达成单元训练目标也就水到渠成了。

四、统整文本写作价值，利用“习作例文”，展开习作的活化训练

在习作单元中，统编版教材一改传统教材的常态，将习作例文从一篇增加到两篇。本单元中的《鲸》一文，以简洁、严谨的语言介绍了鲸的形体、进化、生活习性等；而《风向袋的制作》则是以精准、清晰的语言将风向袋的制作过程和方法介绍得有序而通透。

教学时，我以统整的视角，组织学生尝试对比性阅读，用表格的方式梳理文章内容，让学生清楚地意识到，根据写作内容和写作要求的不同，言语表达的方式也应该不同。这种活化训练有助于将习作知识融入学生的认知体系中，学生才能记得牢、用得顺。

五、依循写作过程，利用“单元习作”展开综合训练

纵观统编版教材习作单元中的习作要求，编者从整体性视角进行主题的确定，并清晰地呈现出要引导学生经历取材立意、构思起草、反复修改等环节，强化学生的实践体验，最终提升学生内在的认知能力和水平。

本单元中的“精读课文”和“习作例文”都为学生选择事物提供了启发。另外本次习作的立意清晰地呈现在眼前，即“介绍给别人”，教师可以借助这一立意创设具体可感的情境，为学生用语言进行介绍提供材料。随后是构思的训练，在明确了写作对象之后，不要急于动笔，要对所描写的事物进行全面而具体的观察，并收集与此相关的资料，对其全方位地了解，最终选择、确定具体的介绍方式。单元课文《松鼠》的课后练习，就对综合训练中“收集相关资料”提供了具体的支撑性内容。

习作练习是促成读写结合的有效策略，是学生从理解到实践运用的桥梁。在学生习作完成后，教师还要引导学生对习作进行反复修改，以达成习作练习的目标。

统编版教材中的习作单元引领着学生开展循序渐进的写作训练，让学生在习作单元的内容学习中不断夯实习作技能，促进习作素养的形成。

四川大学附属实验小学　贺　婧

以评改教学来提升高年级学生习作水平

聊起高年级学生的习作，我们常常诧异于学生习作水平差距之悬殊。有一部分学生的习作比较生动，有条理，但是一部分学生的习作平铺直叙，没有重点。有的学生习作内容很真实，感情也真挚，但寥寥几个字，只有事情梗概，没有细节描述，没有详略安排，更谈不上恰当的表达方式。作为小学语文教师，我一直为作文教学而苦恼：该怎样教作文，才能让学生爱上写作活动，让课堂呈现良好的效果呢？通过阅读和思考，我意识到习作评改教学对写作教学的价值，于是我将目光投向教学评改在作文中的应用，创新教学模式，打破课堂藩篱，让学生回归生动的文字，笔下流淌出鲜活的情愫。

习作评改若能基于学情因材施教，基于目标有的放矢，在促进学生思维能力发展和提升习作能力方面将发挥独特的作用。教师需要寻找合适的评改教学策略，学生思维的广度、深度、准确度和灵敏度的训练才能真正落实，表达的准确、具体和文从字顺才能真正实现，其书面语言能力才能切实发展。所以，评改教学策略必须优质化。

一、评改教学策略一：观照和比较

这里的观照指关注习作评改前后的变化，比较指利用他人经验进行对比、学习和修改。运用观照和比较，可以分辨高低差别，提高鉴赏水平。讲评中可用观照和比较的地方很多，教师需要依据学生习作的具体情况和讲评目标慎重选择。同一篇习作评改前后的观照，可以使学生明白修改的重要性，学会修改的方法，促进自身习作水平的提升。比较同学之间的习作，可以使学生知不足，学修改；比较教师的“下水文”与学生的习作，重在示范、指导与模仿；比较同桌、小组成员之间的习作，能互相借鉴、学习，共同提高。如在指导评改五年级下册习作五“形形色色的人”时，教师可围绕“选材一般，描写人物方法单一，人物特点不鲜明”等共性问题通过三类比较进行重点指导。一是在比较中学选材。通过对描写同一个人（同一类人）的二至三篇习作进行比较，让学生明白选用典型事例才能突显人物的鲜明特点，而典型事例的选用标准是陌生化、童趣化或小型化。二是在比较中学写法。出示教师的“下水文”，引导学生学习描写人物的基本方法。选用动作、语言、神态、心理活动或周围人的反应等写法时应根据人物特点来确定，不必样样俱全。三是在比较中学修改。提倡同桌互改或小组成员之间合作共改，这样可以营造愉悦的氛围，让学生取长补短，互学共长。

二、评改教学策略二：引进和延伸

习作评改课如果就习作评习作，容易使课堂呆板，也无法激发学生修改的动力。“引进”和“延伸”可使评改课堂生动而有效。一是引进可视化媒体。教师可根据评改要求和学生习作情况引进视频、音频、图片、思维导图等，或补充素材和内容，或纠正学生的错误认识，或加深学生对文章主旨的理解等。这样的“引进”基于学生习作的困难和需求，对改进习作很有帮助。如五年级下册习作六“神奇的探险之旅”，很多学生在写作时难以将“遇到的困境”和“求生的方法”两方面内容描写具体。原因是学生大多未经历过探险，缺乏相关经历。此时，教师若引进一些探险故事的影视片段，学生对“遇到的困境”和“求生的方法”的感受也会更加直观，加深自我对险境的体验，对顺利修改颇有帮助。同时，教师也可以通过绘制思维导图给学生提供思维工具，让学生在发散思维、聚合思维、逆向思维等过程中更加明晰整个探险故事的结构。二是延伸文本化情境。语言文字的修改与提升需根据文本描绘的情境进行适当延伸，想象画面，并借助画面进行具体修改，一般要经历“感悟理解—延伸内容—想象画面—借助画面”的过程。如一位学生写五年级下册习作四《她笑了》一文，写的是“同桌在手工课上做成了蝴蝶结而笑了”这件事，对“她笑了”的描写过于简单，无法反映出“她”内心的喜悦。教师指导评改时应鼓励学生先理解这件事的主要内容；再延伸或补充缺漏的内容；接着想象“她做成蝴蝶结时开心的画面”，如眉飞色舞的表情、欣喜若狂的语言、手舞足蹈的动作、“我”被她的情绪感染而开心的画面等；最后，学生借助这四个画面把“她笑了”的情绪描写得更加具体。

三、评改教学策略三：归纳和演绎

归纳是从学生习作中提炼出规律性的写作知识。如在评改五年级下册习作“那一刻，我长大了”时，教师精选了学生写的优秀的、中等的和较差的几个片段进行评讲，在师生、生生互动的过程中，学生悟出：无论是激动人心的“那一刻”，还是出人意料的“那一刻”，或是令人费解的“那一刻”，都有相同的将其写具体的方法，即感人之处重笔墨，动作神态不可少；心理活动最重要，篇末点题吸眼球。演绎是运用规律性的写作知识进行评改的语言实践，可以加深学生对规律性写作知识的理解和运用。如在进行五年级下册习作八“漫画的启示”讲评前，教师需从学生习作中发现共性，提炼出规律性的写作知识，即有序观察明图意，精练语言表图意，联系生活写简例，言简意赅获启示。让学生以此对照自己的习作，寻找亮点和不足，然后依据这些写作知识对不足之处进行自改或互改。只有做到高年级评改教学策略优质化，才能让习作评改真正落实、落地，实现思维能力和语言能力发展齐头并进。

综上所述，将评改教学理念引入小学语文高段的习作教学课程，可以有效改善学生的语言表达，拓宽学生的视野和思维，培养和提升学生的写作能力。具体来说，教学评改在整个学生习作的过程中有利于学生的主动参与和体验，提升了习作的效果和学生的创造力。

参考文献

［1］李正通. 融入体系 读写交互 关注思维——五年级下册第六单元习作《神奇的探险之旅》整体教学建议［J］. 小学语文，2020（6）.

［2］邓彤. 写作教学密码：邓彤老师评写作课［M］. 上海：华东师范大学出版社，2018.

［3］祁寿华. 西方写作理论、教学与实践［M］. 上海：上海外语教育出版社，2000.

宜宾市筠连县胜利街小学　张明秋

小学语文习作评价教学策略初探

小学语文习作教学中，有的教师擅长加大练笔量，有的擅长精心设计习作指导课，这些都能在一定程度上提高学生的习作水平。不过，语文教师常有一个共同的感受：教师投入了许多精力与时间批改习作，但多数学生对教师的批改并不在意，仅仅是了解一个等级。在习作教学中，教会学生评议和鉴赏习作，能有效帮助学生写好作文。这是笔者对小学生习作评价教学进行粗浅探究与实践后的心得体会。在此，笔者与大家分享一些具体的做法，以期起到抛砖引玉的作用。

一、习作的书面评价教学策略

规范、系统的习作教学从三年级开始起步，习作评价教学可以同步进行，也可以略晚一两个学期，让学习任务循序渐进地推进，这可以根据班级学生的实际情况而定。

通识性评改策略。教师向孩子介绍评价三部曲——“一读，圈点勾画；二读，组织评语；三书写，诚恳且规范”的评价实操流程。“一读”指学生边读边理清文章所表达的大致内容，圈点勾画优美的词句或者不规范的词句和标点符号。“二读”指学生再次浏览整篇文章，按照“N+1”（多个优点，一个建议）的评价要求，模仿评价范本，组织好总结性评价语言。“三书写”指评价者诚恳地赞美本篇习作的优点并提出修改建议，做到书写规范。学生互相评议结束后，教师参照学生评语，对该篇习作给出等级评价。等级低于三颗星的习作，学生必须在评价结语和评改符号的指导下，再次修改习作，或者重新完成，直到达标为止。同时，教师还要给习作评语作指导并评等级。集体评讲时，也要对大家的互改互评进行指导。作者本人也可以针对评改情况发表自己的看法。评价采用四人学习小组内推磨式轮转互评、竖排横排推磨式轮转互评，或者好友间互评等多种轮转方式交替进行，目的在于拓展阅读交流视野，尝试评价不同风格、不同层级的习作，真正起到“优生领跑中等生，优生带动后进生，优生你追我赶”的帮扶效果。

在这个过程中，教师指导学生克服困难，落实细节，依据学生实情进行策略的调整，这是真正实现生生习作互评的第一步，也是最关键的一步。只有教师深入分析并指导学生对优劣习作进行甄别，并给出合理、可行的修改建议，才能真正把评价的意义体现出来。

下面摘录一篇关于指导学生写评价性结语的文本材料：

习作评价结语的撰写方法指导

范例：赏析《柚子树下》

题目富有诗意，给人以无限遐想的空间，易让读者产生阅读的兴趣；这是一篇写人叙事的文章，选材贴近儿童的生活；内容生动具体，详略得当，重点突出了“我”学会了爬树和划木盆，略写了柚子树成熟的过程；描写中善于运用比喻的修辞手法，使语言更具艺术美；对人物心理活动的描写细腻生动。行文思路很讲究，结构精巧，过渡段、过渡句和故事情节的精心安排，让长长的内容读起来无冗长之嫌、厌倦之感；文章最后的结语简短而有力，内涵丰富，耐人寻味；全文充满着浓浓的情感，对大自然的喜爱之情，对生活的喜爱之情和丰收的喜悦之情跃然纸上。此文不愧为一篇文字优美、情真意切的佳作。

教师结合以上评语范例，教学生如何给别人评改习作并写习作评语，理清综合性评语的写作要领，并鼓励学生“依样画瓢”，从模仿开始，到灵活应用，再到自主充实，从而对一篇文章侃侃而谈。

语文要素式评价策略。即评价内容是根据习作单元的训练要点进行目标达成性评价，不必关注全面、系统的目标。如六年级上册第四单元的语文要素：①读小说，关注情节、环境，感受人物形象；②发挥想象，创编生活故事。习作主题是根据环境和人物提示创编故事。这样的习作体现了小说的虚构性，情节曲折，人物形象鲜明，环境描写烘托人物性格或者推动情节发展等特点。因此，在指导学生写评语时就要紧扣以上语文要素，突出重点进行评议，不必过多关注通识性评议的方方面面。

批注式评改策略。从评价的形式上看，批注式评改就是模仿习作例文的批注式方式，在读者有心得之处或者建议之处旁批，既可以紧扣单元的语文要素，也可以针对日常的周记或小练笔进行较为自由、随性的评改，批注的感受不求系统全面，只要是客观且有指导性的评价就行。比如，教学五年级下册的习作单元后，学生完成了以“形形色色的人”为主题的写人记叙文，他们模仿习作例文《我的朋友容容》对单元语文要素进行了重点批注。学生的关注点越是聚焦，评议的难度越低，学生的评议指导性就更强。这样的评改方式可以针对某一个难点进行突破，真正实现一练一得。

配图式评奖策略。给有一定质量的习作征集配图，可以是一篇多人配图（打印版较为适合），也可以一文一图。图画代替评语，无声的赞美，无言的充实，图文相辅相成，妙趣横生。再把作品张贴上墙，让更多的读者在文作者和图作者的名字后面画星以表示自己对作品的喜爱程度。这种方式特别适用于学期末的习作复习评改，可以增强习作评改的趣味性，也能成为班级手绘习作集的原始资料。

二、习作的口头评价教学策略

书面性评改教学严谨、规范，但评改的时效性不足。因此，对于需要“趁热打铁”的习作教学而言，口头性评改就能实现快捷反馈并落实修改。

朗读式评价策略。这一策略适合用于质量较高的习作，可作为示范作文。教师可以请作者本人绘声绘色地朗读，也可以邀请朗读能力强的学生代读。全班学生在倾听和想象中鉴赏，评价者的赞美之词给作者以鼓舞，鞭策之语让作者豁然开朗。这样的评改课堂非常受学生的青睐，几乎每一次都嫌四十分钟的课堂太短，他们口头表达的欲望总比书面表达的意愿强烈些。

对比式评价策略。对于反复修改过关的习作，可展示习作修改的原始材料作为对比性评价的依据，也可以师生合作对比朗读第一次和最后一次的习作，让每一个同学认识到“文章不厌百回改”的真理。

在持续几年指导生生互评互改习作后，我发现学生对教师的评价语更加敏感，教师的良苦用心被学生接收到了，学生在阅读教学中的评鉴能力和表达能力快速发展。每一次课堂限时习作练笔时，学生都特别沉静，多数学生一节课就能高效完成六七百字的习作。当遇到较难达成的训练要素，有的学生不厌其烦地修改四五遍，也要通关成功；有时集体分享评议后，一些已经过关的学生主动要求重写一遍。这些现象表明了学生在学习如何评价同伴习作的同时，也在不知不觉中互相取长补短，共同进步，让每一个学生都知道“好文章究竟是怎样炼成的”。此外，教师也能从低效高耗的习作批改中解脱出来，真正让教师在“授人以渔”的道路上越走越远。

四川大学附属实验小学　许艳丽

朝夕不倦

我们眼中的缤纷世界

——统编版语文教材三年级上册第五单元整组教学设计

单元主题

留心观察。

教材分析

本单元围绕“留心观察”这一主题，精心编排了《搭船的鸟》《金色的草地》两篇精读课文和《我家的小狗》《我爱故乡的杨梅》两篇习作例文，同时编排了“交流平台”“初试身手”以及“单元习作”。

《课标》在小学第二阶段习作学习中指出：观察周围世界，能不拘形式地写下自己的见闻、感受和想象，注意把自己觉得新奇有趣或印象最深最受感动的内容写清楚。学生从第一阶段的“留心周围事物，写自己想说的话”过渡到“留心观察事物，把内容写清楚”。这样的编排，遵循了小学阶段习作训练的整体性、阶段性和连续性。

本单元语文要素是“体会作者是怎样留心观察周围事物的”，习作要求是“仔细观察，把观察所得写下来”。两篇精读课文注重引导学生体会表达上的特点，学习习作方法。《搭船的鸟》侧重记录了观察所得，“我”既观察了旅途中听到的雨声，也观察了翠鸟的外貌和捕鱼时的动作；《金色的草地》侧重观察草地的变化及原因。两篇精读课文的课后题，重在引导学生体会细致观察的好处，增强留心观察的意识。

习作单元的“交流平台”对本单元的习作方法和要求进行了梳理和归纳，这样编排更能让学生体会“细致观察”带来的好处，启发学生要留心观察周围的事物，积累习作素材。

“初试身手”通过两则例文进一步启发学生要留心观察周围事物，观察时不仅可以用眼睛看，还可以用耳朵听、用手摸、用鼻子闻、用嘴尝，让学生借助这些观察方法仔细观察生活中的事物或场景，对本单元的习作方法进行初步运用。

习作例文《我家的小狗》《我爱故乡的杨梅》为学生提供了观察与习作的范例，并以课后题和旁批的形式，提示了细致观察和调动多种感官进行观察的方法，进一步强化学生对观察方法的实践与模仿。

“单元习作”写“我们眼中的缤纷世界”，引导学生仿照两篇精读课文和例文，观察一种动物、植物或一处场景，并完成一篇习作，进一步体会留心观察、仔细观察带来的好处。

学情分析

三年级上期是学生由低段学习到中段学习的过渡阶段，学习重点转移到“学阅读”和“学表达”，要求学生不仅乐于表达，还能表达清楚自己的意思。这样的转变会给他们的学习带来一定困难，因此学生学会阅读和写作方法，不断积累阅读和写作经验显得尤为关键。

对于刚升入三年级的学生，着眼点应放在“抓好起步，打牢基础”上。学生初学习作，喜欢写作，但往往想到什么写什么，写出来的文章表达不通顺，缺乏条理性。

学习是积累与运用的过程，对于教材里的习作训练，无论是单元习作还是课后每一个小练笔，由读学写，力求使学生能结合课文内容，模仿课文的语言形式，表达自己的生活，随时随处提笔记录生活，平稳过渡，使三年级习作与二年级写话自然衔接。

单元教学目标

1. 认识10个生字，会写25个字，会写24个词。
2. 了解课文内容，感受作者观察的细致，体会留心观察的好处。
3. 能结合课文内容，初步了解可以调动多种感官进行观察。
4. 能细致观察一种动物、植物或一处场景，把观察所得写下来。
5. 能展示观察所得，与同伴分享自己的观察感受。

单元教学重点

1. 了解课文内容，感受作者观察的细致，体会留心观察的好处。
2. 能结合课文内容，初步了解可以调动多种感官进行观察。

单元教学难点

1. 能了解作者是怎样观察的，进一步体会作者观察的细致。

2. 能仔细观察一种动物、植物或一处场景，尝试把观察所得写下来。

单元教学策略

1. 提前安排好观察活动，为习作积累素材。明确可观察的对象，任务清晰，让学生清楚知道观察的要求，并引导学生随时将本单元的学习收获运用到自己的观察中，明白观察积累的素材是为本单元习作的开展做准备。

2. 指导学生通过朗读体会作者的情感，在两篇精读课文和习作例文的教学中注重引导学生体会"细致观察"带来的好处，初步了解可以调动多种感官进行观察。

3. 将"初试身手"中部分内容与"精读课文""习作例文"部分紧密结合，运用小组合作交流的方式学习"交流平台"，进一步体会作者的细致观察，梳理细致观察的方法。通过结合两篇习作例文及之前所学文章、联系生活经验、读文字想象画面等方式将自己的观察所得写清楚，为单元习作积累丰富的素材及写作方法，做好开展单元习作的准备。

单元教学课时及意图

<table>
<tr><th>内容</th><th>课时</th><th>意图</th></tr>
<tr><td>《搭船的鸟》、初试身手 1、习作例文 1</td><td>2—3</td><td rowspan="2">两篇精读课文重在引导学生体会细致观察的好处，增强留心观察的意识，结合"初试身手"和"习作例文"进行片段练笔和提升</td></tr>
<tr><td>《金色的草地》</td><td>1</td></tr>
<tr><td>交流平台、习作例文 2、初试身手 2</td><td>1</td><td>回顾精彩片段，梳理细致观察的方法及表达方法，积累习作素材</td></tr>
<tr><td>习作：我们眼中的缤纷世界</td><td>1</td><td>运用多种方法进行细致观察，并将观察所得写下来</td></tr>
</table>

《搭船的鸟》教学设计

【教学目标】

1. 正确、流利、有感情地朗读课文，会认"父、啦、鹦、鹉、悄"等生字，会写“搭、父”等字。

2. 通过品味课文中的重点字词，想象翠鸟捕鱼的情境，感受翠鸟的敏锐、伶俐，体会作者用词的准确性，培养细心观察的习惯。

3. 结合“初试身手”，借助视频、图片练习观察，尝试用两三句话描写“小蜗牛过马路”的场景。

4. 感受人和动物和谐共处的美妙境界，激发亲近自然、热爱自然的美好情感。

【教学重难点】

1. 通过品味课文中的重点字词，想象翠鸟捕鱼的情境，感受翠鸟的敏锐、伶俐，体会作者用词的准确性，培养细心观察的习惯。

2. 感受人和动物和谐共处的美妙境界，激发亲近自然、热爱自然的美好情感。

【课前准备】

课件。

第一课时

【课时目标】

1. 正确、流利地读课文，认识“鹦、鹉、翠”等生字，会写“搭、翠、羽”等字。

2. 通过反复朗读，观察翠鸟的外形以及捕鱼的样子，感受作者细致的观察。

3. 通过图片和资料的介绍，学习观察方法，初步体会观察的乐趣。

【教学过程】

一、谈话导入，铺垫学观察

教师介绍习作单元要素，引入法国著名雕塑家罗丹的名言，引导学生说说自己的感受。

二、初读课文，整体感知

1. 教师预设引入“鸟”。

2. 学生齐读课题，解“搭”意：这是一只会坐船的鸟。（教师范写，学生书空）

3. 学生自由读词语，读准标红的字的读音。

三、细读课文，仔细品味

1. 学生自由朗读第 2 自然段并交流：你从中读出了什么？是从哪些地方看出来的？（教师板书：样子　多彩美）

2. 学生学习多音字“啦”，随文识字“静悄悄”。

3. 学生再读课文并思考：这次旅行中作者都观察到了哪些事物和场景？

[设计意图] 本课文篇幅较短，学生能很快理解文章大意，将识字教学放入课文进行随文识字。本堂课的难点在于如何引导学生发现作者写翠鸟时的细致观察。因此让学生通过反复阅读，寻找作者观察到的事物和场景，再在细致品读课文中，感受作者观察翠鸟时不仅用了眼睛看还用了耳朵听等多种方法进行观察。

【板书】

搭船的鸟
样子　多彩美
动作　捕鱼快

第二课时

【课时目标】

1. 通过品味课文中的重点字词，想象翠鸟捕鱼的情境，感受翠鸟的敏锐、伶俐，体会作者用词的准确性，培养细心观察的习惯。

2. 结合“初试身手”，借助视频、图片练习观察，尝试用两三句话描写“小蜗牛过马路”的场景。

3. 感受人和动物和谐共处的美妙境界，激发学生亲近自然、热爱自然的美好情感。

【教学过程】

一、谈话交流，复习导入

师生交流：这只搭船的鸟给你留下了怎样的印象？

二、细读课文，了解翠鸟

1. 学生细读第 4 自然段，品味精准的动词，想象“翠鸟捕鱼”的场景。

2. 教师播放翠鸟捕鱼的视频，再次引导学生体会作者用词的准确。

［设计意图］通过抓住描写翠鸟捕鱼时的关键字词，让学生说感受，读课文，想画面。

三、链接“初试身手”，课堂练笔

1. 链接“初试身手”，教师播放蜗牛爬行的视频，学生仔细观察。

教师提示：好几只小蜗牛正在慢悠悠地过马路，它们会怎样过马路呢？马路上那么危险，会发生什么事情？它们又会如何应对呢？

2. 学生仿照课文第 4 自然段，采用连续动词，用一段话写出“小蜗牛慢悠悠地过马路”这一场景。

3. 教师反馈练笔，师生点评总结。

4. 师生交流：生活中你还观察过哪些小动物或相关场景？

［设计意图］本环节安排了“初试身手”中第一个小练笔，让学生通过观察视频，仿照“翠鸟捕鱼”的场景，尝试着写一写“小蜗牛过马路”的场景。练说环节与学生生活紧密结合，让学生有话可说，激发学生观察的兴趣，分解了单元习作中观察并描写一处场景的习作目标。

四、欣赏“习作例文”，拓展提升

1. 学生自由读例文，交流自己喜欢的部分并说明原因。

2. 教师小结：在描写事物的时候，选择事例和积极思考都很重要，把小动物当作你的朋友来写，把文章写“活”、写出趣味就更好了。

3. 观察作业：观察身边的一种动物，在记录单上简要填写观察所得。

观察对象	
观察时间	
观察地点	
观察所得	

［设计意图］在完成练笔后，链接习作第一篇例文进行欣赏、交流，对学有余力的孩子是一种能力提升的方向引导。同时，课后布置观察任务，提醒学生细致观察一种动物，为单元习作做准备。

【板书】

搭船的鸟
（留心生活　细致观察）
样子　多彩美
动作　捕鱼快（冲、飞、衔、站、吞）

《金色的草地》教学设计

【教学目标】

1. 认识“蒲、英”等生字，会写“蒲、英”等字，会写“窗前、蒲公英”等词语。

2. 能说出草地的变化情况及变化的原因，体会作者观察的细致。

3. 能自己观察某一种动物、植物或一处场景的变化情况并和同学交流。

【教学重难点】

1. 能说出草地的变化情况及变化的原因，体会作者观察的细致。

2. 能自己观察某一种动物、植物或一处场景的变化情况并和同学交流。

【教学过程】

一、猜谜导入，初识蒲公英

1. 教师在课件上出示谜语，学生猜谜底，导入课题“蒲公英”。

2. 教师引导学生仔细观察蒲公英的样子。

二、初读课文，学贵有疑

1. 学生大声齐读课题《金色的草地》。

2. 学贵有疑，教师引导学生根据课文题目进行提问。

3. 学生带着问题感知课文，一边读一边勾画：哪些地方让你知道草地为什么是金色的？

三、检查预习，解决生难字词

1. 识字正音：耍、英。

2. 学写字：蒲、趣、察。

3. 学生书空后在作业本上写字。

4. 同桌展示评价。

四、细读课文，感受细致观察

1. 教师引导学生根据结尾“多么可爱的草地！多么可爱的蒲公英!”想象课文所描写的场景。

2. 学生默读课文，交流自己觉得有趣的场景。

3. 教师引导：草地是怎样变化的？为什么会变色呢？

(1) 学生默读第3自然段，边读边勾画：草地是怎样变化的？

(2) 学生自由读课文并完成填空：每个时间点草地是怎样变化的？

早上，草地（　　）；

中午，草地（　　）；

傍晚，草地（　　）。

(3) 教师指导朗读，引导学生读出自己的心情与感受。

(4) 学生寻找、填写、交流草地变化的原因。

早上，草地（　　），因为蒲公英（　　）；

中午，草地（　　），因为蒲公英（　　）；

傍晚，草地（　　），因为蒲公英（　　）。

(5) 教师播放草地变化的视频。

(6) 教师小结：正是有了作者细致的观察，才明白了草地变化的原因。所以文章中说：“我来到草地上，仔细观察，发现蒲公英的花瓣是合拢的。”

4. 教师引导学生体会作者的细致观察。

(1) 换词法：是否能将“观察”换作“看”？

(2) 教师引导：作者在草地上会怎样观察，又会做些什么？

预设：他可能在一天中不同的时段来观察；他可能盯着一朵花看很长时间；他也可能用手去摸一摸；观察后他也一定会去思考变化的原因……

[**设计意图**] 引导学生发现草地的变化，探索变化的原因，体会作者对同一事物不同时间段的细致观察。

五、学以致用，体会细致观察

1. 教师引导学生发现这篇课文和之前学的课文的观察角度有所不同，之前的课文是对一个事物的一个方面进行观察，而本篇课文的作者观察到了事物的变化，在不同时间段有了不同的观察所得。

2. 教师举例拓展：如向日葵、含羞草、睡莲、小豆芽、小猫的眼睛……

3. 小组交流：生活中你观察到的事物的变化。

4. 教师小结：要留心观察事物的变化及原因，即使是观察同一个事物，也能从不同时间段观察并发现其变化，发现变化后可以再去探索发生变化的原因。

5. 学生课后对一种植物、动物或一处场景进行观察，将自己的观察与思考记录在记录单上。

观察作业：观察事物的变化，填写记录单。

观察记录单				
观察对象				
观察地点				
观察时间				
观察所得				

［**设计意图**］引导学生从不同时间段去观察事物的变化，一边观察一边记录一边思考，提出质疑，学会细致观察，为单元习作打下基础。

【板书】

细致观察

时间　　变化　　　　　　　变化原因

早上，草地（　　），因为蒲公英（　　　　）；

中午，草地（　　），因为蒲公英（　　　　）；

傍晚，草地（　　），因为蒲公英（　　　　）。

交流平台、初试身手与习作例文

【教学目标】

1. 能结合课文内容，进一步体会作者观察的细致，梳理总结留心观察的好处。

2. 初步了解可以调动多种感官进行观察。

3. 能尝试写一写自己的观察所得。

【教学重难点】

1. 初步了解可以调动多种感官进行观察。

2. 能尝试写一写自己的观察所得。

【教学过程】

一、课后思考，交流困惑

1. 学生交流自己写作的困难与思考。

2. 结合《搭船的鸟》和《金色的草地》两篇课文，学生分享交流作者能留心观察的原因。

3. 教师小结：留心观察周围的事物就会有新发现，细致观察可以对事物有更多更深的了解。

[设计意图] 通过交流自己的学习感受与困惑，让学生找到自己在观察或习作练习中的难点，针对这些问题思考解决方法。

二、研读习作例文，梳理细致观察的方法

1. 学生默读例文《我爱故乡的杨梅》，思考作者是怎样细致观察的。

2. 小组合作，完成表格。

(1) 教师引导学生结合本单元所学课文，感受作者是怎样细致观察的。学生填写下面表格，体会作者观察的细致。

杨梅	特点
外形	
颜色	
味道	

(2) 师生交流：你从哪里体会到了作者观察的细致？

(3) 教师引导学生学习多种观察方法。作者在对杨梅外形、颜色和味道进行描述的过程中，始终能抓住特点来写。学生思考并交流作者使用的观察方法。

教师提示：作者除了用眼睛看，还动用了哪些感官进行观察？

(4) 全班交流，总结如何做到细致观察。

教师小结：多角度、多感官、多思考，持续观察。

[设计意图] 通过课文和两篇例文，再次引导学生体会作者观察的细致，

系统地梳理细致观察的方法，为练笔做好观察准备。

三、细致观察，初试身手

1. 结合初试身手2，教师引导学生比较《我爱故乡的杨梅》的异同。

2. 教师小结：从两个片段中我们知道可以举事例、作比较、写变化，还可以看一看、摸一摸、闻一闻、尝一尝，调动多感官参与观察。

3. 学生选择自己喜欢的水果或植物，运用多感官进行仔细观察，尝试将自己的观察用几句话写下来。

[设计意图] 通过比较材料，引导学生发现作者从多感官角度进行了细致观察，鼓励学生运用多种观察方法观察一种水果或植物，尝试将观察内容写清楚。

【板书】

细致观察

多角度　多感官　多思考　持续观察

习作：我们眼中的缤纷世界

【教学目标】

1. 能够仔细观察图画，简洁、流畅地说出日常生活中的发现。

2. 能认真听别人说话，把握主要内容，并能完整地转述。

3. 能把话说清楚、写明白，并能根据观察到的事物写出自己的感受和想法。

【教学重难点】

1. 培养学生良好的观察习惯。

2. 能真实、清楚地写出自己的感受和想法。

【课前准备】

课件、观察记录单。

【教学过程】

一、观察图画，交流发现

1. 学生仔细观察这三幅图，结合学过的观察方法，交流自己的发现。

2. 教师点评，引导学生结合生活实际观察图片中的季节，鼓励学生仔细观察这三幅图画，并根据图画内容进行想象和猜测，用眼睛看、用耳朵听，细致观察。

3. 学生汇报观察记录，分享自己观察到的事物或场景。

［**设计意图**］结合图片，让学生说一说观察到了什么。教师适当点拨，学生在教师的启发下补充、完善观察内容，培养细致观察的习惯，拓宽学生习作选材的思路。

二、学生分享观察记录单

观察事物（场景）	特点

1. 学生说发现，其他学生提问，发现者解释。

2. 教师提示：你还知道哪些有意思的植物或者动物吗？

3. 学生讨论并反馈。

4. 教师再次引导学生回顾细致观察的方法。

教师小结：多角度、多感官、多思考，持续观察。

［**设计意图**］结合前面的观察记录，让学生展示自己的记录，并且说明是从哪些方面进行观察的，运用了哪些观察方法。教师进行学法指导并总结概括。

三、习作练习

1. 教师出示习作要求。

（1）用简洁的语言说明自己观察到的内容。

（2）能按照一定的顺序把自己的观察有条理地记录下来。

（3）写作中要写清楚自己是通过什么方法观察的以及观察后有什么感触。

2. 学生习作，自主修改。

3. 同桌交流，互评互改。

4. 同学展示，教师点评。

［**设计意图**］让学生了解本次习作的内容及要求，从而更好地书写。

【板书】

我们眼中的缤纷世界

开头

我的发现　中间　时间、天气、地点、人物、事件

结尾　感悟

教学反思

本次习作单元的教学都在为刚升入三年级的学生“抓好起步，打牢基础”。本次习作要求写“我们眼中的缤纷世界”，其实是让学生学会细致观察的方法，去观察身边的动物、植物或场景。本单元从两篇精读课文中了解了细致观察的好处，也从“交流平台”和“初试身手”及两篇习作例文中梳理了细致观察的方法，让学生知道了“世界不是缺少美，是缺少发现美的眼睛”。学生在本单元的学习中学会用眼睛去看、用耳朵聆听、用小手触摸、用心思考、用语言或文字去表达等方式来观察记录我们眼中的世界。

另一方面，对教师来说，怎样教学习作单元其实是困扰我们的难题。本次习作，我们进行了精心的设计，从观察、描写、布局等几个方面进行了讲解。三年级是学生习作的起步阶段，本次教学无论是前面的小练笔还是后面的习作设计都没有拔高要求，注重激发学生留心观察周围世界的兴趣，帮助学生克服习作的畏难情绪。习作的点评也紧扣“观察是否细致”，引导学生回顾课文、习作例文中的样例，让习作不脱离单元主题。评价的方式多样化，有自评、互评、师评，其实后面还可以加上小组评，让评价方式不单一。完成习作后要鼓励学生大胆分享自己的习作内容，和同学交流自己的观察所得，这个过程中教师一定要多鼓励学生，帮助学生树立习作的自信心。

四川大学附属实验小学　周　丹　郑卓立

创造想象的世界

——统编版语文教材三年级下册第五单元整组教学设计

单元主题

奇妙的想象。

教材分析

本单元围绕“奇妙的想象”这一主题，编排了两篇精读课文《宇宙的另一边》和《我变成了一棵树》，两篇习作例文《一支铅笔的梦想》和《尾巴它有一只猫》。四篇文章从不同角度以不同方式向学生呈现了神奇有趣的想象故事。

本单元的习作要素是“发挥想象写故事，创造自己的想象世界”。两篇精读课文注重引导学生体会表达上的特点，学习习作方法。《宇宙的另一边》侧重让学生感受想象的神奇，关注表达“想象”的多种方法和策略。《我变成了一棵树》侧重引导学生进行大胆想象，关注作者有意思的语言表达。

“交流平台”对精读课文中的单元语文要素进行梳理和总结，为学生的习作铺垫基础。

“初试身手”安排了两个激发想象的体验活动，旨在引导学生展开想象。“手指画”练习通过让学生动手实践，在涂涂画画中展开想象；“续编故事”提供了两个故事开头，鼓励学生尝试进行大胆奇特的想象。

本单元编排了《一支铅笔的梦想》和《尾巴它有一只猫》两篇习作例文。文本语言浅显，情节有趣，内容贴近学生生活。其主要作用是帮助学生打开思路，为大胆想象提供范例。

最后，习作的任务是写一个想象故事，习作的主题是“奇妙的想象”。这一版块的第一部分为学生提供了7个题目，学生可以选择其中一个进行习作，也可以写其他的想象故事。

学情分析

三年级学生掌握了一定的习作方法，对习作有一定的兴趣，在三年级上册学习了观察方法后，也初步学会了积累素材的方法。但由于学生年龄较小，知识面不是很广，生活感悟能力不够强，学生的习作大多只有基本的框架结构，条理不够清晰，语言表达简单。对于学生而言，想象是儿童的天性，有了想象，儿童的生活世界才是五彩缤纷的。在小学低段，教学要联系生活经验，激发学生的想象。在小学中段，学生通过阅读童话和神话故事感受想象的丰富和奇特，进而发挥想象，创造自己的想象世界。在三年级上册的学习中，学生通过自己的想象续编童话。到了三年级下册第五单元就有具体的习作要求：学生发挥想象写故事，创造自己的想象世界。

单元教学目标

1. 认识 13 个生字，会写 23 个字，会写 25 个词语。
2. 了解课文内容，感受作者大胆和神奇的想象。
3. 交流对大胆想象的体会，感受想象的乐趣。
4. 能借助习作例文，进一步体会丰富与神奇的想象。
5. 大胆想象，写一个想象故事。
6. 能欣赏同伴习作并提出修改建议。

单元教学重点

1. 了解课文内容，感受作者大胆和神奇的想象。
2. 交流对大胆想象的体会，感受想象的乐趣。

单元教学难点

1. 交流对大胆想象的体会，感受想象的乐趣。
2. 大胆想象，写一个想象故事。
3. 能欣赏同伴习作并提出修改建议。

单元教学策略

1. 通过朗读、默读等方式，反复读课文，体会文章表达的情感。
2. 通过自主、合作、交流的学习方法，从读中学习想象的方法。
3. 搭建情境支架，使学生在具体的情境中大胆想象。

单元教学课时及意图

内容	课时	意图
《宇宙的另一边》、交流平台、初试身手 1	2	通过"初试身手"的手指画，感受想象的魅力。《宇宙的另一边》侧重引导学生"走进想象的世界，感受想象的神奇"，进而引导学生打开思路，大胆想象。结合"交流平台"总结想象的魅力：大胆想象，可以让我们拥有奇异的经历
《我变成了一棵树》、交流平台	2	《我变成了一棵树》从"我"的愿望出发，写"我"变成一棵树后发生的一连串奇妙的事情。品读课文，再次感受想象的魅力。要求学生从自己的愿望出发，借鉴课文思路，展开大胆想象，表达自己的奇思妙想。结合"交流平台"总结感受
初试身手 2、习作例文	1	"初试身手"给孩子搭建支架，给出故事的开头，创设情境，激发学生大胆想象，续编故事。两篇习作例文，文本语言浅显，情节有趣，内容贴近学生生活，帮助学生打开思路，为大胆想象提供范例，破解想象密码
习作：写一个想象故事	2	单元习作的任务是写一个想象故事，习作的主题是"奇妙的想象"。通过两篇精读课文，使学生感受到想象的魅力。再经过手指画、编故事环节，学生已经对想象有了很大的兴趣。通过无中生有，改编经历，运用反向思维，搭建具体情境支架等方式，帮助学生从 7 个主题中选择一个进行习作，也鼓励学生写其他的想象故事

《宇宙的另一边》教学设计

【教学目标】

1. 会认、写本课生字。
2. 正确、流利、有感情地朗读课文。
3. 把课文读通顺，了解课文大意，初步感受想象的魅力。

【教学重难点】

能将生活与想象结合，与同学交流"宇宙的另一边"还有哪些秘密，体验大胆想象的乐趣。

第一课时

【课时目标】

1. 会认、写本课生字。

2. 正确、流利、有感情地朗读课文。把课文读通顺，了解课文大意，初步感受想象的魅力。

【教学过程】

一、玩中想象，感受想象的乐趣

1. 学生交流展示自制的手指画作品，评选“最佳创意奖”作品。

2. 教师引导学生分享对活动的感受。

(1) 大胆想象可以创造出现实中不存在的事物和景象。

(2) 想象可以很奇特。

(3) 通过想象可以实现美好的愿望。

[**设计意图**] 本单元语文要素中，指向表达的是“发挥想象写故事，创造自己的想象世界”。通过手指画激发学生的想象，让学生积极走进想象的世界，感受想象的大胆与奇妙。

二、欣赏图片，激趣导入

1. 教师出示璀璨夜空的图片。

2. 教师板书课题，学生齐读课题。

3. 教师过渡：“宇宙的另一边”可能会有些什么呢？我们一起到课文中去寻找答案吧！

三、初读课文，自主识字词

1. 学生自由读课文，要求读准字音，读通句子，给课文标好自然段。

2. 集中识字：浩瀚、流淌、思绪、穿梭、尴尬、拜访。

四、再读课文，了解大意

1. 教师指导学生带着“‘宇宙的另一边’有哪些有趣的事情？”这个问题，自由读课文，勾画总写“宇宙的另一边”的特点的句子。

2. 学生汇报交流，教师开展句子导学。

“很远很远的地方，宇宙的另一边，是这一边的倒影。那里有座一样的城市，有条一样的街道，街角处有栋一样的房子，房子里有个一样的孩子。”

（1）学生读句子并说说自己读懂了什么。

（2）学生汇报并互相补充。

（3）教师小结：“宇宙的另一边”是这一边的倒影，有和宇宙这一边一样的城市、街道、房子、孩子。

3. 教师指导学生有感情地朗读第1、2自然段。

［**设计意图**］引导学生带着问题去阅读，勾画总写“宇宙的另一边”的特点的句子，感受想象的魅力。

第二课时

【课时目标】

1. 抓住重点词句，理解“宇宙的另一边”有哪些秘密。

2. 能够将生活和想象结合，组织语言，进行想象力训练。

【教学过程】

一、复习导入，创设情境

1. 学生汇报总写“宇宙的另一边”的特点的句子。

（1）教师屏显句子。

（2）教师请多个学生读句子。

2. 教师过渡：“宇宙的另一边”到底有哪些有趣的事情呢？这节课我们就一起走进课文，用心去感受。

二、深入读文，感知趣味

1. 学生自由朗读课文并思考课文中的“宇宙的另一边”有哪些秘密，可以在感兴趣的地方写写自己的感受，再和小组同学说一说。

2. 教师引导：与“宇宙的这一边”相对照，课文展现想象，“宇宙的另一边”有哪些有趣的事情？与同学交流你最感兴趣的事，并说说自己的感受。

3. 学生汇报交流。

4. 学生朗读最后一个自然段并思考这一段主要写了什么内容。

（1）学生汇报，其他同学补充。

（2）教师小结：本段写作者继续想象晚上再去拜访“宇宙的另一边”的“我”的事。

5. 教师小结：在想象的世界里，没有什么是做不到的。拥有丰富的想象力是一件非常棒的事情。

6. 教师提示：大胆想象可以让我们拥有奇异的经历，大胆想象创造出了现实中不存在的事物和景象。

［设计意图］引导学生抓住“宇宙的另一边”的有趣的事，感受想象的神奇与有趣，通过不同形式的朗读，加深学生的感悟，内化语言积累，让学生明确大胆想象的魅力及开展想象的方法。

三、回顾课文，拓展延伸

1. 学生想象“宇宙的另一边”还会有哪些秘密并和同学交流。

2. 学生在小组内交流。

3. 全班汇报。

［设计意图］引导学生通过发挥想象，结合生活经验，运用反向思维，创造自己的想象世界，感受想象的神奇。

【板书】

宇宙的另一边
- 整体想象
- 具体想象　与这一边相反
- 继续想象

《我变成了一棵树》教学设计

【教学目标】

1. 会认、写本课生字。

2. 通过朗读，了解“我”变成大树的乐趣。

3. 能结合生活大胆想象自己会变成什么，以及之后发生什么奇妙的事。

【教学重难点】

能结合生活大胆想象自己会变成什么，以及之后发生什么奇妙的事。

第一课时

【课时目标】

1. 会认、写本课生字。

2. 通过朗读，了解“我”变成大树的乐趣，感受其中神奇的想象。

【教学过程】

一、展示图片，导入新课

1. 教师引导：文中的小朋友希望自己变成一棵树，这样玩的时候就没人打扰了。他真的变成树后，发生了许多奇妙的事情，让我们一起去看看吧！

2. 教师在课件上出示树的插图，引导学生想象：这些鸟窝里会住着什么？

3. 教师板书课题，学生齐读课题。

二、初读课文，学习生字、新词

1. 学生用自己喜欢的方式自由读课文，遇到不认识的字时，可以用自己喜欢的方式解决，把课文读通顺、读流利，标出自然段。

2. 学生“开火车”读本课的生词。

3. 教师指名学生按自然段读课文，其他学生认真听并进行评价。

三、再读课文，了解大意

1. 学生自读课文，提出问题。

2. 学生质疑。

3. 教师出示学生提出的有价值的问题。

(1)“我”为什么要变成一棵树？

(2)“我”变成一棵树后，发生了哪些有趣的事情？

4. 自主探究，解决问题。

(1) 学生自由组合，分小组讨论。学生采取自己喜欢的方式来解决问题。

(2) 小组汇报学习成果。

第二课时

【课时目标】

1. 朗读课文，抓住重点词句，理解课文内容。

2. 能够将生活和想象结合，组织语言，进行想象力训练。

【教学过程】

一、复习旧课，导入新课

1. 教师指名学生朗读生字、新词。

2. 教师导入：这节课我们继续学习《我变成了一棵树》，看看“我”变成树后发生了哪些有趣的事情。

二、边读边想象，重点感悟

1. 学生默读课文，分享自己觉得有意思的想象内容，用笔在文中勾画出来，再和大家交流。

2. 全班交流。

3. 教师在课件上出示以下内容。

“我心里想着，就觉得身上痒痒的，低头一看，发现许多小树枝正从我身上冒出来。呀，我真的变成了一棵树！”

（1）这是介绍“我”变成树的过程，你认为哪些词句有趣？

（2）从身上长出小树枝的“我”和大家一样地感到好玩，感到惊奇，请读出这种感情。

4. 教师在课件上出示以下内容。

“我变成了一棵长满各种形状的鸟窝的树：三角形的、正方形的，还有长方形的、圆形的、椭圆形的、菱形的……”（教师板书：长满鸟窝　各种形状）

省略号还省略了哪些形状的鸟窝？

5. 教师在课件上出示以下内容。

“我会请小兔、小刺猬、小松鼠、小鸭子、小鳄鱼、小狐狸住在里面。”（教师板书：住满亲朋　小兔子、小松鼠……）

你认为这句话想象奇特的地方在哪里？

6. 教师在课件上出示以下内容。

“咕噜噜……”我的肚子里发出一种怪怪的声音。

“咕噜噜……”我肚子里的声音越来越响了。

为什么“我”的肚子会发出“咕噜噜……”的声音？这说明了什么？

［**设计意图**］抓住重点词句，理解课文内容，并通过朗读，感受想象的丰富。

三、拓展想象，说话训练

师生交流：如果你会变，你想变成什么？变了以后会发生什么奇妙的事情呢？想一想，和大家交流并写下来。

［设计意图］仿照课文，联系生活实际，大胆想象，提升学生的想象力。

【板书】

我变成了一棵树

变成树　痒痒的　冒出来
长满鸟窝　各种形状（想象奇妙、有趣）
住满亲朋　小兔子、小松鼠……

初试身手与习作例文

【教学目标】

1. 回顾本单元两篇精读课文的想象要点，感受想象的大胆与奇妙。
2. 分析习作例文，习得想象类习作的方法与窍门。

【教学重难点】

习得想象类习作的方法与窍门。

【教学过程】

一、阅读习作例文，体验想象的魅力

1. 学生阅读习作例文《一支铅笔的梦想》，借助思维导图，梳理故事情节。

2. 教师分析思维导图，引导学生发现：在不同的地点，铅笔的梦想在不断变化。

3. 教师引导学生关注旁批，关注铅笔与想象事物之间的联系，从而让学生明白展开想象要联系事物特点。

4. 学生阅读习作例文《尾巴它有一只猫》，顺着尾巴的思路，借助课文插图，同桌互助想想尾巴创造出了哪些意想不到的神奇故事。

5. 借助旁批，教师引导学生发现：奇妙的想象可以反方向思考。

6. 借助课文后的题目，教师引导学生进行反方向思考，打开思路，说出更多新鲜有趣的想法。

［设计意图］学生借助旁批，再次习得想象的方法——联系事物的特点和反方向思考。

二、合作想象，完成初试身手

1. 合作想象：小组分工合作，选择两个开头中的一个，展开想象，接龙续编故事。

（1）夏天到了，瞌睡虫王国一片沸腾。它们纷纷飞出洞口，去寻找自己的朋友……

（2）一阵大风过后，小牧童被吹到了颠倒村。他睁开眼睛，只见树枝和树叶长进土里，树根却张牙舞爪地伸向天空……

2. 分享点评：小组分享，邀请其他小组围绕“是否能展开大胆想象”进行点评。

［设计意图］如果直接让学生自己展开故事续编，可能有点困难。通过小组协同，形成相互倾听、前后联结的想象练习，能够为学生后续的独立想象创作做好铺垫。

习作：写一个想象故事

【教学目标】

1. 能围绕习作要求，选择感兴趣的习作内容。
2. 展开大胆的想象，写一个想象故事。
3. 能欣赏同伴的习作，并提出修改建议，通过专栏展示，培养学生对想象类习作的兴趣，建立自信。

【教学重难点】

展开大胆的想象，写一个想象故事。

【教学过程】

一、个性想象，创编故事

1. 教师引导学生回顾本单元的内容，说说两篇精读课文与习作例文的奇妙之处。

2. 教师相机点拨，引导学生感受想象的奇妙。

3. 教师创设情境——登陆想象岛，继续探索想象的奥秘。

（1）教师出示习作要求中提示的想象主题。

在想象的世界里，什么都可能发生，一切都变得那么奇妙。在你面前有七座想象岛，请你登上其中的一座，运用之前学到的两把打开想象之门的钥匙，大胆想象，这座想象岛上会发生什么奇异的故事呢？

（2）学生大胆想象，创造自己的想象世界。

4. 学生宣传自己的想象岛，讲好岛屿故事。全班汇报交流，讲一讲自己岛上的神奇故事。

5. 宣传小使者，写好宣传稿。学生在作文本上写下自己的想象故事，更好地宣传自己的想象岛。

［**设计意图**］虽然学生通过两篇精读课文感受了想象的奇异，通过两篇习作例文习得了一定的想象方法，但是要想独立完成一篇想象类习作，还是有一定的难度。因此通过搭建情境支架，登陆想象岛，设计想象岛，宣传想象岛，帮助学生进行想象创作。

二、分享评价

1. 学生寻找身边的小伙伴进行交换阅读，找出故事中想象奇妙的地方，评价“奇妙指数”，并说说什么地方需要修改。

2. 学生上台分享，其他学生评价其想象奇妙之处。

3. 结合同学的建议，再修改自己的习作。

［**设计意图**］此次想象作文重在鼓励学生大胆想象，因此“是否能展开大胆想象”是评价的核心要素。通过对大胆想象“奇妙指数”的聚焦以及多个评价主体的参与，使学生明确写作的方向，为后续修改指明方向。

教学反思

教学中以一个问题为引领，指导学生多次与文本对话，加深学生对课文的感悟。在读懂课文的基础上，指导学生走进想象的世界，感受想象的神奇。在“‘宇宙的另一边’还会有哪些秘密”中指导学生通过反向思维，发挥想象创造自己的想象世界。在教学《我变成了一棵树》一文时，出示课件图片、文字，帮助学生理解文本，体会文章中丰富的想象力，进而引导学生联系生活经验，拓展想象，提出了“如果你会变，你想变成什么？变化以后会发生什么奇妙的事情呢?”等问题，很好地对接文本，开发学生的想象力。注重对文本的有感情朗读，在分析片段、理解片段的基础上进行有感情朗读，真正融入文本，有效训练了学生有感情朗读的能力。

“交流平台”与“初试身手”再次让学生体会到想象的神奇之处。通过两篇习作例文，学生很清晰地知道如何进行想象作文的创作。之后，通过选择事例，写自己的想象作文，学生就乐在其中，而不是觉得写作很难。最后，再通过明确的习作评价要点来评价别人及自己的习作，有的放矢，学生就更容易修改好自己的习作了。

四川大学附属实验小学江安河分校　陈春鸿
内江市威远县严陵镇中心学校　何东蔺

我手写我心

——统编版语文教材四年级上册第五单元整组教学设计

单元主题

我手写我心，彩笔绘生活。

教材分析

本单元的语文要素是“了解作者是怎样把事情写清楚的”，习作要求是“写一件事，把事情写清楚”。整个单元学习目标就定位在“把一件事写清楚”上，着眼于对学生基本习作能力的培养。围绕这一目标，本单元编排了《麻雀》《爬天都峰》两篇精读课文和《我家的杏熟了》《小木船》两篇习作例文。四篇课文都是以第一人称叙述的，所写的都是作者生活中遇见的或亲身经历的事情，生活气息较浓，易于学生学习。

《麻雀》一文叙述了一只老麻雀在庞大的猎狗面前奋不顾身地保护小麻雀，使小麻雀免受伤害的动人故事。全文虽然不足四百字，但把事情的起因、经过、结果交代得十分清楚，且叙述生动，读来扣人心弦。

《爬天都峰》一文写的是爸爸带“我”去爬天都峰，“我”和一位不相识的老爷爷相互鼓励，一起爬上又高又陡的天都峰的事。课文按爬天都峰的过程一步步叙述，读来明白晓畅。两篇精读课文从不同角度引导学生感受把事情写清楚的方法。

“交流平台”围绕怎样把一件事情写清楚展开交流，以课文《麻雀》和《爬天都峰》为例，引导学生梳理、总结把事情写清楚的方法。“初试身手”旨在引导学生初步尝试运用所学的方法，把事情发展过程中的重要内容写清楚。

两篇习作例文《我家的杏熟了》和《小木船》借助旁批和课后题，提示学生怎样把事情写清楚。习作“生活万花筒”，让学生选择一件印象深刻的事，按一定顺序把这件事写清楚，是对本单元所学的综合运用。

学情分析

四年级的小学生在习作方面，已经完成了作文起步练习，基本能观察周围世界，写下自己的见闻、感受和想象，但还不能把一件事按一定的顺序写清楚。本单元的习作要素是“写一件事，把事情写清楚”，写好一件事是一项非常重要的习作能力，所以在本单元的教学中先让学生明白单元习作的要求，并帮助学生拓宽思路，按一定的顺序展现事情发展的过程，让学生知道怎么想、怎么说、怎么做，把事情发展过程中的重要内容写清楚。

单元教学目标

1. 认识 11 个生字，读准 1 个多音字，会读 22 个字，会写 31 个词语。

2. 知道要按一定的顺序把事情写清楚，可以把看到的、听到的、想到的写下来，清楚展现事情发展过程中的重要内容。

3. 能结合自己的阅读体验，梳理、总结把事情写清楚的方法。

4. 能发挥想象把图片的内容说清楚，能用上表示动作的词语把做家务的过程写清楚。

单元教学重点

1. 知道要按一定的顺序把事情写清楚，可以把看到的、听到的、想到的写下来，清楚展现事情发展过程中的重要内容。

2. 知道怎么想、怎么说、怎么做，把事情发展过程中的重要内容写清楚。

单元教学难点

能按一定的顺序写事情，把事情发展过程中的重要内容写清楚。

单元教学策略

1. 通过朗读、默读等方式反复读课文，了解文章的主要内容，理清结构。本单元的两篇精读课文和习作例文都是能体现“把一件事写清楚”这项习作能力的典型文章。《麻雀》是一篇动人的故事，《爬天都峰》是一篇游记，两篇精读课文从不同角度引导学生感受把事情写清楚的方法。

2. 学生通过自主、合作、交流的学习方法，知道要按一定的顺序把事情写清楚，可以把看到的、听到的、想到的写下来，清楚展现事情发展过程中的重要内容，并能把这一方法运用到自己的习作中。在教学中，要紧抓这一重点，引导学生活学活用，熟练地运用这一写作方法。

单元教学课时及意图

内容	课时	意图
《麻雀》、初试身手 1、交流平台	2	结合课后题，知道课文写了一件什么事，这件事的起因、经过和结果是怎样的，以及课文是怎样把主要内容写清楚的
《爬天都峰》、初试身手 2、交流平台	2	
习作例文、习作：生活万花筒	3—4	通过习作例文，学习如何把一件事写清楚

《麻雀》教学设计

【教学目标】

1. 认识“嗅、奈”等生字，会写“嗅、呆”等字，会写“打猎、猛烈”等词语。

2. 明白可以按事情的发展顺序记事，了解事情的起因、经过、结果。

3. 知道可以把看到的、听到的、想到的写下来，清楚展现事情发展过程中的重要内容。

4. 体会老麻雀为保护小麻雀所表现出的不畏强势的精神。

【教学重难点】

1. 了解课文主要内容及课文的写作顺序。

2. 朗读课文，了解课文是怎样把一个意思写具体的。

3. 课文是怎样把事情发展过程中的重要内容写清楚的。

第一课时

【课时目标】

1. 认识“嗅、奈”等生字，会写“嗅、呆”等字，会写“打猎、猛烈”等词语。

2. 明白可以按事情的发展顺序记事，写清楚事情的起因、经过、结果。

【教学过程】

一、谈话导入

1. 教师导入：麻雀是一种常见的鸟。它没有漂亮的外衣，没有动听的歌喉，然而，在这普普通通的小鸟身上，有着一种令人敬佩、令人感动的伟大精神。今天，我们学习的《麻雀》，给我们讲了一个不同寻常的故事。

2. 作者介绍：屠格涅夫，19 世纪俄国著名现实主义作家，代表作有《罗亭》《猎人笔记》《父与子》等。

二、初读课文，学习字词

1. 学生初读。要求：自由朗读课文，注意读准字音，读通句子，难读的地方多读几遍。

2. 教师检查初读情况，学生找出不理解的字词进行合作学习。

挓挲 ：（手、头发、树枝等）张开、伸开。

无可奈何：感到没有办法，只有这样了。

三、整体感知，理清结构

1. 学生默读课文，边读边想：课文围绕麻雀写了一件什么事？

起因：猎狗攻击小麻雀。

经过：老麻雀拯救幼儿。

结果 ：猎狗退缩。

2. 教师引导：其实，我们以前学过的很多文章都是按事情的起因、经过、结果的顺序来写的，如刚学过的四单元的三篇课文，我们借助表格来回忆一下吧。

篇目	《盘古开天地》	《精卫填海》	《普罗米修斯》
时间			
地点			
人物			
起因			
经过			
结果			

［设计意图］本环节旨在带着学生理清文章的结构，了解事情的起因、经过和结果，发挥“课文就是写作的例子”的功能。

四、课时总结

教师小结：这节课，我们理清了《麻雀》这篇课文的起因、经过和结果，还联系四单元学过的课文回顾了如何把一件事写清楚。

【板书】

麻雀

猎狗　吃→（小麻雀）←老麻雀　救

第二课时

【课时目标】

1. 明白可以把看到的、听到的、想到的写下来，清楚展现事情发展过程中的重要内容。

2. 体会老麻雀为保护小麻雀所表现出的不畏强势的精神。

【教学过程】

一、复习导入

教师导入：今天，我们将继续学习《麻雀》这篇课文，先请同学们回忆一下，课文主要写了一件什么事？文中讲了哪几个角色？（教师板书：小麻雀　老麻雀　猎狗）

［设计意图］本环节的设计，既是为了与上节课做好衔接，又能让学生回顾事情的起因、经过和结果，为学习新课做好准备。

二、精读课文，深入理解

（一）起因部分

1. 教师引导：透过文字，我们仿佛看到三个画面，即老麻雀的无畏，小麻雀的无助，猎狗的攻击和退缩。作者是如何把这三个角色的特点写清楚的呢？请大家认真读课文，勾画出你认为重要的地方。

2. 学生学习起因部分，抓关键词体会小麻雀的特点。

3. 教师引导学生区分描写中哪些地方是看到的，哪些地方是想到的，进一步体会小麻雀的无助弱小与作者的感情。

（二）经过部分

1. 学生认真读经过部分，边读边想：老麻雀给你留下了怎样的印象？

2. 教师出示句子，指名学生读。

“突然，一只老麻雀从一棵树上飞下来，像一块石头似的落在猎狗面前。它挓挲起全身的羽毛，绝望地尖叫着。”

（1）哪些地方是看到的？听到的？想到的？请用横线勾画出来。

（2）理解“像一块石头似的”“绝望”的意思，想象此时老麻雀的样子。

3. 学生读第 5 自然段，思考作者是怎么写清楚的。（女生读）

（1）小组交流：一只麻雀斗得过一只猎狗吗？老麻雀不知道这一点吗？从哪里可以看出来？

（2）小组交流：明知斗不过，为什么还要飞下来？

预设：充分表明老麻雀拯救自己的孩子的决心和勇气。

（3）小组交流：怎样理解“一种强大的力量”？

教师小结：在老麻雀的眼中，猎狗无异于一个庞大的怪物。这从侧面表现出了麻雀与猎狗之间力量的悬殊，突出了老麻雀的勇敢、无畏。最后一句话写了老麻雀飞下来救自己的孩子的原因，“一种强大的力量”指的是老麻雀身上爱护弱小者的力量、母爱的力量。

（三）结果部分

1. 教师出示第 6 自然段。（男生读）

小组交流：哪些地方是看到的？想到的？请用横线勾画出来。想一想猎狗为什么会愣住？“慢慢地，慢慢地向后退”说明了什么？

2. 全班齐读最后一段，想一想作者为什么唤回猎狗，把它带走。

（四）方法指导

教师小结：要把一件事情交代清楚，要按照事件发展的顺序依次来写，先发生的先写，后发生的后写。在本课中，作者就按照“发现小麻雀—想吃小麻雀—老麻雀救小麻雀—猎狗走了”的顺序写清楚了事情的起因、经过、结果。写事情发展的过程，还要注意抓住细节，本课作者就是抓住了老麻雀、小麻雀、猎狗的语言、神态、动作、心理活动等进行描写，文章就写具体了。

［**设计意图**］通过自主学习和小组合作学习，了解作者是怎样把事情写清楚的，明白要写清楚一件事，不仅要写看到的，还要写听到的和想到的。

三、朗读全文，总结方法

1. 学生带着感悟朗读全文。

2. 教师引导：想要写好一件事，需要边看边听边想，现在我们再回顾文中看到的、听到的、想到的内容。

[**设计意图**] 总结和梳理全文，加深学生对怎样写一件事的体会。

四、拓展想象，初试身手

1. 教师出示“跑步比赛”图片。学生仔细观察图片，结合生活经验，展开想象，填写“六要素”表格，并根据表格内容说一说图片的内容。

(1) 学生填写表格，并自由练说。

(2) 学生分享。教师结合学生分享的内容，引导学生观察图片内三名运动员的动作、表情，推测他们心里的想法；引导学生关注三名运动员的动作，把比赛的过程说清楚；引导学生关注周围同学的动作、表情，猜测他们会说些什么、喊些什么。教师引导学生关注图片的细节，丰富表达的内容。

(3) 教师小结：同学们结合画面内容，联系自己的生活经验，写清楚了运动员奋力冲向终点和周围同学高声呐喊的样子，还根据人物的表情、动作推测出了当时他们心里的想法。这样既写清楚了跑步比赛的起因、经过、结果，又写清楚了自己看到的、听到的、想到的内容，让我们仿佛身临其境，真真切切地感受了一场跑步比赛。

2. 学生学习动作描写，用一段话写清楚做家务的过程。教师出示“煎鸡蛋”的视频，学生观看视频。

观察记录提示：

(1) 重点观察“煎”的过程，思考：“煎鸡蛋”可以分为几个步骤？每个步骤是怎么做的？

(2) 观察动作与鸡蛋的变化，填写表格。

动作					
变化					

(3) 学生对照表格，说说“煎鸡蛋”的过程，教师点评补充。

3. 学生根据学到的方法，自选一种家务，完成小练笔。

4. 对照评价表，同桌进行互评。

	评价标准	同桌评价
做家务	按照一定顺序写清楚操作过程	
	动词使用准确、丰富	

5. 全班交流展示优秀练笔作品。

[**设计意图**] 借助表格帮助学生确定写作内容、搭建写作提纲，逐步说清楚图片内容。在写“做家务”的过程中，通过播放视频，引导学生聚焦“动作”和“反应”，借助准确的动词，将事情发展过程中的重点部分写清楚。

【板书】

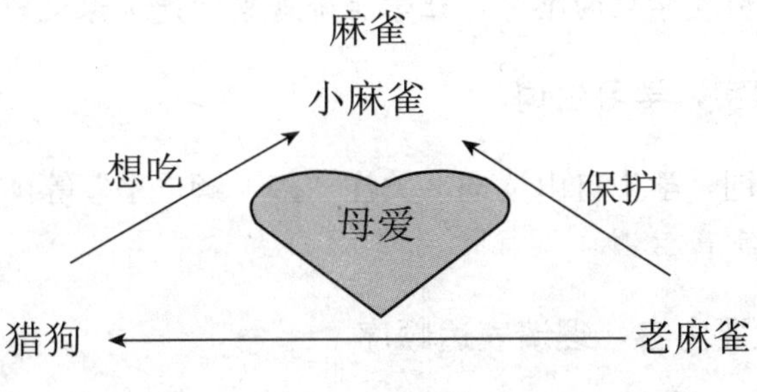

《爬天都峰》教学设计

【教学目标】

1. 简要概括文章主要内容，理清文章的表达顺序。

2. 体会作者是如何抓住怎么想、怎么说、怎么做等细节把事情发展过程中的重要内容写清楚的，知道可以按照一定顺序把一件事写清楚。

【教学重难点】

1. 利用表格，简要概括文章主要内容，理清文章的表达顺序。

2. 按照一定顺序把一件事写清楚。

第一课时

【课时目标】

1. 认识“级、链”等生字，会写“颤、攀”等字。

2. 简要概括文章主要内容，理清文章的表达顺序。

【教学过程】

一、复习导入，引发思考

1. 教师出示课题，学生齐读。

2. 教师导入：同学们，上一节课我们通过《麻雀》这篇课文，学习了如何按照事情的发展顺序把一件事写清楚。今天，我们继续学习本单元的第二篇课文《爬天都峰》，看看这篇文章的作者又是运用什么方法把爬天都峰这件事写清楚的。

[**设计意图**] 本单元的语文要素是了解把事情写清楚的方法，直接阐明本课的学习重点，引发学生的思考，让学生带着思考走进课文的学习。

二、字理识字，学习生词

教师出示生词，学生自由读词。关注“颤、鲫、攀”等读音易错字，学生再次朗读，读准字音。

三、概括主要内容，理清表达顺序

（一）借助表格，概括文章主要内容

1. 教师出示表格，学生自由读文，然后小组讨论，根据文章内容填写表格。

时间	
地点	
人物	
起因	
经过	
结果	

2. 学生交流自己填写的表格。

3. 教师出示表格，学生对照修改自己填写的表格。

4. 学生根据表格提示，在小组内说一说：这篇文章写了一件什么事？

5. 学生分享自己概括的课文主要内容，教师点评，引导学生将课文内容说完整、说清楚。

6. 教师小结：同学们，我们通过“六要素”就可以理清课文写了一件什么事，我们自己在写作时，也要交代清楚时间、地点、人物、起因、经过、结果，这样别人才能读得清楚。

（二）根据主要内容，梳理文章写作顺序

1．教师出示主要内容，学生再次回顾主要内容并思考：课文是按照什么顺序来写的？

2．学生梳理文章的表达顺序：爬山前、爬山时、爬上山后。

3．教师引导学生将本文的写作顺序与具体段落相对应，并在书上相应文段旁做好批注。

4．教师小结：同学们十分擅长观察，作者就是按照爬山前、爬山时、爬上山后的顺序把爬天都峰这件事写清楚的。让我们再一次跟随作者爬山的脚步，读一读这篇文章吧！

5．学生齐读课文，再次感受文章的表达顺序。

［**设计意图**］本环节借助表格帮助学生梳理“六要素”，并在此基础上概括课文主要内容，梳理文章的表达顺序，为学生搭建了学习的梯子，降低了难度，同时也将学习的方法潜移默化地教给了学生。

四、课时总结

教师小结：同学们，这节课我们利用表格概括了课文的主要内容，梳理了作者的写作顺序，相信大家都有了满满的收获。下节课，我们继续学习作者是怎样把“我”爬山的过程写清楚的。

【板书】

爬天都峰
- 爬山前
- 爬山时
- 爬上山后

第二课时

【课时目标】

体会作者是如何抓住怎么想、怎么说、怎么做等细节把事情发展过程中的重要内容写清楚的，知道可以按照一定顺序把一件事写清楚。

【教学过程】

一、复习导入，明确重点

教师导入：同学们，上节课我们利用表格概括了课文的主要内容，梳理了作者的写作顺序，那作者又是怎样把“我”爬山的过程写清楚的呢？这节课让我们继续跟随作者的脚步，一起去爬天都峰。

[**设计意图**] 简明扼要地回顾上节课的学习内容，交代本课的学习任务，让学生做到心中有数。

二、品读文章，学习写清楚一件事的方法

（一）“爬山前”的部分

1. 教师出示自学提示：默读课文第 2~7 自然段，勾画“我”怎么想、怎么说、怎么做的语句，并简单写写自己的感受。

2. 学生根据提示展开自学，并在小组内讨论交流。

3. 学生分享自己勾画的语句，并谈谈感受。

（1）教师引导学生关注第 2 自然段“我爬得上去吗?”“真叫人发颤”等心理描写，发现作者通过写自己“怎么想”来表达爬山前的害怕和恐惧。

（2）教师引导学生关注第 3、4 自然段“我”和老爷爷的对话，发现作者通过写人物“怎么说”来描写“我”和老爷爷害怕爬山，但通过彼此鼓励，下定决心一起挑战高峰的事。

4. 学生齐读第 2~7 自然段，体会作者的感情。

（二）“爬山时”的部分

1. 学生一边读文，一边勾画批注。

2. 学生交流分享自己的学习感受。

（1）教师引导学生关注第 6 自然段中的“奋力”“攀”“手脚并用向上爬”等，体会作者就是用准确的动词写清楚了爬山时是“怎么做”的。

（2）学生体会“终于”一词写出了爬天都峰的艰难和爬上山后的喜悦，并通过朗读把这种情感展现出来。

（三）“爬上山后”的部分

1. 学生默读课文第 8~10 自然段，分组自学爬上天都峰后的内容。

2. 学生交流、分享合作学习所得。

3. 教师引导学生思考：这篇课文写爬天都峰，却略写了爬山的过程，详写了人物的对话，作者为什么要这么安排？

4. 学生讨论并发言。

[**设计意图**] 本环节通过品读文章，让学生明白要详略侧重，突出自己想要重点表达的内容。

三、课堂小结，初试身手

1. 教师小结：我们通过两节课的学习，不仅知道了文章是按什么顺序来写爬天都峰这件事的，还知道了作者是抓住人物“怎么想”“怎么说”“怎么做”来把这件事写清楚的，也知道了根据所表达的内容不同，需要选择的细节也不同。

2. 教师出示“奶奶过生日”图片，学生运用学到的方法，初试身手。

(1) 学生观察图片，展开想象，填写表格，自由练说。

(2) 学生分享。

(3) 结合“交流平台”的四大要点，学生互评。

[**设计意图**] 总结写作的具体方法，并把写作方法运用到自己的小练笔中。

四、课时总结

教师小结：同学们，这节课我们结合《麻雀》《爬天都峰》两篇课文回顾了把一件事写清楚的方法，还运用方法初试身手，练习如何把一件事写清楚。希望同学们在以后的习作中多观察，运用这些方法把生活中有意义的、有趣的事写得更清楚、更有条理。

【板书】

爬天都峰
- 爬山前　怎么想、怎么说
- 爬山时　怎么做
- 爬上山后　怎么说

习作例文

【教学目标】

1. 理清课文所写事件的发展顺序。

2. 进一步体会按照一定顺序记事，把事情发展过程中重要的部分写清楚的方法。

【教学重难点】

1. 理清课文所写事件的发展顺序。

2. 进一步体会按照一定顺序记事，把事情发展过程中重要的部分写清楚的方法。

【教学过程】

一、导入新课，明确重点

教师导入：同学们，上节课我们借助“交流平台”一起梳理了将一件事写清楚的方法，我们还利用这些方法完成了“初试身手”中的小练笔。今天，我们将继续学习《我家的杏熟了》《小木船》两篇习作例文，继续巩固将一件事写清楚的方法。

[**设计意图**] 开门见山，阐明本课学习的内容，让学生心中有数。

二、初读例文，理清脉络

（一）理清《我家的杏熟了》的写作顺序

1. 学生自由读例文，思考：按照事情的发展顺序，作者是怎样把这件事写清楚的？学生完善表格，梳理文章的写作顺序。

2. 学生交流反馈填写的内容。

事情	段落	内容
起因	5	小淘淘爬树偷杏，摔了下来
经过	6～8	奶奶打杏、分杏给孩子们吃，并教育我要懂得分享
结果	9	受奶奶的影响，我每年都会把杏子分给小伙伴和乡亲

3. 教师提示：课文的第1～4自然段介绍了奶奶家的杏又多又好，虽没有直接写“分杏”这件事，却为下文的描写进行了铺垫，安排巧妙。

（二）理清《小木船》的写作顺序

1. 学生默读例文，利用表格梳理文章的写作顺序。

2. 学生交流反馈填写的内容。

事情	段落	内容
起因		我不小心摔坏陈明的小木船，陈明踩坏我的小木船，两人友谊破裂
经过		略
结果		陈明送我小木船，两人和好

3. 教师提示：课文并非开门见山，第1、2自然段介绍了“我”和陈明是好朋友，事情是围绕“小木船”写的，设置了悬念，读起来很有趣味。课文的最后一段写“我”看到小木船就想到了陈明，表达了“我”对陈明的感情。

4. 学生思考课后题：“我”和陈明的矛盾持续了很长时间，课文只用“转眼几个月过去了”一句话加以交代，你觉得课文有没有把事情写清楚?

（1）小组讨论交流。

（2）学生发言。

教师引导：两人的矛盾虽然持续了很长时间，但结合生活经验，可以知道这一段时间两人互不理睬，属于无变化阶段，对于事情的发展并不那么重要，因此用“转眼几个月过去了”一句话带过，安排得当。

［**设计意图**］通过前面的学习，学生已经基本掌握了借助表格梳理文章写作顺序的方法。在教学习作例文时，让学生运用方法，自主学习，借助课文旁的批注提示，用表格梳理文章的写作顺序。

三、聚焦重点，学习作者把关键部分写清楚的方法

1. 学生再读课文，找出这两篇文章中作者重点描写的部分。

预设：《我家的杏熟了》重点描写了奶奶“打杏”“分杏”的过程；《小木船》重点描写了两人友谊破裂和两人和好的部分。

2. 学生精读《我家的杏熟了》，体会作者是怎样通过动作、语言描写清楚奶奶“打杏”“分杏”的过程的。

（1）学生再次默读第7、8自然段，圈画出奶奶的动作，勾画出奶奶的语言，并结合勾画的内容标注自己的感受。

（2）学生发言。

教师引导：第7自然段用了“拿”“走”“打”三个动词来写奶奶“打杏”的过程，说明奶奶年纪大了，“打杏”很艰辛。第8自然段写“分杏”，作者抓住奶奶的语言进行描写，展现了奶奶乐于分享的美好品质。

3. 学生精读《小木船》，体会作者是怎样抓住人物的语言、动作、神态写

清楚两人友谊破裂、和好的过程的。

（1）学生自由读文，勾画相关语句，并标注自己的感受。

（2）学生发言。教师引导学生关注文段中对两人动作、语言、神态的细节描写，并明确作者就是通过这些细节描写将事情交代清楚的，还写出了人物的情感变化。

［**设计意图**］通过精读文本，品味文章语言，进一步使学生感受作者是如何通过语言、动作、神态等细节描写把事情交代清楚的。

四、课时总结

教师小结：同学们，通过学习两篇习作例文，我们再次明确了把一件事写清楚，要准确地交代事情的起因、经过、结果。在描写事情发展过程中的重要部分时，还应该抓住人物的语言、动作、神态来写。希望同学们能把今天学到的方法运用到自己之后的习作中，把事情交代清楚。

【板书】

写清楚一件事
- 按照事情发展的顺序写
- 抓住语言、动作、神态写

习作：生活万花筒

【教学目标】

1. 能根据本单元课文的写法，围绕自己亲身经历的或看到的事完成习作。
2. 掌握叙述事情的方法，把事情的起因、经过、结果写清楚。
3. 叙事能做到内容具体，感情真挚。

【教学重难点】

1. 围绕自己亲身经历的或看到的事完成习作。
2. 学会审题、选材，明确习作要求。
3. 掌握叙述事情的方法，把事情的起因、经过、结果写清楚。
4. 叙事要做到内容具体，感情真挚。
5. 能结合本单元课文的写法完成习作。

【教学过程】

一、创设情境

教师导入：生活就像一个万花筒，每天都发生着很多事，有的令人感动，有的令人烦恼，有的令人难忘……我们每个人都经历过让自己印象深刻的事，也许这些事给了你很深的印象和启迪。你记忆中的事有哪些呢？今天，我们的习作就是围绕“生活万花筒”来写的。现在就让我们来说一说吧。

［设计意图］创设情境，调动学生的生活经验，激发写作兴趣。

二、明确单元习作要求

学生读单元习作要求，并与同桌交流。

预设：写一件印象深刻的事；按一定的顺序写；明确事情的起因、经过和结果；最后再评价、修改习作。

［设计意图］明确单元习作的要求，帮助学生打开思路，从中得到启发，确定选材的范围，做到心中有数。

三、组织材料

1. 教师引导：我们要写一件令人印象深刻的事，习作要求给我们提供了一些参考，你可以选择亲身经历的一件事（如《一件烦心事》《捉蚊趣事》等），这些事可能是高兴的、感动的、烦恼的……

2. 学生在小组内分享让自己印象深刻的事，每个小组选一位代表进行分享交流。

3. 小组代表分享选材。

4. 教师小结：一定要选感兴趣的事作为你的习作内容。

［设计意图］学生讨论交流，互相启发，拓宽思路。

四、怎样写清楚

1. 教师引导学生借助表格梳理事情的起因、经过、结果。

2. 学生快速回忆本单元课文的写作顺序。

3. 学生选一篇本单元的课文并借助表格理清事情的起因、经过、结果。学生交流表格内容。

4. 学生借助表格梳理自己的习作内容。

5. 教师引导学生回忆本单元是怎样把事情的重要部分写清楚的。

［设计意图］借助表格梳理本单元的课文，进一步体会把事情发展过程中的重要内容写清楚的方法。

五、动笔成文，指导修改

1. 学生进行写作练习，注意要把过程写得生动具体。

2. 教师引导学生自我修改。

教师提示：很多同学喜欢边默读边修改，但一般情况下，这种方法不是最好的，因为默读时速度较快，容易遗漏需要修改的地方。而朗读却不一样，朗读的速度相对较慢，要读出字音就必须看清字形，更能发现一些错误，如语病、漏字、添字、错别字等。最后我们还应该把改后的习作和原文作对照，比较看看改后的习作好在哪里。

3. 小组交流，合作评价。

教师提示：在比较中体会自己习作的优点和不足，取长补短。

4. 教师选择典型的习作开展集体点评和修改。

5. 学生修改自己的习作，进一步完善习作。

6. 教师指名学生按“原来怎么写的——现在怎么改的——为什么要这样改”的顺序说出自己修改习作的过程和理由。

［设计意图］指导学生修改本次习作时，要让学生明白怎样的习作是把一件事写清楚了的，也要注意改正错别字和把句子改通顺、改连贯。

六、课时总结

教师小结：这节习作课，我们学习了如何写“生活万花筒”这样的文章，我们在介绍让自己印象深刻的事时，要抓住重点来写，详略得当，做到中心突出，感情真挚。

【板书】

生活万花筒
- （……的事）起因
- 事情发生的过程（详写）
- 事情的结果

教学反思

在本单元的教学中，要充分照顾到不同程度的学生的实际情况，利用好精读课文和习作例文。

在教学《麻雀》时，带着学生理清文章的结构，了解事情的起因、经过和结果，联系学生已经学过的内容，加深学生对怎样写清楚一件事的体会。学生再通过自主学习和小组合作学习，了解作者是怎样把事情写清楚的，明白在事情发展的过程中，要写清楚一件事，不仅要写看到的，还要写听到的和想到的。在教学《爬天都峰》时，着重抓住课文中两次人物对话展开教学，让学生体会爬天都峰的艰难和一老一少相互鼓励最终爬上天都峰的快乐，让学生明白要把一件亲身经历的事写清楚，可以抓住“怎么说”“怎么做”“怎么想”三个部分来写，以阅读教学为途径，向学生渗透一定的写作方法，为后文的习作打下基础。习作教学时，先帮助学生打开思路，让学生交流自己印象深刻的一件事，互相启发。在此基础上，让学生动笔写，学生才能做到有话可写。

另外，作文评讲时要把学生习作中的典型问题讲清楚，讲明白，引发学生的共鸣，这样我们的作文课堂教学才会出现勃勃生机，学生的习作才有收获和提高。

四川大学附属实验小学　张　兰　杨慧颖

妙笔写美景，巧手著奇观

——统编版语文教材四年级下册第五单元整组教学设计

单元主题

学习按游览的顺序写景物。

教材分析

本单元以“按游览的顺序写景物”为主题，单元语文要素是“了解课文按一定顺序写景物的方法”，习作要求是“学习按游览的顺序写景物”。

教材安排了《海上日出》《记金华的双龙洞》两篇精读课文，目的是通过阅读了解文章按一定顺序写景物的方法。《海上日出》按照早晨太阳变化的顺序，描绘了海上日出的壮观景象，着力刻画了太阳在海面下、出现小半边脸、跳出海面、发出光芒四个画面，条理清晰，特点突出。《记金华的双龙洞》按照游览的顺序，依次介绍了洞口、外洞、孔隙、内洞，并抓住个人感受着力描写孔隙狭小的特点。两篇课文描写对象不同，却都有着明确的写作顺序，便于学生借助课文，学习按一定顺序写景物的方法。

“交流平台”结合精读课文对如何写游记进行回顾、梳理，让学生明白可以按游览的顺序来写，把特别吸引自己的景物作为重点写下来，也可以按景物变化的顺序来写。

“初试身手”让学生尝试运用学到的习作方法练习表达，第一项内容引导学生画路线图，介绍参观顺序，练习把景点之间转换的过程说清楚；第二项内容引导学生观察附近的一处景物，按一定顺序把景物写下来。通过这两项练习，帮助学生初步掌握按照顺序写景物的基本方法，为单元习作做准备。

“习作例文”为学生习作提供范例，继续体会写法。《颐和园》按照游览的方位顺序依次描写在长廊、万寿山脚下、佛香阁、昆明湖所见景色，一步一景，顺序清晰。《七月的天山》采用移步换景的方法，依次描写进入天山、再往里走、走进天山深处的美景。

习作是“游________”，要求学生选择一个印象深刻的地方，按照游览的顺序写下来，并写出景物特点。

学情分析

学生在三年级和四年级上期已经初步学习了通过观察描写一处景物、介绍一个景点，而按照游览的顺序写景物则是第一次接触，它强调有顺序地写多处景物。本单元通过学写游记，继续培养学生描写景物的能力，同时学习按一定顺序写景物的方法，引导学生观察自然，留心身边的美。

单元教学目标

1. 认识 9 个生字，读准 1 个多音字，会写 24 个字，会写 24 个词语。
2. 了解作者描写景物的顺序，体会如何抓住景物的特点进行描写。
3. 能结合课文内容，梳理、交流按照游览顺序和景物变化顺序写景物的方法。
4. 能按顺序说出游览路线，能按顺序介绍一处景物并写下来。
5. 了解例文中写景物的顺序，并按游览顺序写一个地方。
6. 习作时能把印象深刻的景物作为重点，写出特点。
7. 能与同伴交换习作，交流评改，并提出修改意见。

单元教学重点

1. 了解作者描写景物的顺序，体会作者是怎么抓住景物的特点写清楚的。
2. 能结合课文内容，梳理、交流按照游览顺序和景物变化顺序写景物的方法。
3. 能按顺序说出游览路线，并按顺序介绍一处景物并写下来。

单元教学难点

1. 了解例文写景物的顺序，并按游览顺序写一个地方。
2. 习作时能把印象深刻的景物作为重点，写出特点。

单元教学策略

1. 本单元的课文和例文都是写景游记类的名篇佳作，在阅读过程中通过抓住表示地点转换的过渡句，可以理清作者的游览顺序，学习按一定顺序写景物的方法。

2. 游记不仅要写清楚游览顺序，还要把印象深刻的景物作为重点来写。品读课文中的重点描写段落，学习如何将景点的特点写清楚。

单元教学课时及意图

内容	课时	意图
《海上日出》	2	品读重点段落，了解课文按景物变化的顺序写景的方法
《记金华的双龙洞》、初试身手1、交流平台	2	理清作者的游览顺序，了解按游览先后顺序写景的方法，梳理总结写景的方法
初试身手2、习作例文	1	练习按一定顺序写一处景物
习作例文、习作：游______	2	从例文中学习方法，完成习作

《海上日出》教学设计

【教学目标】

1. 认识“扩、刹”等生字，读准多音字“荷”，会写“扩、范”等字，会写“清静、扩大”等词语。

2. 默读课文，能说出日出时的景象。

3. 了解课文按太阳变化的顺序写景的方法。

4. 随文微写，选取一种景物，抓住景物的变化写一写。

【教学重难点】

1. 感受海上日出的景象，感悟作者对大自然景观的热爱和赞美。

2. 了解作者按太阳变化的顺序写景的方法，明白作者是如何抓住颜色、光亮、位置变化来描写日出的。

【课前准备】

1. 教师准备课件。

2. 学生课前搜集巴金的相关信息，可以和家长一起观看日出的景象，也可以观看日出的视频。

第一课时

【课时目标】

1. 认识“扩、刹”等生字，读准多音字“荷”，会写“扩、范”等字，会写“清静、扩大”等词语。

2. 正确、流利地朗读课文，整体感知课文，了解课文的主要内容。

【教学过程】

一、话题引入，了解背景

1. 教师以“你看过日出时的景色吗？”为话题，调动学生生活经验，导入课文学习。

2. 教师板书课题，学生朗读课题。

3. 教师检查学生课前预习情况，学生介绍巴金的相关信息及本课的写作背景。

二、初读课文，识字学词

1. 学生自由朗读课文，读准字音，读通句子。

2. 教师出示词语，检查学生认读掌握情况。

词语：扩大、重荷、一刹那间、重围、镶边。

3. 教师组织学生交流重点词语的意思。

三、再读课文，梳理内容

1. 学生默读课文，用一句话来概括每段的主要内容。

2. 教师引导学生思考：课文以《海上日出》为题，哪些段落具体描写海上日出的景象？

3. 学生快速浏览第2～5自然段，并思考：作者分别写了哪些不同天气时的海上日出？

4. 教师引导学生思考课文首尾段写了什么内容。

第1自然段点明观看日出的时间、地点；第6自然段表达观看日出的感受。

5. 学生根据对课文内容的梳理，给课文分段。

第一部分：“我”常常早起在船上看日出。（第1自然段）

第二部分：描写了不同天气下海上日出的景色。（第 2~5 自然段）

第三部分：总结感受，表达了对海上日出这一壮观景象的赞美之情。（第 6 自然段）

四、走入课文，精读段落

1. 教师指名学生读课文第 1 自然段，其他同学思考：这一自然段交代了什么？

学生从文本中提取信息：时间、人物、地点、事情、环境。

2. 教师引导学生思考：对于看日出，作者的心情是怎样的？从哪里可以看出来？

作者充满期待。抓住两个关键词“常常”“早起”进行分析。

五、生字教学，当堂写字

1. 教师出示写字表，学生自主交流。教师重点指导比较容易写错的字：替、镶、紫。

2. 学生当堂写字。

3. 教师组织评价。

【板书】

海上日出

晴天　多云　黑云

第二课时

【课时目标】

1. 默读课文，能说出日出时的景象。

2. 了解课文按太阳变化的顺序写景的方法。

3. 随文微写，选取一种景物，抓住景物的变化写一写。

【教学过程】

一、复习旧知，导入新课

1. 教师导入：这节课，让我们继续领略海上日出的壮丽景象。

2. 学生回忆课文分别描写了哪些天气下的海上日出。

二、精读段落，领悟写法

1. 学生默读课文第 2、3 自然段，看看作者写了海上日出的哪些变化，边读边勾画关键词句。

2. 学生自主阅读学习。

3. 教师组织学生交流关键词句，相机出示图片辅助学生理解。

预设：

(1) 颜色：一片浅蓝、一道红霞、红是真红、红得非常可爱、深红的圆东西。(抓住这些关键词，体会太阳颜色由浅到深的变化)

(2) 光亮：没有亮光、发出了夺目的亮光。(抓住这些关键词，想象极短时间内太阳发出强光的画面)

(3) 位置：在海面下、小半边脸、努力上升、跳出了海面。(抓住这些关键词，体会太阳位置的变化)

4. 教师小结：作者从颜色、光亮、位置三方面描写太阳变化的顺序，为我们呈现了壮丽的海上日出的景象。

5. 学生再读第 2、3 自然段，体会颜色、光亮、位置的变化。同桌间说说海上日出的景象，教师指名学生交流。

6. 学生有感情地朗读第 2、3 自然段。

[**设计意图**] 精读第 2、3 自然段，边读边勾画关键词句，学生在读的过程中会发现，作者是按太阳变化的顺序来描写海上日出的，从而领悟写法，为后面的随文微写打下基础。

三、随文微写，运用写法

1. 教师导入：海上日出的景象是壮美的。大自然中还有许多壮丽的景象，如日落、暴雨、下雪等，我们也可以运用按变化顺序写景的方法来写一写。

2. 学生选择一种景象并与同学进行交流。

预设：暴雨（乌云、大风、电闪雷鸣、雨水）。

3. 学生当堂练写。

4. 教师展示学生的微写片段，师生点评，重点关注是否写出了前后变化。

[**设计意图**] 紧扣单元语文要素，从课文中习得方法，联系生活经验，运用方法当堂练写片段。

四、品读感受，有云之美

1. 学生自由朗读课文第 4、5 自然段，并思考：天晴时，海上日出的景象是那么壮美。天边有云时又是怎样的呢？

2. 学生交流。

（1）多云：学生想象水天一色的景象，教师指导朗读。

（2）黑云：抓住动词“镶”和“染”，体会太阳冲破黑云时的变化之美。

3. 学生有感情地朗读第 4、5 自然段。

五、读出语气，感叹奇观

1. 学生齐读第 6 自然段，体会作者发出的由衷感叹。

2. 教师引导学生思考：作者为什么不直接说“这是很伟大的奇观”？反问句的语气更强烈，更能表达作者对海上日出的赞美之情。

【板书】

按变化顺序写景
颜色　光亮　位置

《记金华的双龙洞》教学设计

【教学目标】

1. 认识“浙、簇”等生字，会写“浙、罗”等字，会写“杜鹃、气势”等词语。

2. 理清作者的游览顺序，了解按游览先后顺序写景的方法。

3. 感受双龙洞各处景物的特点，了解课文是如何把重点景物写清楚的。

【教学重难点】

1. 理清作者的游览顺序，了解按游览先后顺序写景的方法。

2. 感受双龙洞各处景物的特点，了解课文是如何把重点景物写清楚的。

【课前准备】

教师准备课件。

第一课时

【课时目标】

1. 认识“浙、簇”等生字，会写“浙、罗”等字，会写“杜鹃、气势”等词语。

2. 理清作者的游览顺序，了解按游览先后顺序写景的方法。

【教学过程】

一、创设情境，导入新课

1. 教师出示“溶洞、石钟乳、石笋”等图片，激发学生兴趣。

2. 教师出示相关词语并讲解。

二、初读课文，字词学习

1. 学生自由朗读课文，要求读准字音，读通句子，边读边勾画自己不懂的字词。

2. 教师出示词语，检查学生认读掌握情况。

词语：浙江、一簇、臀部、漆黑、蜿蜒、杜鹃、宽窄、肩背、移动、额角、陆续、石钟乳、石笋、变化多端、上源。

3. 学生自由读词，师生共同正音。注意读准平舌音“簇、笋”和翘舌音“浙、窄”等。

4. 教师讲解课文中不易理解的新词。

三、再读感知，理清结构

1. 学生默读全文，边读边勾画表示作者行踪的语句，思考这些语句有什么作用。

2. 依据这些表示行踪的语句，完成课后第一题，梳理作者的游览顺序。学生出示画好的示意图，并按图说清图意。（教师板书：路上→洞口→外洞→孔隙→内洞→出洞）

3. 小组交流：这些表示行踪的语句在课文中有什么作用？

4. 教师小结：按照游览者游览的顺序把看到的、听到的、闻到的，以及当时想到的写下来，就叫游记。

［**设计意图**］引导学生找出表示行踪的语句，让学生明白这些句子是过渡

句，并梳理作者的游览路线，明确游记中需要过渡句并按照游览顺序来写作。

四、创设情境，说清顺序

1. 学生明确要求。

（1）教师创设情境：你要带一位同学参观植物园，根据下面的示意图，画出参观路线，再按顺序说一说。

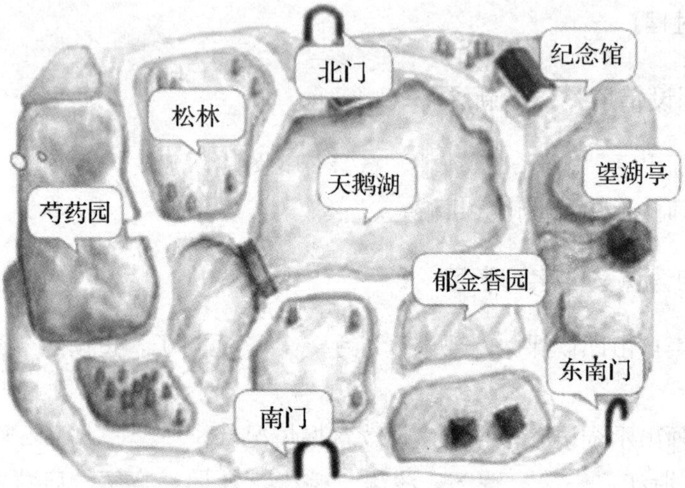

（2）教师带领学生找出图中的关键信息，告诉学生走路时不走重复路线，路线尽可能多地包含植物园里的景点。

2. 学生画参观路线。

（1）学生自主设计路线图。

（2）小组分享后，展示参观路线。

A. 南门—芍药园—松林—天鹅湖—纪念馆—望湖亭—郁金香园—东南门

B. 东南门—郁金香园—望湖亭—天鹅湖—纪念馆—松林—芍药园—南门

C. 北门—纪念馆—望湖亭—郁金香园—松林—芍药园—南门

教师和其他同学关注设计路线的合理性。

3. 学生说清参观顺序。

（1）教师引导：从一处景点到达另一处景点，怎样说才能说清楚呢？读读这句话想一想。

句子：过了小桥往西，就来到了芍药园。

教师小结：除了要说清楚从哪儿到哪儿，还要加入方位词写清地点的转换。

（2）学生试着按照自己设计的路线，说清参观的路线。

（3）教师小结：在按顺序说参观路线时，可以用上“穿过、绕过、经过、沿着”等动词 。

［设计意图］理清作者游览双龙洞的顺序后，整合“初试身手”，让学生设计游览路线图，说清游览顺序，分解单元习作难度。

五、生字教学，当堂写字

1. 教师出示写字表，引导学生观察左窄右宽和左右等宽的两组字，并注意结构。

2. 教师重点指导比较容易写错的字：浙、窄、臀、乳 。

3. 学生当堂写字。

【板书】

记金华的双龙洞

游览路线示意图：路上→洞口→外洞→孔隙→内洞→出洞

第二课时

【课时目标】

1. 感受双龙洞各处景物的特点，尤其是孔隙和内洞，了解课文是如何把重点景物写清楚的。

2. 整合“交流平台”，梳理总结课文写景的方法。

【教学过程】

一、复习路线图，导入新课

1. 学生说一说作者的游览顺序。

2. 教师导入：上节课我们学习了作者游览的大致顺序。这节课，我们将继续跟随叶圣陶先生走进溶洞，去领略双龙洞的神奇和美丽。

二、跟随作者脚步，感受特点

1. 学生感受路上风景。学生边读边思考：作者在去双龙洞的途中看到了哪些景物？

2. 学生体会“外洞”的“大”。全班齐读第 4 自然段，学生交流：外洞给人留下了什么样的印象？并找出可以体现外洞“大”这一特点的语句。

3. 小组自学“内洞”部分。小组合作学习“内洞”部分，体会内洞的特点。

三、精读“孔隙”部分，体会“窄小”特点

1. 教师指名学生读第5自然段，全班学生边听边思考：孔隙有什么特点？

2. 教师引导学生深入文本，感悟作者是怎样写出孔隙“窄小”的特点的。学生用心读第5自然段，边读边勾画有关句子。

3. 教师创设情境：假如你就是游客，仰卧于小舟，工人拉着绳，帮助你穿过孔隙，你会有怎样的感受？

4. 教师小结：作者没有直接点明孔隙的“窄小”，而是用直观的描写和自己游览的感受，把景物的特点写具体。

[**设计意图**] 从课文重点文段中梳理出描写景物特点的方法，这个方法可以运用于本单元的习作。

四、整合“交流平台”，总结方法

1. 学生分享学完这一课的收获。

预设：

(1) 作者按照游览的顺序写了游双龙洞的经过。

(2) 双龙洞各处景物都有自己的特点。

2. 学生快速浏览全文后思考：作者写双龙洞各处景物所占的篇幅都是一样的吗？

预设：作者重点写了孔隙和内洞，其中对于孔隙的“窄小”更是着重来写。

3. 教师小结：写游览过的一个地方，可以按游览的顺序来写，还可以把特别吸引你的景物作为重点来写。

[**设计意图**] 在这堂课即将结束时，梳理收获，总结方法，既是顺势而为，也与“交流平台”进行了整合。

【板书】

记金华的双龙洞

重点景物：直观描写、真实感受

初试身手与习作例文

【教学目标】

1. 能结合课文内容和例文，总结、梳理按照景物变化顺序和方位顺序写一处景物的方法。

2. 能按顺序介绍所见的一处景物并写下来。

【教学重难点】

1. 总结、梳理按照景物变化顺序和方位顺序写一处景物的方法。

2. 按顺序介绍所见的一处景物并写下来。

【课前准备】

1. 教师准备课件。

2. 学生课前观察附近的一处景物。

【教学过程】

一、联系课文回顾方法

1. 学生回顾《海上日出》这篇课文，并说一说作者是按什么顺序写日出的过程的。

2. 教师引导学生回顾之前学过的按照景物变化的顺序写景的课文。

预设：三年级下册的《火烧云》，四年级上册的《观潮》。

3. 教师引导：按一定的顺序写景只能是按景物变化的顺序来写吗？观察变化的景物，可以按照景物变化的顺序来写；如果是观察一处固定的景物，又可以按照什么顺序来写呢？

二、从习作例文中学方法

1. 教师出示《七月的天山》第 2 自然段，学生默读并思考：本段是按什么顺序来写的？

作者是按从高到低的顺序来写的，可以从以下句子看出：

（1）蓝天衬着高耸的巨大的雪峰。

（2）融化的雪水，从峭壁断崖上飞泻下来。

（3）在山脚下汇成冲激的溪流。

2. 教师出示《七月的天山》第 3 自然段和《颐和园》第 2 自然段，学生默读并思考：这两段又是按什么顺序来写的？

《七月的天山》第 3 自然段：从远到近。

《颐和园》第 2 自然段：先中间再两边。

3. 教师小结：观察一处固定的景物，可以按照方位顺序来写，包括从高到低、从远到近、先中间再两边、从整体到局部等。

三、运用方法写一写

1. 学生运用刚才学到的方法写一写课前观察的一处景物。可以写变化的景物，也可以写固定的景物，不管写哪一种，都要按一定顺序来写。

2. 学生课堂练写一个片段。

3. 学生交流片段，教师和其他同学点评。

【板书】

按一定的顺序写景物

变化的景物　按照景物变化的顺序写

固定的景物　按照方位的顺序写

习作例文与习作：游________

【教学目标】

1. 了解习作例文中写景物的顺序，并按游览顺序写一个地方。

2. 习作时能把印象深刻的景物作为重点写出特点。

3. 能与同伴交换习作，交流评改，并提出修改意见。

【教学重难点】

1. 按游览顺序写一个地方。

2. 把印象深刻的景物作为重点写出特点。

【课前准备】

学生提前游览身边一个熟悉的地方，或通过照片、视频回顾自己外出旅游时去过的一个地方。

【教学过程】

一、审题

1. 学生明确本单元的习作就是写一篇游记，写前需要自主选择一个地点，将题目补充完整。

2. 教师组织学生分享游览见闻，唤起回忆，确定习作内容。

［**设计意图**］引导学生回忆游览见闻并确定习作内容。

二、学法

（一）理清游览顺序

1. 学生回顾《记金华的双龙洞》，作者是按照“路上→洞口→外洞→孔隙→内洞→出洞”的顺序来写的，条理清晰。

2. 学生快速默读《颐和园》，边读边勾画起过渡作用的句子。

3. 学生交流：作者是怎样把游览顺序写清楚的？并把下面的路线图补充完整。

教师出示：长廊→（　　）→（　　）→（　　）

4. 教师小结：要介绍游览过的一个地方，可以先画出游览路线图，这样能帮助自己理清思路。

5. 学生写出介绍地点的名称和主要景物，并按顺序连成自己的游览路线图。小组交流，并在路线图上标注1～2处印象深刻的景点。

（二）写好重点景物

1. 学生回顾《记金华的双龙洞》，作者连写“孔隙”部分时，为了突出“窄小”的特点，将直观描写与真实感受相结合。教师提醒学生习作时也可以使用这种写法来突出特点。

2. 学生进一步回顾按一定顺序写景物的方法，如由高到低、从远到近、先整体后部分等。

3. 学生默读《七月的天山》第4自然段，并思考：本段重点写的景物是什么？想一想作者是怎么将其写具体的。

4. 教师小结：要写好一篇游记，不仅要写清楚自己的游览路线，还要选择1～2处印象深刻的景物作为重点来写，并把它的特点写出来。

（三）使用恰当的过渡句

1. 学生回顾《颐和园》中描写每一处景物之前的过渡句。

2. 学生再次默读这些过渡句，并结合旁批思考：从这些过渡句中还读出了什么？

3. 教师小结：过渡句的写法灵活多样，这种写法也值得借鉴。

[**设计意图**] 回顾课文和习作例文，提炼出写法，供学生独立完成习作时参考。

三、写作

学生自主完成习作，预计用时40分钟。

四、修改

1. 教师出示评价标准。

(1) 游览的顺序清晰吗？

(2) 重点景物的特点写清楚了吗？

(3) 景物的转换过渡自然吗？

2. 同桌交换习作，根据3条标准互相评一评，指出问题，提出建议。

3. 教师选取学生习作中的问题片段并进行评讲，也可以展示优秀作文片段。

4. 学生自主修改。

[**设计意图**] 出示评价标准，让学生的自评和互评有方向。利用问题片段促使学生发现自己的问题。

【板书】

游________

游览路线图

重点景物写出特点 { 直观描写＋真实感受；按一定顺序写；运用修辞手法 }

使用过渡句

教学反思

本单元以“按游览的顺序写景物”为主题，了解课文按一定顺序写景物的方法，学习按游览的顺序写景物。教材安排了五部分内容，我们在进行单元整体备课时，为了提升教学的有效性，对教学内容进行了一些有机整合。

在教学《海上日出》《记金华的双龙洞》时，着力引导学生从两篇精读课文中习得方法：两篇课文描写对象不同，却都有着明确的写作顺序，一篇侧重于按景物变化的顺序写景，一篇侧重于按游览先后顺序写景。同时整合“交流平台”，梳理总结按一定顺序写景物的方法。我们还把“初试身手”的第一个任务融入了《记金华的双龙洞》一课，在理清作者的游览顺序，了解按游览先后顺序写景的方法后，让学生尝试根据“初试身手”的示意图，练习说清游览顺序。对于《颐和园》和《七月的天山》这两篇习作例文，我们没有将其像精读课文那样进行精讲品析，而是更注重它的习作指导功用：与“初试身手”整合，从习作例文中发现观察一处固定景物的顺序，练习按照方位顺序写一处景物；与“单元习作”整合，从习作例文中理清游览顺序，使用恰当的过渡句，写好重点景物。经过这样的拆分整合，将习作能力点分解到每一课时中并进行练习，学生在完成本单元习作时就更容易上手了。

四川大学附属实验小学清水河分校　邓　茜
简阳市青龙小学　潘佳丽

说明白的艺术

——统编版语文教材五年级上册第五单元整组教学设计

单元主题

学写说明文。

教材分析

第三学段《课标》提出：阅读说明性文章，能抓住要点，了解课文的基本说明方法。同时养成留心观察周围事物的习惯，有意识地丰富自己的见闻，珍视个人的独特感受，积累习作素材。能写简单的纪实作文和想象作文，内容具体，感情真实。能根据内容表达的需要，分段表述。统编版语文教材五年级上册第五单元是本册教材的习作单元，其目的是让学生通过学习不同的说明性文章，了解说明性文章的特点，并尝试写一篇说明文。各年段对说明文习作训练的要求不同。三年级是启蒙阶段，如学会初步整合信息，介绍国宝大熊猫。五年级上册指导学生写说明性文章：第四单元学习列提纲，分段叙述；第五单元要求学生运用说明方法把一种事物分段介绍清楚；第七单元“介绍一处你感兴趣的中国的世界文化遗产”要求学生介绍清楚一处地方。第五单元是有序推进说明文由读到写的关键单元。其编排体例为“精读课文”“交流平台”“初试身手”“习作例文”“单元习作”。各部分定位不同，各有侧重，但目标一致，就是引导学生运用习得的说明文的方法，写出一篇说明文。

学情分析

学生进入五年级，认知水平不断提升，思维由具象向抽象过渡，观察能力、思维能力、语言表达能力等方面都有了一定的提高，感知事物的目的性更加明确，自主意识加强，对事物有自己的评价和判断，乐意与同伴分享自己的收获。在说明文习作上，学生在三年级习作“介绍大熊猫”中已经初步学习了如何筛选整合信息，本次习作是在此基础上的提升——明确写说明文的要求并清楚地写一篇说明文，同时也为本册第七单元说明文习作打下基础。

单元教学目标

1. 认识12个生字，会写20个字，会写“寸草不生、摄氏度、松鼠、乖巧”等22个词语。

2. 能默读课文，把握文章的主要内容，并分条记录获取的信息。结合课文内容了解列数字、作比较等基本的说明方法，体会运用这些说明方法的好处。

3. 体会作者准确的用词、形象的表达，感受课文中准确的说明和生动、形象、细致的描写。

4. 通过比较，能初步体会说明性文章不同的语言风格。

5. 进一步了解将事物介绍清楚的方法。能用恰当的说明方法分段介绍事物的不同方面，写清楚事物的主要特点。

6. 能和同学分享习作并交流各自的感受。

7. 了解科学知识，唤起探索自然、科学奥秘的兴趣，激发勤奋学习的自觉性。

单元教学重点

1. 能默读课文，把握文章的主要内容，并分条记录获取的信息。

2. 结合课文内容了解列数字、作比较等基本的说明方法，体会运用这些说明方法的好处。

单元教学难点

1. 进一步了解将事物介绍清楚的方法。

2. 能用恰当的说明方法，分段介绍事物的不同方面，写清楚事物的主要特点。

单元教学策略

1. 确定习作对象，提前积累习作素材。本单元是习作单元，语文要素为：阅读简单的说明性文章，了解基本的说明方法；搜集资料，用恰当的说明方法把某一种事物介绍清楚。在讲解精读课文时提前让学生有意识地从兴趣、生活等方面入手，筛选、确立说明对象，针对说明对象开展观察活动或搜集相关资料，为完成习作奠定基础。

2. 用好习作例文，尝试自主习作。《鲸》《风向袋的制作》两篇习作例文，为学生习作提供了范例，并以旁批和课后题的形式，引导学生关注说明方法及这样写的好处。同时，可以在习作之后，针对习作出现的问题，借鉴习作例文的写法进行修改完善。

3. 根据要求，评改习作。习作主题是“介绍一种事物”，引导学生尝试运用学到的方法将事物的主要特点写清楚，最终达成本单元目标。师生共同制作习作评价表，明确评价标准，再进行自评、小组评议及推荐展示。

单元教学课时及意图

内容	课时	意图
《太阳》	2	重点落实语文要素，结合课后题，引导学生体会说明性文章表达上的特点，学习说明文习作方法。通过《太阳》一课重点了解列数字、作比较等基本的说明方法，体会运用这些说明方法的好处
《松鼠》	2	体会说明文准确的用词、形象的表达，感受课文中准确的说明和生动、形象、细致的描写
交流平台、初试身手	1	对两篇精读课文中的说明方法进行梳理和归纳。完成“初试身手”的练笔，分解难度，让学生尝试运用习得的方法写片段
习作例文、习作：介绍一种事物	2	通过例文的旁批，学习如何选择习作内容，运用习得的表达方法进行练习

《太阳》教学设计

【教学目标】

1. 能正确、流利地朗读课文，能说出课文是从哪些方面介绍太阳、太阳对人类的作用，以及人与太阳之间密切的关系。

2. 能结合课文内容了解说明方法及其作用。

3. 尝试运用恰当的说明方法，把自己感兴趣的事物的某个特点说明白。

【教学重难点】

1. 能理清课文从哪些方面介绍太阳、太阳对人类的作用和太阳与人类密切的关系。

2. 能运用恰当的说明方法，把自己感兴趣的事物的某个特点说明白。

【课前准备】

教师准备课件。

第一课时

【课时目标】

1. 通读课文，能说出课文从哪些方面介绍了太阳以及太阳对人类的作用。

2. 能结合课文内容了解列数字、作比较等说明方法，体会这些说明方法的作用。

【教学过程】

一、了解单元主题，导入新课

1. 教师引导学生回顾之前学过的说明文，回顾说明文说明的具体事物、说明方法、语言风格等。

2. 学生读单元导语，明确学习要求。

3. 教师出示单元学习要素，学生朗读，明确单元学习目的：了解基本的说明方法；搜集资料，用恰当的说明方法把某一种事物介绍清楚。

4. 教师揭示课题。（教师板书课题）

［**设计意图**］整体感知学习目标，提前布置搜集资料的任务，为后面的学习做准备。

二、初读课文，了解课文内容

1. 学生自读课文，教师明确要求：自读课文，读准生字词，读通句子，想想课文是从哪些方面介绍太阳的。

2. 教师检查预习情况。

（1）教师检查词语认读，听写易错字词。

（2）师生交流：课文是从哪些方面介绍太阳的？

预设：太阳的“远”“大”“热”，与人类的密切关系等。

3. 教师小结：为了把太阳介绍清楚，作者抓住了太阳的主要特点，还运用了一些说明方法来说明。（教师板书：抓住主要特点 运用说明方法）

［**设计意图**］梳理课文结构，整体感知课文内容，初步感知作者抓住太阳的主要特点进行说明的方法。

三、了解说明方法，体会其好处

1. 学生自读课文第 1~3 自然段，想想作者运用了哪些说明方法来介绍太阳。边读边勾画相关语句，体会这样写的好处。

2. 全班交流，教师相机指导。

（1）结合课后题，学生找出列数字说明的句子。

“太阳离我们有一亿五千万千米远。”

“到太阳上去，如果步行，日夜不停地走，差不多要走三千五百年；就是坐飞机，也要飞二十几年。”

“一百三十万个地球的体积才能抵得上一个太阳。”

①教师指导学生读好数字（重读），体会太阳“远”“大”“热”的特点。

②换词比较：将数字换成“很远”“许多”“几千摄氏度”，你们觉得好不好？为什么？

教师指导学生体会具体的数字能更准确、清楚地说明太阳的特点，更加可信、有说服力。

③删词比较：文中的“约”“差不多”能不能去掉？为什么？

教师指导学生体会列数字的说明方法表达必须严谨准确。

（2）学习作比较说明的句子。

“到太阳上去，如果步行，日夜不停地走，差不多要走三千五百年；就是坐飞机，也要飞二十几年。”

“一百三十万个地球的体积才能抵得上一个太阳。”

①教师引导学生思考：这些句子是怎么作比较的？突出了太阳的什么特点？

②教师引导学生思考：为什么要用熟悉的事物来作比较（太阳和地球）？

学生体会用熟悉的事物作比较的好处：能使被说明的事物的特点更加清楚，形象生动。

3. 学生朗读第 1~3 自然段，感受太阳“远”“大”“热”的特点，体会运用恰当的说明方法说明事物的好处。

［**设计意图**］学生自主探究文本，教师相机点拨。让学生切实体会运用恰当的说明方法才能清楚地说明事物。

四、模仿表达，读写结合

1. 教师出示“初试身手”，引导学生观察图上的电视塔，并思考：左边的文字使用了哪些说明方法介绍了它的什么特征？

预设：运用了列数字、作比较的说明方法，准确形象地写出了电视塔的“高”；打比方的说明方法，形象地写出了电视塔的形状特征。

2. 教师提示：如果让你选择一种自己熟悉的事物进行说明，你会选择哪种事物？

预设：可以写自己喜欢和熟悉的事物；可以写自己感兴趣、想了解的事物；还可以写事物的制作过程等。

3. 教师布置学习任务。学生课后搜集一种自己感兴趣的事物的相关资料，并选择其一个方面的特点，仿照“初试身手”，运用说明方法进行介绍。

[**设计意图**] 将习作教学与阅读教学密切结合，通过仿写任务，分解、降低整体习作的难度，并从第一课时开始搜集素材，为之后的习作打下基础。

【板书】

太阳

抓住主要特点	运用说明方法
	列数字
远、大、热	作比较
	举实例
与人类关系密切	……

第二课时

【课时目标】

1. 朗读课文，能说出太阳与人类的密切关系。
2. 尝试运用恰当的说明方法，把自己感兴趣的事物的一个特点说清楚。

【教学过程】

一、复习导入，初试身手

1. 教师引导学生回顾课文的内容和结构。

2. 学生评改小练笔。

(1) 对照电视塔的介绍，学生看看自己的练笔内容是否写清楚了，自己先修改。

(2) 同学互评互改。

(3) 推荐、展示优秀作品。

3. 教师小结：恰当地使用说明方法能够把事物的特征说明白。

［**设计意图**］学生有目的地对习作进行对照评改，互助评价，有利于更加深刻地理解说明方法的作用和运用。

二、借助实例，介绍太阳与人类的密切关系

1. 教师提示学生《太阳》还介绍了太阳与人类的密切关系。（教师板书：与人类关系密切）

2. 学生自读第 4~8 自然段，并开展小组合作学习，提炼关键信息，归纳作者是从哪些方面来写太阳与人类的密切关系的。

3. 师生交流讨论。

（1）第 4 自然段：教师引导学生找出与太阳关系密切的事物的名称，并进行分类概括。

预设：动植物生长、人类的生活、煤炭的形成三个方面。

（2）第 5~7 自然段：作者还从哪些方面介绍了太阳和人类的密切关系？学生找出关键词，用简练的语言说一说。

预设：第 5、6 自然段写自然现象，第 7 自然段写太阳光能杀菌。

（3）教师引导学生借助生活经验，谈谈生活中还有哪些事物和现象与太阳密切相关。

预设：石油、天然气的形成，四季更替，太阳能的开发等。

（4）第 8 自然段：学生朗读课文第 8 自然段，说说这一段在文章中的作用。

预设：总结全文，强调有了太阳才有我们这个美丽可爱的世界。

4. 教师小结：为了说明太阳与人类之间的密切关系，作者列举了许多生活中的例子，这样的说明方法就是“举实例”，身边实际的例子让我们更加真实地感受到太阳对人类有多重要。

［**设计意图**］通过第二部分的阅读，让学生初步认识说明文分段介绍事物不同方面的习作模型，同时感知举实例这种说明方法的作用。

【板书】

太阳	
抓住主要特点	运用说明方法
	列数字
远、大、热	作比较
	举实例
与人类关系密切	……

《松鼠》教学设计

【教学目标】

1. 通读课文，了解松鼠的特点，提炼并分条记录松鼠的相关信息。

2. 体会课文抓住松鼠特点进行具体说明的写法。

3. 通过对比阅读，体会说明性文章的不同语言风格。

【教学重难点】

1. 体会课文抓住松鼠特点进行具体说明的写法。

2. 通过对比阅读，体会说明性文章的不同语言风格。

【课前准备】

教师准备课件。

第一课时

【课时目标】

1. 认识生字，会写生字，通读课文。

2. 了解松鼠的特点，提炼松鼠的相关信息，并分条记录。

【教学过程】

一、自主学习生字词，整体感知课文内容

1. 教师出示法国作家布封生平，介绍他的作品。

2. 学生自读课文，教师提出要求：读准字音，读通句子。

（1）教师检查学生对重点词语的理解。

（2）学生提出不理解的字词，全班讨论交流。

3. 学生再次自读课文，想一想：在作者眼中，松鼠是一种怎样的动物？

（1）学生找出中心句——松鼠是一种漂亮的小动物，乖巧，驯良，很讨人喜欢。

（2）教师引导：能不能把这句话改成“松鼠是一种乖巧，驯良，漂亮的小动物，很讨人喜欢”？

预设：不能改。因为后文先写了松鼠的漂亮，再写它性格乖巧。

［设计意图］强调写清楚一个事物，要经过长久而细致的观察。抓住文章的中心句，体会中心句对内容和说明顺序的总领作用。

二、默读文章，梳理信息

1. 学生默读课文，并思考：你从哪些方面感受到松鼠是一种漂亮、乖巧、驯良的小动物？

预设：外形特点、生活规律、行为特征、搭窝筑巢及其他习性。

2. 教师引导学生思考：作者是怎样写清楚这些特点的呢？

3. 小组讨论交流并填表，尝试分条记录松鼠各方面特征的信息。

松鼠	
不同方面特点	相关信息（关键词句）
外形特点	漂亮、乖巧、驯良；面容清秀，眼睛闪闪发光；身体矫健，四肢轻快；玲珑的小面孔，帽缨形的美丽尾巴，直竖着身子坐着，用前爪往嘴里送东西吃……
生活规律	常在高处活动；晚上出来活动
行为特征	敏捷；机警；冬天储藏食物
搭窝筑巢	选址；搭窝的过程；窝的特点……
其他习性	胎生；换毛；梳毛

4. 小组代表汇报展示，全班交流，互相补充完善。

5. 教师小结：本单元“交流平台”中指出，说明性文章通常抓住事物鲜明的特征进行具体说明，使我们清楚地了解事物。本课正是体现了这一点。

［设计意图］通过分条梳理信息，初步感知文章分段将松鼠各方面特点写清楚的好处。

【板书】

松鼠

漂亮、乖巧、驯良

讨人喜欢

第二课时

【课时目标】

1. 体会课文抓住松鼠的特点进行具体说明的写法。

2. 通过对比阅读，体会说明性文章不同的语言风格。

【教学过程】

一、复习导入

学生默读课文，回顾课文是从哪几个方面介绍松鼠的?

二、体会抓住特点具体说明的写法

1. 学生默读课文第1自然段，分享自己觉得有趣的句子。

2. 教师小结：抓住事物的特点进行具体说明能让读者更清楚地了解事物。这是写说明性文章常用的一种方法。

三、对比阅读，体会不同语言风格

1. 学生读课后第二题的第一句话，讨论交流自己的发现。

“松鼠的体形细长，体长17～26厘米，尾长15～21厘米，体重300～400克。”

预设：这句话是《中国大百科全书》对松鼠外形的描写，使用了列数字的说明方法介绍松鼠的外形，把松鼠的大小、重量介绍得很清楚；课文中使用的是抓住特点具体描写的说明方法，写出了松鼠的漂亮、讨人喜欢。

教师小结：同样是描写松鼠的文字，二者语言风格却不相同，但是都能清楚、准确地表现松鼠的特点。

2. 学生讨论交流课后第二题的第二、三句话。

“松鼠在树上筑巢或利用树洞栖居，巢以树的干枝条及杂物构成，直径约50厘米。”

“松鼠每年春、秋季换毛。年产仔2~3次，一般在4、6月产仔较多。”

（1）学生自读课后第二题的第二、三句话，找出课文中与之对应的段落，讨论它们在表达上的不同。

（2）全班汇报交流。

教师小结：通过对比，我们知道不同的说明方法，其表达的效果和作用也不同。《中国大百科全书》是一本工具书，它的语言简洁，能准确地让读者了解事物的基本特点。而课文是一篇科学小品文，作者的写作目的是表现松鼠漂亮、驯良、讨人喜欢的特点。我们在介绍自己喜欢的事物时，这两种方法都可以使用，也可以选择你觉得最能达到你的写作目的的方法。

【板书】

松鼠

漂亮、乖巧、驯良	细致观察
讨人喜欢	抓住特点
	具体说明

交流平台与初试身手

【教学目标】

1. 交流、总结说明性文章的特点，体会恰当使用说明方法的好处。
2. 能尝试运用多种说明方法，写清楚一种事物的特征。
3. 试着将散文《白鹭》第 2～5 自然段改写成说明性文章。

【教学重难点】

1. 能尝试运用多种说明方法，写清楚一种事物的特征。
2. 试着将散文《白鹭》第 2～5 自然段改写成说明性文章。

【课前准备】

学生复习《白鹭》，搜集有关白鹭的资料。

【教学过程】

一、复习说明性文章的特点

1. 教师导入：前面我们学习了《太阳》和《松鼠》两篇说明性文章，请你畅所欲言，谈谈自己有哪些收获。

2. 学生自读“交流平台”，并整理归纳“交流平台”的信息。

3. 教师引导学生思考：怎样恰当地使用不同的说明方法？要注意哪些问题？

4. 同桌交流，全班汇报。

5. 教师小结：说明性文章要以说清楚、说明白为核心目标，可以根据自己的需要选择说明方法和语言风格。

二、回顾《白鹭》，改写第 2～5 自然段

1. 教师引导学生回忆《白鹭》第 2～5 自然段的内容。

预设：描写了白鹭的外形，如颜色、身段、羽毛、喙、脚等方面。

2. 教师引导学生思考：如果把《白鹭》的外形部分改写成一段说明性的文字，你打算怎么写？

3. 小组讨论，然后在全班进行汇报交流。师生共同归纳总结。

预设：

（1）要抓住白鹭的特点来介绍。

（2）要把散文的语言改写成说明文的语言。

（3）要运用恰当的说明方法描述白鹭的外形。

（4）分段介绍事物的不同方面。

三、完成改写并评议修改

1. 学生结合课前搜集的有关白鹭的说明性资料，找到与课文内容相对应的文字，试着将《白鹭》第2～5自然段改写成一段说明性文字。

2. 小组交流，提出修改意见，学生独立修改。

3. 小组推荐优秀习作，师生共同评议。对常见问题进行指导，在评议中关注学生对“改写要求”的达成度。

4. 教师小结：如果我们能够恰当地运用说明方法，筛选有用的资料，转变语言风格，关注写作顺序，就能把事物介绍得更清楚，写出合格的说明性文章。

［**设计意图**］学生回忆《白鹭》第2～5自然段的内容，抓住其外形特点确定改写的地方。学生学会借助资料进行改写。这样既确定了习作内容，又能有效帮助学生完成改写任务。

四、对比阅读，体会不同

1. 学生对比改写片段和散文《白鹭》第2～5自然段，小组交流二者的不同之处。

2. 师生共同梳理归纳。

	采用方法	表达效果	语言风格
散文	比喻、拟人、排比……	抒发情感	简练、亲切、优美
说明文	列数字、打比方……	说明白事物的特点	平实、活泼、严谨

3. 教师小结：说明同一事物时，用不同的方式表达，侧重点也应有所不同。散文《白鹭》侧重表达情感，改写后的片段则是有条理地介绍白鹭的外形特点，运用说明方法让大家对白鹭有更准确的认识。

【板书】

白鹭的外形　　　　抓住主要特点

颜色　身段　羽毛　喙　脚　　　　运用说明方法

分段介绍

习作例文与习作：介绍一种事物

【教学目标】

1. 能根据习作提示确定习作对象，拟定题目，并借助思维导图，完成习作。

2. 能根据典型案例和习作例文制订习作评价标准，并能依据标准对习作进行自主评改与交流。

【教学重难点】

1. 能借助思维导图，完成习作。

2. 能根据典型案例和习作例文制订习作评价标准，并能依据标准对习作进行自主评改与交流。

【课前准备】

教师准备课件。

第一课时

【课时目标】

1. 能够确定习作对象，拟定题目。

2. 能借助思维导图，尝试自主习作。

【教学过程】

一、新课导入，拟定习作题目

1. 学生阅读习作要求，说一说自己的发现。

2. 小组交流：准备介绍什么事物？取什么题目？教师相机指导。

3. 学生根据交流建议，修改、确定作文题目。

[设计意图] 学生之前已经围绕介绍一种事物进行了练笔，教师在确定习作对象、拟题方面可以只做简单引导。

二、激趣点拨，自主表达

1. 师生交流：应该介绍哪些方面才能让大家认识这个事物呢？教师根据学生的讨论进行归纳总结。

教师小结：抓住事物的特点，介绍事物的不同方面。

2. 学生思考应从哪些方面介绍事物，并列出思维导图，与同桌交流。

3. 学生阅读习作例文《鲸》，进一步学习将事物介绍清楚的方法。

4. 教师小结：要先细致观察，抓住事物的主要特点，结合自己搜集的资料，选择恰当的说明方法进行说明。这些说明方法可以帮助你将事物介绍得更清楚，给读者留下更深刻的印象。

[设计意图] 借助思维导图，帮助学生确定从哪些方面介绍事物。利用习作例文，帮助学生明确怎样将事物介绍清楚。

三、迁移运用，习作实践

1. 教师引导学生进一步明确习作要求：不同于之前进行的片段练习（只针对事物的一个特点），现在要分段介绍事物的不同方面。

2. 学生自主习作，教师巡视，适时点拨。

[设计意图] 在之前的课堂上有多次练笔铺垫，此环节不必过多指导，留给学生充分的写作时间。

四、布置作业

1. 课上没有完成习作的同学课后继续完成。

2. 写完的同学可以读一读自己的习作，并尝试修改。

【板书】

外形

行为 —— 动物 —— 生活习性

性情　与人类关系

写清主要特点
运用说明方法
介绍不同方面

第二课时

【课时目标】

1. 能根据典型案例和习作例文制订习作评价标准。
2. 能依据习作评价标准和习作例文，对习作进行评价、修改。
3. 能和同学分享习作并交流各自的感受。

【教学过程】

一、整体评价

1. 教师总结本次习作的共同亮点。
2. 教师指出本次习作的普遍问题。

［**设计意图**］教师反馈本次习作的整体情况，为后面的评议做好铺垫。

二、典型案例评议，拟定评价标准

1. 教师对典型案例进行评议。评议过程中，教师结合习作例文教授修改习作的方法。

2. 确定自我评价标准。

	评价标准	自我评价
内容	能抓住事物的特点	☆☆☆
	能恰当使用说明方法	☆☆☆
	能分段介绍事物的不同方面	☆☆☆
表达	能激发读者兴趣，获得相关知识	☆☆☆

三、自主修改，交流分享

1. 学生参照标准，自主评价、修改习作。

2. 同桌互评互改。

[**设计意图**] 通过相互评价，引导学生审视同学的习作，在交流中反复修改，巩固学到的习作方法。同时，取长补短，促进了解与合作，共同提高。

教学反思

本单元以说明性文章为主题，教学时我们围绕单元语文要素，紧扣学习重点，精心设计问题，让学生在阅读中理解课文内容，了解说明方法，进而学会使用说明方法，自主习作，从而推进学生各项语文能力的发展。在整个教学过程中，重视教材各部分的整合，力求在各环节中有效落实语文要素，使整个单元教学成为互相联系、螺旋上升的有机整体。

我们在教学《松鼠》和《太阳》时，引导学生把握松鼠和太阳的主要特点，体会作者是怎样运用恰当的说明方法把特点写清楚的，为后面的习作做好了铺垫。“初试身手”的两个部分，我们在教学时进行了拆分，将第一部分“选择身边的事物，试着运用多种方法来说明它的特征”融入《太阳》一课的教学中，通过随文微写的形式，尝试达成目标——试着用恰当的说明方法写出事物的特点。对于习作例文《鲸》和《风向袋的制作》，我们没有像精读课文一样进行单独教学，而是将其融入习作的讲评中，结合习作要求，有针对性地进行学习。从教学效果来看，这样可以让学生清晰地感知例文的作用，仿照例文运用恰当的说明方法来介绍事物，学习例文如何把事物介绍清楚，从而修改好自己的习作。在习作活动中，我们充分调动学生的积极性，课堂教学活动不再局限于传统的单向教学活动，而是一种多向活动，提倡师生之间、学生之间的多边互动。在课堂上提高学生学习的积极性和参与度，学生自信交流、自由表达。把作文评价的权力交给学生，提高学生的自我评价能力。

四川大学附属实验小学江安河分校　杨　娟　杨　璐

大千世界你我他

——统编版语文教材五年级下册第五单元整组教学设计

单元主题

字里行间众生相，大千世界你我他。

教材分析

本单元由“精读课文”“交流平台”“初试身手”“习作例文”“单元习作”组成，各项内容环环相扣，集中指向核心习作能力，帮助学生掌握描写人物的基本方法，并能在写作实践中尝试运用典型事例来表现人物的特点。

单元核心语文要素为：学习描写人物的基本方法；初步运用描写人物的基本方法，尝试把一个人的特点写具体。纵观教材中的七次写人习作，其中有四次表达训练指向的是描写人物的特点。四年级教材安排过“写一个人，注意把印象最深的地方写出来”“学习从多个方面写出人物的特点”，五年级上册教材还安排了“结合具体的事例写出人物的特点”，教材在编排上体现了层次性，循序提升，而本单元的学习重点在于引导学生选择典型的事例，学习运用单元课文所学的描写人物的方法，把人物的特点写具体。

学情分析

大多数学生已掌握了一定的语言表达方法，逻辑较清晰，语言较流畅，善于抓住重点语句部分，运用神态、语言、动作、心理等细节描写，基本把事情写清楚、写具体。但是部分学生语文功底较弱，感悟不够深刻，尤其是运用多种方法把事情的重点写具体，这对他们来说有较大难度。

单元教学目标

1. 能结合课文描写人物的相关语句，说出人物的特点。

2. 了解可以通过人物的语言、动作、神态、心理等表现人物的特点，还可以通过典型事例，或者描写他人的反应来表现人物的特点，能体会这些方法的表达效果。

3. 能梳理总结写人的基本方法。

4. 能结合例文和旁批，进一步感知写人的基本方法，并尝试运用。

5. 能选择典型事例，通过描写语言、动作、外貌、神态、心理等，具体表现人物的特点。

单元教学重点

能正确、流利地朗读课文，感知四个人物形象，学习描写人物的基本方法。

单元教学难点

1. 多途径搜集人物典型事例和相关材料，了解人物特点。

2. 初步运用描写人物的方法具体表现一个人的特点。

单元教学策略

本单元教学要跳出传统习作教学的思维定式。教师应认识到本单元与阅读单元的习作教学要求不同，要凸显学生习作能力提升这条主线，将教材编排的各项内容作为一个整体来设计并开展教与学的实践活动。还要用好课后习题和例文的旁批，阅读引路，感悟方法，实践习得，迁移运用。教学重点是引导学生通过典型事例表现人物特点和学习运用描写人物的基本方法。

单元教学课时及意图

内容	课时	意图
《人物描写一组》、初试身手 1	3	学习《人物描写一组》，感受小嘎子、祥子、严监生三个鲜活的人物形象。聚焦关键词句，体会作者描写人物的方法
《刷子李》、初试身手 2	2	阅读《刷子李》，学习正面描写和侧面描写相结合表达人物特点的方法
交流平台、习作例文	1	片段练习，用学过的方法描写一个人
习作：把一个人的特点写具体	1	进一步学习表现人物特点的方法，通过写作实践与评议修改，巩固把一个人的特点写具体的方法

《人物描写一组》教学设计

【教学目标】

1. 能结合三个片段中描写人物的语句，说出人物的特点。

2. 了解可以通过描写人物的动作、外貌等表现人物的特点，并能体会其表达效果。

【教学重难点】

能通过人物细节描写感知人物特点，并能体会人物细节描写的表达效果。

【课前准备】

教师准备课件。

第一课时

【课时目标】

能结合《摔跤》中描写人物动作的语句，说出人物的特点，体会其表达效果。

【教学过程】

一、紧扣主题，谈话导入

1. 教师导入：在祖国灿烂的文学宝库里，作家们用手中的笔塑造了许多生动的人物形象，在前面的学习中给你留下深刻印象的是谁？简单说说理由。

2. 学生汇报交流。

3. 教师板书课题，学生齐读课题。

二、初读课文，体会人物特点

1. 学生默读课文，教师出示思考问题。

(1) 三个片段中的人物分别给你留下了什么印象？

(2) 你是从哪些语句中感受到的？边读边批注，再和同学交流。

2. 学生交流。

片段	主要人物	选自	特点
《摔跤》	小嘎子	《小兵张嘎》	机灵
《他像一棵挺脱的树》	祥子	《骆驼祥子》	结实
《两茎灯草》	严监生	《儒林外史》	吝啬

3. 师生交流：在每个片段中，作者分别运用了哪种描写方法来表现人物？

三、学习《摔跤》，了解动作描写的作用

1. 学生默读第一个片段，并思考：小嘎子是个什么样的人？你是从课文中的哪些语句中看出来的？教师指导学生阅读摔跤的部分，初步体会动作描写的作用。

2. 学生自主学习，小组交流。

3. 全班交流。

（1）学生勾画出描写人物动作的部分。

（2）学生表演文中摔跤的场景：一位同学读文章内容，两位同学分别扮演文中的小嘎子和小胖墩儿。表演的同学要注意演出人物的动作。

（3）教师引导学生思考人物动作描写的作用。

（4）教师小结：这一部分内容，作者描写人物动作，仿佛让我们身临其境地观看了一场摔跤比赛。可见，对人物动作的描写，可以生动地再现场景。

4. 教师引导学生再读课文，体会动作描写对突出人物特点的作用。

（1）教师指导学生阅读文章，体会小嘎子的机灵。

（2）教师指导学生阅读文章，体会小胖墩儿的沉着。

5. 教师小结：通过学习第一个片段，我们知道描写人物的动作可以生动地再现场景，更能突出人物的特点，使小嘎子机灵的样子和小胖墩儿沉着的样子都鲜活地展现在我们眼前。

［**设计意图**］引导学生品读课文内容，在感受小嘎子和小胖墩儿人物形象的同时，了解动作描写的作用。

【板书】

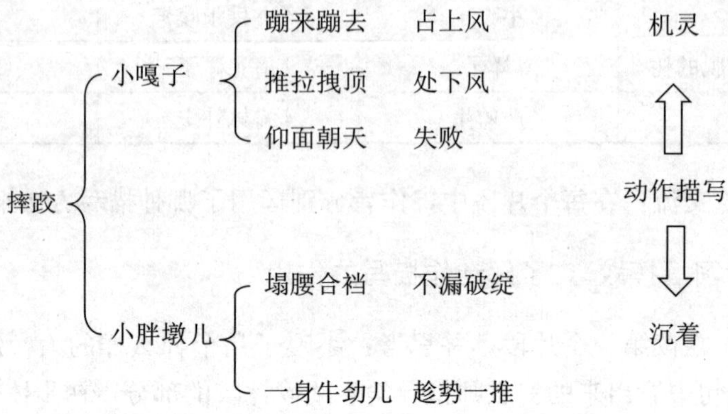

第二课时

【课时目标】

结合《他像一棵挺脱的树》中描写外貌的语句，感受人物特点，并体会其好处。

【教学过程】

一、复习导入

教师引导学生回顾所学的两个片段，说一说作者是用什么描写方法刻画人物的。

二、初读课文，整体感知

1. 学生自读课文，并思考：作者从哪些方面描写了祥子？他给你留下什么深刻的印象？作者是怎样表现人物形象的？

2. 小组讨论交流。

三、深入文本，探究形象

1. 学生默读课文，勾画出描写祥子外貌、身材、穿着的句子，体会人物的特点。

2. 学生学习“穿着”部分，了解外貌描写能交代人物身份。

“他的身量与筋肉都发展到年岁前边去了。……傻子似的他自己笑了。”

(1) 学生先读这段文字，再看课文中的插图，交流自己了解到了什么。

（2）小组交流，组长整理并记录小组同学的发言。

（3）小组派代表发言，全班交流，教师相机指导。

3．教师小结：通过对祥子穿着和身材的描写，不但能交代人物的身份，还能写出人物的特点。

4．学生学习“相貌”部分，了解外貌描写能体现人物特点。

“他没有什么模样，使他可爱的是脸上的精神。……他就很像一棵树，上下没有一个地方不挺脱的。”

（1）学生先读这段文字，再看文中插图，交流自己了解到了什么。

（2）小组交流，组长整理并记录小组同学的发言。

（3）小组派代表发言，全班交流，教师相机指导。

5．教师小结：外貌描写包括描写人物的身材、容貌、服饰、打扮以及表情、仪态、风度、习惯性特点等。外貌描写能够刻画人物的性格特征，反映人物的内心世界。描写时应有一定顺序。

6．教师指导朗读，学生在朗读中感受鲜明的人物形象。

［**设计意图**］总结写人的方法，并体会这样写的好处，真正实现“阅读引路，感悟方法”的目标，为习作打下基础。

四、课堂小练笔

1．教师出示图片（操场上、教室里、楼道间等的图片）要求学生在课间十分钟内观察一位同学，记得要抓住人物的特点。

2．学生运用本单元所学的方法写一段话，写某位同学在课间的活动，表现这位同学的特点。

3．学生进行小练笔。

［**设计意图**］学生梳理出具体描写人物特点的方法，并尝试运用这些方法进行练写，在实践过程中加深对方法的认识，体会其表达的效果，为习作做好准备。

4．学生互动评价。

（1）这些例子是否把这位同学在课间的活动写具体了？

（2）哪些例子让你一读就能感受到这位同学的特点？

（3）你是从哪些描写中感受到的？

［**设计意图**］通过互动评价，让学生进一步感受：仔细观察，对能表现人物特点的语言、动作、神态、外貌等进行细致描写，是完成本单元习作的关键。

【板书】

他像一棵挺脱的树

身材　衣着　体态　外貌──→结实健美　充满生命力

外貌描写
动作描写　描写人物
语言描写　突出特点
神态描写

第三课时

【课时目标】

1. 正确、流利地朗读课文。结合注释，联系上下文理解“诸亲六眷、郎中、哥子”等意思。

2. 能结合文中描写人物动作、神态的语句，感受人物形象，体会表达效果。

【教学过程】

一、揭示课题《两茎灯草》，结识文中人物

教师导入：今天这节课，我们将认识一个鲜活的人物形象，这个形象出自我国古典讽刺小说《儒林外史》，它就是严监生。（教师强调“监”的读音）

二、初读课文，整体感知

1. 学生自读文章并交流对人物的初步感受。

2. 学生再读，并思考课文是怎样表现人物特点的。

三、细读课文，感悟形象

1. 教师范读课文，学生想象画面：边听边想象严监生临死前的样子。

2. 小组交流。学生仔细观察课文插图，并与同伴交流：根据严监生的动作、神态变化揣摩他临死前的心理活动。

3. 小组代表汇报发言，全班交流，教师相机指导。

4. 教师出示课件，引导学生思考以下问题并归纳总结。

“自此，严监生的病，一日重似一日，再不回头……还把手从被单里拿出来，伸着两个指头。”

（1）这是作者对严监生咽气前的一段描写。这段话主要描写了什么？

（2）读了这段文字，你能想到用哪些成语来形容此时的严监生？

（3）就是在这种情况下，严监生“还把手从被单里拿出来，伸着两个指头”，联系下文说一说他为什么这样？

（4）病情恶化到这种程度，严监生却“总不得断气”。他在想什么？如果严监生这时还能说话，他可能会说什么？

（5）作者描写了严监生的什么动作？

5. 学生自由朗读全文，通过作者对严监生动作和神态的描写进一步体会严监生当时的心理。

四、课堂总结，拓展延伸

教师小结：课文记叙了严监生临终前，因灯盏点了两茎灯草，伸着两根指头不断气，直到赵氏挑掉了一茎，才一命呜呼的故事。在这个片段中，几个动作把严监生吝啬的形象刻画得入木三分。吴敬梓擅长运用典型情节，深刻地揭露社会矛盾。他的语言准确、精炼、形象，具有讽刺效果。《儒林外史》是我国古典讽刺小说的高峰。建议同学们用课余时间阅读《儒林外史》。

【板书】

两茎灯草
- 头摇了两摇
- 头狠狠摇了几摇
- 把眼闭着摇头，手指着不动
- 把手垂下，登时没气

动作描写——→爱财如命

《刷子李》教学设计

【教学目标】

1. 能结合课文内容，说出刷子李的特点。

2. 了解通过描写人物的语言、动作、外貌等表现人物特点的方法，并能体会其表达效果。

3. 了解可以通过描写他人的反应表现主要人物的特点。

【教学重难点】

1. 感受人物形象，体会作者抓住细节描写人物的方法。

2. 了解并学习作者刻画人物形象的方法。

【课前准备】

多媒体、课件。

第一课时

【课时目标】

1. 能结合课文内容，说出刷子李的特点。

2. 概括作者选取的典型事例，了解写人物时要选择最能表现人物特点的典型事件。

【教学过程】

一、结合课题，初步感知人物特点

1. 教师板书课题，学生齐读。

2. 教师提出质疑，学生初步感知刷子李的特点。

(1) 质疑：刷子李指什么人？为什么天津人叫他刷子李？

(2) 学生阅读有关刷子李的材料。

(3) 学生交流刷子李的人物特点。

(4) 教师简介文章出处和作者。

(5) 学生结合资料和课题，初步感知人物形象。

二、初读课文，了解课文主要内容，提炼典型事件

1. 教师组织学生理清文章中的人物关系。

2. 学生再次默读课文，以曹小三的视角概括课文的主要内容。

3. 教师小结：课文以曹小三的视角进行写作，通过观察印证了传说是真的。要写出人物某方面的特点，首先要选取典型的事例。

三、研读描写刷子李的语句，感受他高超的技艺

1. 学生联系旧知，交流方法。

(1) 教师引导学生回顾学过的描写人物的方法。

(2) 学生汇报。

2. 学生研读描写刷子李的语句，感受他高超的技艺。

(1) 学生默读课文，勾画出描写刷子李的语句，并思考作者通过什么描写写出了刷子李高超的技艺。

(2) 小组交流。

(3) 师生共同研读第1自然段，感悟写法。

(4) 教师小结：课文通过对刷子李的穿着、所立的规矩、刷墙的效果的直接描写，让我们感受到了他高超的技艺。

(5) 师生交流的第5自然段。

(6) 教师小结：作者通过对刷子李刷墙时的动作、声音，以及其穿着和所立规矩的直接描写，让我们感受到了人物的特点。在以后的习作中，我们也能选用直接描写，写出人物的特点。

［**设计意图**］在了解课文选取事例表现人物特点的基础上，进一步引导学生研读相关语句，感受人物特点。同时，也是对前一篇文章学到的写人方法的巩固。

第二课时

【课时目标】

1. 能结合曹小三的心理活动描写，感受刷子李的特点。

2. 学习正面描写和侧面描写相结合的表达人物特点的方法。

【教学过程】

一、复习旧知，提出问题

教师引导：文章主要人物是刷子李，为什么要花大量的笔墨描写徒弟曹小三？

二、走进“内心”，侧面烘托

1. 教师过渡：我们刚才亲眼见证了刷子李高超的刷墙技艺，那么他的徒弟曹小三一开始就相信了吗？他是怎么做的呢？

2. 学生快速浏览第6～9自然段，找到相关的句子读一读。

(1) 学生试着填写下面一段话：

起初曹小三对师父的绝活一直（　　　　），非要（　　　　）。但大半天下来，居然连一个芝麻大的粉点也没发现，他真觉得那身黑衣服有种（

）。可他给师傅点烟时，竟然瞧见刷子李裤子上有一个白点，黑中白比白中黑更（　　　），当往日传说中那如山般的形象（　　　）之际，才得知那是师傅抽烟不小心烧出来的小洞。曹小三吃惊地露出一副（　　　）的模样。

（2）学生填写后思考以下问题：

①在这段话中，你感受到了曹小三怎样的心理变化？

预设：半信半疑—崇敬—质疑—佩服至极。

②本文的主人公是刷子李，但作者对刷子李的直接描写并不多，还用了大量篇幅描写曹小三的心理活动。作者这样写的目的是什么？

3．教师小结：作者通过描写曹小三对师傅从崇敬到质疑再到佩服至极的情感变化，表现了刷子李高超的技艺。我们在读写人的文章时，可以关注描写周围人反应的语句，这样能更好地感受人物特点，这种描写就是侧面描写。

三、比较阅读，总结写法

1．教师引导学生回顾《人物描写一组》一课，并比较这两篇课文在写法上的不同之处。

2．教师小结：这两篇课文虽然都描写人物，但我们不难发现，《人物描写一组》运用的正面描写较多，正面描写就是指直接描写人物的外貌、心理、行动和语言等。而侧面描写是通过描写周围人的反应使人物特点更加鲜明突出。同学们在今后的习作中就可以根据描写对象的特点选择合适的描写方法。

［**设计意图**］通过学生比较阅读，让学生自主建构知识：写人时，不但可以进行正面描写，还可以关注周围人的反应（侧面描写），为单元习作打下基础，做好准备。

四、课堂小练笔

1．小组活动：小组合作完成表格，说说家人的特点，以及可以表现其特点的典型事例。

人物	特点	典型事例	写事顺序	注重哪些方面的描写

2．全班交流。

3．教师选取有代表性的事例，引导学生思考并交流：如果通过典型事例表现人物特点，可以进行哪些方面的描写？

4. 学生选择身边一个熟悉的人进行片段描写，用学到的写人的方法写出其主要特点（一个即可）。

5. 教师小结：通过交流，我们知道了要选择典型的事例表现人物的特点，还要围绕动作、语言、神态等对人物展开描写。

［设计意图］将课内知识延伸到课外，拓展孩子的视野。读写结合，力争将语言文字的训练落到实处，锻炼学生的想象力、表达力，提高习作水平。

【板书】

刷子李

刷子李：　穿着　动作　声音　效果……　　正面描写
曹小三：　半信半疑　崇敬　质疑　佩服至极　　侧面描写
（正面描写、侧面描写）技艺高超

交流平台与习作例文

【教学目标】

1. 能交流、总结写人的方法。
2. 借助例文和批注，进一步感知写人的基本方法。

【教学重难点】

能试着用学过的方法把一个人的特点写具体。

【课前准备】

课件。

【教学过程】

一、围绕单元课文，梳理写人的方法

1. 教师引导学生回顾本单元课文。
2. 小组活动：小组合作，完成表格。

篇目	主要人物	人物特点	典型事例	主要描写方法

3. 教师组织学生交流。

4. 学生读“交流平台”，梳理、总结写人的基本方法。

预设：选用典型的事例，从语言、动作、外貌、神态、心理等多个角度描写人物，还可以通过写周围人的反应来表现人物特点。

5. 学生回顾《景阳冈》《军神》《青山处处埋忠骨》等文章，讨论作者表现人物特点运用的方法；也可以联系自己以前的习作，交流自己用了哪些方法表现人物特点。

6. 教师小结：通过刚才的学习，我们已经了解了写人的基本方法。比如，选用典型事例，从语言、动作、外貌、神态、心理等多个角度描写人物，还可以通过写周围人的反应来表现人物特点。

二、比一比，知“典型”

1. 教师出示“交流平台”，引导学生回顾课文是怎么写出人物特点的。

2. 学生回忆《两茎灯草》写了一件什么事来表现严监生的吝啬，并思考作者为什么选择写他临死前仍惦记节省灯油这件事。

3. 教师小结：最能表现人物特点的事例，是“典型事例”。

三、巧用例文，巩固方法

1. 教师出示例文《小守门员和他的观众们》，学生自读课文，说说课文的主要内容，以及给你留下印象最深刻的人物。

2. 学生再读课文，借助例文批注，边读边思考：如果让你写一个人物，要具体表现其特点，你准备怎么写？

3. 结合批注，学生思考并交流：作者是如何抓住小守门员的特点写的？

4. 以描写小守门员的第二、三段为例，教师组织学生交流：作者运用哪些方法写出了不同人物的不同特点？

5. 教师小结：人物不同，特点各异，要学会选择不同的描写方法来表达。

四、活用方法，运用方法练片段

1. 教师出示练习要求：自由练写一个印象深刻的人。可以是身边熟悉的人，也可以是偶尔见到的陌生人，写出人物某一方面的特点。

（1）选择一个典型事例，写出这个人物的特点。

（2）以人物的动作、行为为主线，加上神态、语言、心理等描写细致刻画人物。

（3）书写工整，正确使用标点符号。

（4）练习时间：15 分钟。

2. 学生自由写作，教师巡视并指导。

【板书】

典型事例	语言　动作 神态　外貌 周围人的反应	人物特点

习作：把一个人的特点写具体

【教学目标】

1. 学习选择典型事例表现一个人的特点。

2. 借助语言、动作、神态、心理描写等把人物特点写具体。

【教学重难点】

能在习作中通过对人物的细节描写，把人物的特点写具体。

【课前准备】

教师收齐学生的习作，认真阅读，挑选出优秀作品和有问题的习作片段。

【教学过程】

一、读一读，知“写法”

1. 学生自由阅读习作例文《我的朋友容容》，并思考：容容有什么特点？想一想作者是怎么写出她的特点的？

2. 结合例文批注和文中相关语句，全班交流。（教师板书：语言、动作、

神态、心理）

二、赏一赏，明“方向”

1. 全班欣赏好题目。

（1）教师出示相关题目，师生共同读一读、评一评。

（2）教师小结：运用修辞手法、反问句、形象化描述可以让题目更吸引人。

2. 全班欣赏正面描写的佳句（语言、动作、神态、心理描写等）。

（1）教师出示相关片段。

（2）学生朗读自己的作品。

（3）学生交流这些句子“好在哪里”。

（4）教师小结：语言描写，凸显特点；动作描写，巧用动词；心理描写，丰富具体；神态描写，巧用修辞。

3. 全班欣赏侧面描写的片段。

（1）教师出示相关片段。

（2）学生朗读自己的作品。

（3）学生交流这些片段“好在哪里”。

（4）学生自读作品，寻找或者添加侧面描写的内容，同桌交流。

［**设计意图**］本环节通过欣赏学生习作中的佳句和片段，引导学生明确在写人的习作中，不仅要有细节描写，还要追求写得生动、具体。来自同伴的激励具有实效性，成为同伴的榜样更是对自己最大的激励。

三、挑挑刺，避“雷区”

教师展示部分同学习作中的问题，师生共读并尝试修改。

四、动动“刀”，细“打磨”

1. 学生修改自己的习作。对照习作评价单评价、修改习作。

具体情况	自评	他评
题目是否用了修辞手法、反问句、形象化描述等		
所选事例是否典型		
语言描写是否体现人物特点		

续表

具体情况	自评	他评
动作描写是否具体细致、具有画面感		
神态描写是否细致，是否使用了修辞手法		
心理描写是否丰富生动、形象具体		
是否有侧面描写		

2. 小组内互评互改。

3. 学生继续修改习作。

［**设计意图**］通过搭建互评互改支架，引导学生关注写作方法是否落实到位，也帮助学生明确了修改的方向。在交流分享的时候，同伴互相促进，思维能力、表达能力、创造能力等均得以提升。真正把作文评改权交给学生，使学生不断提高写作水平。

【板书】

把一个人的特点写具体

品质	语言	选准方法
性格	动作	细致描写
特长	神态	典型事例
	心理	

教学反思

统编版语文教材五年级下册第五单元是习作单元，整个单元教学都指向写出人物特点。我将从以下三方面进行教学反思。

结合批注，体会例文的细节描写。学习了第五单元《人物描写一组》和《刷子李》两篇课文后，学生已初步感知：描写人物的文章，要选用典型事例，运用多种方法表现人物的特点。但比较而言，例文《我的朋友容容》更贴近学生的生活，更易于学生模仿和借鉴作者的写作方法。如何让孩子们体会到作者选材的精当和描写的细致呢？我要求学生先默读例文，再参考文中批注，完成表格填写，然后交流讨论，梳理出文中描写人物的方法。通过关注例文的批注，孩子们进一步了解了描写人物的基本方法。

结合生活实际，引导学生选取典型事例。写好作文的首要条件是审题，所写内容应当符合题目要求。通过阅读本单元习作要求，孩子们明确了本单元习作的要求是写我们身边的人物，还要求通过选取典型事例表现人物的特点。

以典型事例和细节描写展开自评和互评。有了之前的讲解和讨论，学生基本掌握了描写人物的方法。我要求学生大声朗读三遍自己的习作，进行自评。在小组评议后，选出代表，再进行班级评议。第五单元是本册的习作单元，依据教材的安排，用好课文和例文，凸显训练重点。在教学过程中，"读写评"三结合，引导学生在读中学写，在写中运用，在评价中不断提升"具体地表现一个人的特点"的习作能力。

成都市龙江路小学分校　张晓姝
宜宾市筠连县胜利街小学　陈方英

围绕中心意思写

——统编版语文教材六年级上册第五单元整组教学设计

单元主题

围绕中心意思写。

教材分析

本单元以“围绕中心意思写”为主题，安排了“精读课文”“交流平台”“初试身手”“习作例文”“单元习作”，每一项内容都指向对学生习作能力的培养。本单元语文要素是“体会文章是怎样围绕中心意思来写的”，习作要求是“从不同方面或选取不同事例，表达中心意思”。

本单元语文要素呈梯度序列。“精读课文”的目的是让学生体会文章是怎样围绕中心意思来写的，初步学习从不同方面或选取不同事例来表达中心意思的方法。“交流平台”结合两篇精读课文，梳理总结了围绕中心意思表达的方法。“初试身手”在交流总结方法的基础上，引导学生初步尝试围绕中心选择合适的材料。“单元习作”以“感受最深的汉字”为话题，要求学生选择一个汉字，围绕中心意思进行习作。

学情分析

六年级的学生正处于向青春期过渡的关键时刻，处于心理发展的骤变期，自我意识、独立意识明显增强，已经能认识学习的意义，有较强的求知欲。思维模式已从具体形象思维向抽象逻辑思维过渡，但仍然倾向于同直接与感性经验相联系。因此，教学中需加强启发式教学，发展学生比较、分析，以及综合思维的能力。

单元教学目标

1. 会写 22 个字，会写 24 个词语。
2. 学习课文，能把握文章的中心意思。
3. 能联系课文内容，体会文章是怎样围绕中心意思来写的。
4. 能结合课文，交流围绕中心意思选择材料的方法。
5. 能围绕中心意思，从不同方面或选择不同的事例作为材料。
6. 能知道作者围绕中心选择了哪些材料，是怎样把重点部分写具体的。
7. 能围绕一个意思从不同的方面写或选择不同的事例。
8. 围绕一个意思表达时能将重要的部分写详细、写具体。

单元教学重点

能在阅读中体会课文围绕中心意思，从不同方面和运用不同事例表达的写法。

单元教学难点

能围绕一个中心意思，选择不同的事例或从不同的方面写，并将重要的部分写具体。

单元教学策略

阅读是根本，通过各种形式的文本阅读引导学生对课文的中心进行把握，梳理文章的事例，使学生对文章的写法一目了然，围绕中心意思可用多个事例写，且从不同角度选材，可以使中心意思表达得更加全面，更加充分。

精心设计板书，随着教学过程的推进呈现思维导图式板书，让学生直观形象地体会文章的写作方法，激发学生的学习兴趣，降低教学的难度。

设计“迁移训练”，引导学生把“围绕中心意思写”内化为自己的思维模式，使学生的思维能力得到锻炼，同时也是对写作方法的学习和巩固。

单元教学课时及意图

内容	课时	意图
《夏天里的成长》	2	品读文本，结合课后题，体会写法，体会作者是怎样把重要部分写具体的
《盼》	2	
交流平台、初试身手	1	回顾课文，梳理写作方法并试着运用

续表

内容	课时	意图
习作例文	1	通过学习例文，再次领悟方法
习作：围绕中心意思写	1	把学到的方法运用于习作中

《夏天里的成长》教学设计

【教学目标】

1. 能找出文章的中心句，能说出课文从哪些方面描写“夏天里的成长”。

2. 能体会课文从不同方面表达中心意思的写法。

【教学重难点】

1. 找出文章的中心句，能说出课文从哪些方面描写“夏天里的成长”。

2. 能体会课文从不同方面表达中心意思的写法。

第一课时

【课时目标】

1. 疏通字词，能正确、流利地朗读课文。

2. 能找出文章的中心句，能说出课文从哪些方面描写“夏天里的成长”。

【教学过程】

一、复习诗词，导入新课

1. 学生比赛背诵有关夏天的古诗词。

2. 教师导入：这些古诗词描绘了诗人夏天的所见所闻所想。今天我们继续走进夏天，了解作家梁容若先生在夏天里的发现和感受。

3. 教师板书课题，学生齐读课题。

二、初读课文，疏通字词

1. 学生自由朗读课文，要借助拼音，读准字音，遇到不理解的词语先圈起来，并标出自然段。

2. 学生认读词语，教师提示易错生字。

3. 小组合作，读文检测，将句子读得正确、流利。

三、紧扣中心，梳理文脉

1. 学生自由读课文，勾画出文章的中心句。

2. 师生共同梳理全文脉络。

（1）师生交流全文中心句。

（2）教师抓住“万物”一词，追问学生：课文从哪几方面具体来写“夏天是万物迅速生长的季节”？

（3）学生快速阅读并勾画相关语句。

（4）学生交流，教师相机板书。

3. 教师小结：课文采用开门见山的方式点明中心，通过列举生物、事物和人三个方面的生长事例，将中心句的意思表达清楚。

［**设计意图**］紧扣“万物”和“迅速生长”两个中心词，这样之后的教学指向会更清晰。

第二课时

【课时目标】

1. 能通过研读课文，体会课文从不同方面表达中心意思的写法。

2. 能初步运用“围绕中心意思写”的方法开展练笔。

【教学过程】

一、梳理脉络，复习导入

1. 教师引导学生回顾课文是围绕哪句话来写的，是从哪几个方面把中心意思写清楚的。

2. 学生交流。

3. 教师小结：课文通过生物、事物和人三个方面表现“夏天是万物迅速生长的季节”这一中心意思。这节课，我们将继续学习课文，体会作者是怎样把中心意思表达清楚的。

［**设计意图**］通过复习上节课的知识要点，整体把握全文，帮助学生自然过渡到接下来的学习中。

二、研读课文，体会写法

1. 学生研读第 2 自然段。

（1）学生朗读本段，并思考：生物在夏天里的“长”有什么共同特点？

（2）学生找出文段中作者都写了哪些生物。

（3）学生找到文段里描写的具体生物，提取关键词，填写“生物成长表”，想想作者是怎样把中心句的意思写具体的。

生物	时间	怎样长

（4）学生交流。

（5）师生共同梳理表格，教师引导学生发现写法。

（6）教师小结：第 2 自然段围绕中心，选取不同动植物的“长”进行描写，把中心句的意思表达得很清楚，这种方法就是围绕中心从不同方面进行描写。

2. 学生研读第 3 自然段。

（1）学生自由朗读本段，勾画出中心句。

（2）紧扣“什么都在长”，教师引导学生联系上下文，勾画作者具体写了哪些事物。

（3）教师引导学生体会围绕中心句、通过不同方面具体描写的方法。

（4）学生思考并讨论：作者为什么写铁轨、柏油路等事物？这两类事物的前后顺序能不能调换？

（5）教师小结：作者在选材上先铺叙容易观察的变化，再写最不易发现的变化，进一步表现了全文的中心意思“夏天是万物迅速生长的季节”。

3. 学生研读第 4 自然段。

（1）学生自由朗读本段，勾画出中心句，并思考：课文如何具体写“人也要赶时候，尽量地长”？

（2）小组交流。

（3）全班交流。

（4）教师小结：第 4 自然段始终围绕中心意思来写，在选材方面紧紧扣住全文中心，进一步强调：和万物赶在夏天迅速生长一样，人也要抓住最好的时机努力成长。此段不仅以人的成长紧扣“夏天是万物迅速生长的季节”这个中心句，并且在“夏天”和“生长”两个方面都做了引申，让文章更意味深长。

［设计意图］通过研读，先勾画中心句，再找出描写了哪些植物，最后讨论作者是怎么写植物的“长”的，如此循序渐进，不难体会作者的写法。

三、回归全文，领悟写法

1. 学生回顾全文的中心句，以及课文围绕中心意思写了哪些事物。

2. 学生思考并讨论：第 2～4 自然段的顺序可否调换？为什么？

3. 通过师生读、小组合作读等方式，学生在朗读中理清课文结构，领悟“围绕中心意思写”的方法。

［设计意图］整合全文，总结文章写作特点，使学生对文章的结构以及“围绕中心意思写”的方法有较为全面的认识和理解。

四、总结收获，习得写法

1. 学生交流学完这篇课文的收获。

2. 习得写法。

(1) 学生练笔：夏天，你的周围还有哪些事物也在生长？模仿课文第 2 自然段，用自己的话写一写。

(2) 学生展示作品，师生共同评议。

［设计意图］总结收获后进行练笔，让学生学以致用。

【板书】

夏天里的成长

生物　迅速地长
事物　什么都在长
人　　用力成长
万物　迅速生长
(围绕中心意思从不同方面表达)

《盼》教学设计

【教学目标】

1. 能体会课文是如何选取事例，围绕中心意思写的。

2. 能感受课文是如何把心理活动写具体、写生动的，说出这样写的好处。

【教学重难点】

1. 能体会课文是如何围绕中心意思写的。

2. 能体会作者是如何把心理活动写具体、写生动的。

第一课时

【课时目标】

1. 会认、写本课生字。

2. 能体会课文是如何围绕中心意思写的。

【教学过程】

一、交流经历，激发兴趣

1. 学生交流自己曾经特别盼望做的一件事情。

2. 教师导入：童年时我们总是有许多盼望的事，盼穿新衣，盼买新玩具，盼过新年……著名作家铁凝童年时盼过什么呢？今天我们就将学习他的文章——《盼》。

3. 教师介绍铁凝。

［**设计意图**］通过话题交流导入新课，激活学生生活经验，引起学生情感的共鸣，拉近了学生与文本的距离，激发了学生对文本学习的积极性。

二、初读课文，整体梳理

1. 学生自由朗读课文，读准生字词，把课文读通顺。

2. 教师检查生字词掌握情况。

（1）学生学习新词。

（2）教师提醒学生“斗篷”“袖子”的第二个字均读轻声，“嘴唇”的“唇”读 chún，不读 chén。

（3）教师指导书写，重点指导：“疯”“唇”“篷”“酱”。

3. 学生再读课文，并思考：课文写“我”特别盼望什么？围绕“盼”写了哪些事？

4. 教师引导学生梳理课文。

（1）课文写“我”盼望下雨穿上新雨衣。

（2）围绕“盼”，作者写了盼的原因——得到新雨衣，盼的经过——盼穿新雨衣，盼的结果——穿上新雨衣这三件事。

(3) 本文以“新雨衣”贯穿全文。

[**设计意图**] 感知课文，梳理脉络，把握内容，培养学生提取信息和整体把握内容的能力。

三、研读重点，提取事例

1. 教师引导学生聚焦“盼穿新雨衣”。学生再次默读课文，找出课文哪几个自然段具体写了盼穿新雨衣的过程。

预设：课文第 3~19 自然段具体写了盼穿新雨衣的过程。

2. 教师引导学生整理“盼”的具体事例：有了新雨衣，作者是怎么重点写“我”盼的心理的？在盼穿新雨衣的过程中，作者又具体写了哪些事例？试着用关键词记录。

预设：放学下雨──→借故外出──→窗前看雨──→雨后看景。

3. 教师引导学生体验“盼”的心理：结合课文内容，说一说“我”的心理变化。

(1) 学生自读课文，整合信息，并与同桌交流。

(2) 教师引导学生注意联系课文内容，学生互相补充。

(3) 教师引导学生聚焦最后一次“盼”，思考并讨论：“我”是真的不再想下雨了吗？

(4) 教师小结：作者就是通过一件又一件事例，充分写出了“我”盼下雨的心情。

[**设计意图**] 利用思维导图，引导学生梳理课文的具体事例，再借助图示结合课文内容说一说“盼”的过程，产生“盼”的共情，体验作者用不同事例表达“盼”的精妙。

第二课时

【课时目标】

1. 能体会课文是如何具体写出“盼”的心情的。

2. 能感受课文是如何把心理活动写具体、写生动的，说出这样写的好处。

【教学过程】

一、细读课文，批注感受

1. 学生默读课文，看看作者如何具体写出“盼”的心情。学生边读边找出具体描写“盼”这一心理活动的“小事件”，并批注自己的感受。

2. 学生默读、批注。

［**设计意图**］在学生充分自读课文的基础上，留下自己思考的痕迹，培养学生的自主学习能力。

二、讨论交流，品味细节

（一）得到雨衣，盼变天的急切

1. 教师提示：你是从课文的哪些段落感受到“我”盼变天的急切的？（第1～3自然段）

2. 学生读一读写“我”的心理活动的句子。

3. 教师引导学生思考：从这一心理描写中，你体会到了什么？

（1）学生比较以下两个句子：你觉得哪个句子写得好？为什么？

“每天在放学的路上我都这样想：太阳把天烤得这样干，还能长云彩吗？为什么我一有了雨衣，天气预报总是‘晴’呢？”

“每天我都在盼望下雨穿上新雨衣。”

（2）教师引导学生体会细腻的心理描写比直接写出想法更生动，突出了“我”盼穿新雨衣的迫切心情。

4. 学生找出文段中描写动作的句子。

（1）学生朗读句子，体会心情。

“我一边想，一边在屋里走来走去，戴上雨帽，又抖抖袖子，把雨衣弄得窸窸窣窣响。”

（2）教师引导学生从一系列动作描写中，体会“我”对新雨衣的喜爱和盼穿新雨衣的急切心情。

5. 教师小结：作者通过人物的心理描写和动作描写来突出“我”盼的心情。

（二）下起雨来，盼出门的迫切。

1. 学生快速浏览第4～15自然段，找一找看到下雨时“我”有哪些反常的举动和想法。

（1）教师提示：“我”为什么这么做？

预设：通过“我”的反常举动和想法，写出“我”迫切想穿新雨衣的心情。

（2）教师提示：这一部分，作者除了运用动作描写和心理描写来表达

“我”的盼，还运用了什么描写方法来突出这一中心？

预设：语言描写。

2. 学生分角色朗读“我”和妈妈的对话，交流自己的体会。（第 5~15 自然段）

3. 教师小结：在这部分中，无论是动作描写、心理描写还是语言描写，所有的指向只有一个中心，那就是“盼”出门。

（三）看着雨景，盼穿雨衣的渴望

1. 学生朗读第 16~17 自然段。

教师提示：从这里的心理活动描写中，你感受到了什么？你觉得这样写有什么好处？

预设：“我”担心今天雨下完了明天就不下雨了，实际上“我”是担心愿望又落空。作者通过写“担心”，来表现“盼”这一心理。

2. 教师配乐朗读第 17 自然段，并提问：为什么普普通通的下雨场景在“我”的眼里如此富有诗意？作者仅仅是写雨后的景色吗？

预设：以景物描写衬托出“我”盼望雨点淋在新雨衣上。

3. 教师小结：除了心理活动描写能表现“我”盼的心情，景物描写同样能很好地衬托“我”盼穿新雨衣的急切心情。

（四）穿上雨衣的兴奋与喜悦

1. 学生朗读第 18~20 自然段。

(1) 教师引导学生抓住关键词句体会“我”的兴奋与喜悦。

(2) 学生讨论：雨点真会“起劲地跳跃”吗？作者为什么这样写？文中还有没有类似的句子？这些语句蕴含着什么样的情感？

2. 教师在课件上依次出示课文第 3、4、16、17 自然段，女生读写环境的句子，男生读写心理活动的句子。

3. 教师小结：作者在表达“盼”这一中心意思时，采用了心理、动作、语言、环境描写等多种描写手法。我们写作文时，也可以把自己想要表达的中心意思藏在这样的细节描写中，自然而然地表达，使文章具体生动。

［**设计意图**］抓住“盼”，引导学生关注对“我”的心理活动的描写，其最终目的是指向“盼”这一中心，教学目的明确，通过感悟、比较句子，体会围绕中心意思进行具体描写的好处，从而加深理解，逐步习得写作方法。

三、回归全文，归纳写法

1. 学生回顾课文紧紧围绕“盼”依次写了几件事。

预设：得到雨衣、盼穿雨衣、穿上雨衣三件事。

2. 学生思考并交流：作者把哪个部分写得最具体？为什么？

预设："盼穿雨衣"部分的几个"小事件"——放学下雨、借故外出，最能突出中心意思。

3. 教师小结：我们在选择事例时，要注意详略得当，应把自己亲身经历的、印象最深的、最能突出中心意思的重要部分写具体。

［**设计意图**］回归整体，归纳写法，进一步领悟围绕中心意思把重要部分写具体的方法。

【板书】

盼
- 得到
- 盼　　盼穿　放学下雨　借故外出　窗前看雨　雨后看景
- 穿上
- 围绕中心意思，选择不同事例，把重要部分写具体

交流平台与初试身手

【教学目标】

1. 结合课文内容，交流围绕中心意思选择材料并将重要部分写具体的方法。

2. 能围绕中心意思，从不同方面表达或选择不同事例作为材料。

【教学重难点】

能围绕中心意思，从不同方面表达或选择不同事例作为材料。

【教学过程】

一、交流平台，梳理归纳

1. 教师导入：同学们，梁朝萧统说"以立意为宗，不以能文为本"。他说的这句话是什么意思呢？这句话告诉我们写文章必须先确立中心意思。今天我们就以"围绕中心意思来表达"这个话题进行交流。

2. 学生默读"交流平台"内容，想想围绕中心意思表达要注意哪几点，并勾画重点句子。

3. 教师引导学生复习梳理，总结方法。

(1) 学生回顾《夏天里的成长》和《盼》两篇课文的中心意思。

(2) 小组交流：你觉得课文中哪些事例写得具体，给你留下了深刻印象？

(3) 教师小结：写文章要先确立中心意思；围绕中心意思从不同的方面表达或者选取不同的事例来写；表达时要将重要的部分写详细、写具体。

[**设计意图**] 由古代文人的话引入文章"立意"的话题，开门见山，直入主题。通过回顾课文，梳理、总结本单元的写作方法。

二、初试身手，指导选材

1. 教师指导选材。

(1) 教师过渡：人们常说"写作文，三分在技巧，七分在选材"。那么，我们该如何围绕中心意思选材呢？

(2) 学生交流反馈，总结方法。

2. 学生围绕中心意思选择材料。

(1) 学生自主完成"初试身手"第一题。

(2) 师生交流：你勾选了哪些材料？理由是什么？

3. 教师指导学生根据题目《戏迷爷爷》选择相关的材料，突出爷爷对戏剧的入迷。

4. 教师指导学生整理材料，并提示学生

从不同方面、选择不同事例表现"戏迷爷爷"这一中心意思会使表达更有条理。

5. 学生读一读没有勾选的材料，说一说这些材料可以用来说明什么。

[**设计意图**] 通过对选材的指导，对材料进行辨析、选择、梳理，使学生一步步明确怎样围绕一个中心意思选择恰当的材料。

三、抓住中心，拟写提纲

1. 学生围绕中心意思拟写提纲。

(1) 学生阅读"初试身手"第二题，选择一个题目并拟写提纲，说说可以选择哪些事例或从哪些方面来写。

好斗的公鸡　都是淘气惹的祸　闲不住的奶奶

忙碌的早晨　欢声笑语满校园　那些温暖的时光

题目 ＿＿＿＿	材料一
	材料二
	材料三
	材料四

（2）小组交流评价，教师巡视指导。

2. 教师小结：要围绕中心意思，选择合适的材料，确定重点材料。

3. 根据反馈要求，学生与同桌合作，再次修改提纲。

［**设计意图**］学生自主拟写提纲，从辨析、选择到自主拟写再到展示、评价、修改，逐步提高要求，达成本课教学目标，培养学生的构思能力。

四、发现联系，整合资源

1. 教师引导学生发现联系。

（1）学生再看题目，然后联系本单元习作提供的汉字，想想某些题目和部分汉字之间是否有相同之处。

（2）学生交流。

都是淘气惹的祸——泪、悔　忙碌的早晨——忙

欢声笑语满校园——乐　　那些温暖的时光——暖

2. 教师小结：同学们，这节课我们围绕中心意思选择的材料可以作为下节习作课上的素材，如果你觉得材料还不够完善，我们可以课后继续围绕中心意思整理和完善材料。

［**设计意图**］把本次练习的关键词与本单元习作提供的汉字进行整合，鼓励学生继续完善选材，为下节习作课准备好资源。

【板书】

交流平台与初试身手

围绕中心意思选择恰当的材料

△　　　　　△

主题事例　重点要具体

习作例文

【教学目标】

自主阅读习作例文，了解作者围绕中心意思选择了哪些材料，是怎样把重点部分写具体的。

【教学重难点】

能提取习作例文的中心意思，并能说明作者从哪些不同方面或不同事例来编排材料。

【教学过程】

一、导入新课，复习巩固

1. 教师导入新课，板书课题。

2. 师生共同回顾总结，交流感知。

（1）学生回顾围绕中心意思“盼”，《盼》写了哪几件事，以及作者把哪个事例写得最具体。

（2）教师小结：围绕中心意思，可以选择不同的事例来写，把重要的部分写具体，这样才能给读者留下深刻的印象。

[设计意图] 回顾本单元的学习内容，提炼、梳理写作方法，巩固语文要素，为习作课打下基础。

二、借助例文，学习方法

1. 学生学习例文《爸爸的计划》，并思考：这篇短文的主要内容是什么？文章主要讲了哪几方面的内容？

2. 学生交流。

3. 师生交流：哪一个事例写得最具体？作者为什么这样处理？

4. 学生分享读了《爸爸的计划》的收获。

[设计意图] 学生能读懂例文，提取中心意思，知道如何围绕中心意思从不同方面或者选取不同事例来表达。

三、自学例文，巩固方法

1. 学生自主阅读例文《小站》，结合批注，思考文章的中心意思。

2. 小组交流：可以从哪些语句中看出小站的“小”？最后两段没有再写小站的“小”，这在表达上有什么作用？课文最后的“温暖的春意”如何理解？

3. 学生交流例文在选材上的特点。

4. 教师小结：例文从不同的角度来介绍小站的“小”。我们在选材时也可以从多个方面入手来突出中心意思。

［**设计意图**］采用自学的方式学习例文《小站》，学习作者围绕中心意思从不同角度选材的方法，再一次巩固语文要素，为习作打下坚实的基础。

【板书】

习作例文
不同角度选材
重要部分具体
写出独特感受

习作：围绕中心意思写

【教学目标】

1. 能围绕一个中心意思选择不同的事例或从不同的方面写，能将重要的部分写详细、写具体。

2. 与同伴交换阅读习作，看是否表达清楚，相互修改。

【教学重难点】

能围绕一个中心意思选择不同的事例或从不同的方面写，能将重要的部分写详细、写具体。

【教学过程】

一、复习巩固，总结要点

1. 教师引导学生回顾本单元的四篇课文是如何围绕中心意思选择材料的。

2. 学生交流。

［**设计意图**］对本单元的课文进行回顾，总结梳理写作方法，再次巩固语文要素。

二、选定中心，确定主题

1. 教师导入：同学们，这次的习作内容是选择一个你感受最深的汉字并写一篇习作。可以从下面的字里选，也可以选择其他的字。可以写生活中发生过的事情，也可以写想象故事。

2. 学生和同桌相互说说自己选择的字和对这个字的理解。

预设：

主题：甜

甜	材料一　学习上取得成功
	材料二　学会了一项新的技能
	材料三　在家里为家长准备了一顿午餐，受到家长的赞扬
	材料四　通过努力完成了一个小制作，感受到成功的喜悦
	材料五　周末家人在户外郊游

主题：泪

泪（伤心的泪）	材料一　在一次考试时粗心大意考砸了
	材料二　被别人冤枉，受了委屈
泪（开心的泪）	材料三　大家齐心协力、团结协作，在学校足球比赛上取得了好成绩
	材料四　和朋友消除误会，和好如初，流下了开心的泪

3. 除了教材里给出的词语外，学生还可以选择自己感兴趣的汉字，如“笑”“气”“哭”等。

4. 学生再读本次习作的要求，并与同桌交流，你准备写真实发生的事还是想象故事。

［**设计意图**］充分理解本次习作要求，多角度审题，丰富学生的思维，为个性化选材做准备。

三、精心选材，拟订提纲

1. 教师引导学生将上面的这些汉字与“初试身手”里的题材联系。

2. 教师指导选材，引导学生思考：以“变”字为中心，你想到了什么场景或者事例？也可以进行适当的想象，让故事情节更生动。

3. 学生交流。

预设：

主题：变

变	材料一	安岳社区进行老小区改造，通过政府的努力，小区环境变好了
	材料二	通过大家的帮助，班级后进生 X 同学的学习习惯发生了极大的转变
	材料三	校园内花坛一角一年四季的变化

4. 学生写提纲，教师相机指导。教师随机选择一个同学的提纲，师生共同评议。

评议：根据学生选的汉字、确定的中心，以及拟定的 5 个场景，看看是否符合中心，在几个场景中哪些场景最能突出中心。

［**设计意图**］以“变”为主题，指导学生联系生活选择不同类型的场景，为习作积累素材。

四、精心构思，完成习作

1. 学生根据自己的提纲，说说哪一件事最能突出中心，以及准备把哪一件事写具体。

2. 教师根据学生的交流进行指导。

3. 学生再次回顾习作要求。

4. 学生习作，教师巡视并相机指导。

［**设计意图**］通过共同选定的一个议题“变”，选定不同的材料来表达，给学生打开了审题选材的思路，为学生搭建习作的框架，降低学生的畏难情绪。

五、习作分享，交流评改

1. 教师指名学生朗读习作，其他同学根据习作要求进行评议。

评议：

(1) 这篇习作的题目是什么？

(2) 你是从哪些事例猜想出来的？

(3) 哪个事例最能突出中心？

(4) 感受最深的部分是否写具体了？

2. 根据大家的评议，学生对习作进行修改。

3. 教师展示修改后的习作，大家再评议。

4. 教师小结：这节课，我们根据课文习得经验，知道了如何围绕中心意思，从不同方面或者选择不同的事例来写，以及如何把重点部分写具体。

［**设计意图**］习作修改分步落实，先集体评议一篇文章，给大家修改的方向，明白如何进行修改，再由小组合作修改，最后呈现一篇修改好的习作进行展示，检测修改效果。

【板书】

围绕中心意思写
不同事例
不同方面
重要部分写具体

教学反思

本次习作单元的主题是“围绕中心意思写”，让学生通过学习，能选择一个感受最深的汉字，确定本次习作的中心意思。为了能够达到此次学习目标，需要在教学时层层落实语文要素。

依托例文落实要素。《夏天里的成长》主要抓住从不同方面来写，《盼》则引导学生体会作者感受最深的地方，学会把内容写得生动具体。

整合资源能力训练。利用“交流平台”和“初试身手”为训练点，再次回顾本单元的知识点。“初试身手”指导学生从不同方面进行选材，打开了学生的思维，为他们进行高质量的习作提供了基础。

习作教学指导落实。在充分获得知识的基础上，进行有效的书面表达，在学生习作时没有完全放手让学生自己写，而是从审题到写提纲再到修改都进行了细致有效的指导，有效地降低了习作难度。

在单元教学中，注重版块之间的内在联系，根据学情，构建了完整的思维体系。教学中，方法灵活，注重培养学生的思维，在轻松愉悦的氛围中有效地达成了本单元教学任务。

资阳市安岳县岳阳镇小学　谢　敏
宜宾市筠连县胜利街小学　张明秋

让真情自然流露

——统编版语文教材六年级下册第三单元整组教学设计

单元主题

让真情自然流露。

教材分析

本单元围绕“让真情自然流露”这个主题，仍然依据统编版教材“阅读与写作并重”的特点，精心编排。从三、四年级“把事情写清楚”，到五年级“在写清楚的基础上，把事情重点部分写具体”，再到六年级“围绕中心意思写清楚、写具体，写出真情实感”，我们体会到统编版教材习作训练“以生为本，顺学而教”的编排体例，遵循了小学阶段习作训练的整体性、阶段性和连续性。

本单元是小学阶段最后一个习作单元，习作要求是：围绕中心意思，抓住重点部分，写出特点，表达真情实感。“让真情自然流露”既是小学阶段写事习作的最高终结，也是衔接初中写作的起点。可见，本单元在学段衔接上承上启下，因此完成好本单元教学极其重要。

本单元的语文要素是“体会文章是怎样表达情感的”，引导学生学习表达真情实感的方法。“精读课文”重在引导学生从阅读中体会情感表达的方法：《匆匆》一文，直接抒发对时光飞逝的惋惜和感叹；《那个星期天》则把细腻、丰富的情感融入具体的人、事、景物中，通过细致的叙述，随着“我”从盼望到失望的心理变化，让情感真实自然地流露。“交流平台”梳理总结两篇精读课文表达情感的方法，引导学生尝试运用这些方法表达自己的情感。“初试身手”让学生尝试运用学到的写作方法进行表达，是学生对本单元写作方法的初步运用。“习作例文”中《别了，语文课》《阳光的两种用法》为学生提供习作范例。“单元习作”引导学生运用学到的习作方法，选择合适的内容，结合生活中印象深刻的经历，写出自己的感受，进一步体会怎样真实、自然地表达自己的情感。

学情分析

六年级学生思维活跃，求知欲强，有自己独到的见解，善于表达自己内心真实的感受。

从习作知识的习得和技能上看，大多数学生对语文学习兴趣浓厚，已经习得一定的语言表达基本范式，且逻辑较清楚，语言较流畅，善于抓住重点部分，运用语言、动作、心理等细节描写，能基本把事情写清楚、写具体。同时，较强的阅读分析能力和大量的语言积累，也为流畅的书面表达，真实、自然地表达情感提供了可能。

但是，还是有部分学生的语文学习能力较弱，难以综合运用多种方法把事情重点部分写具体，本次学习“让真情自然流露”也将是他们的难点。

因此，在这一单元的教学中，要依托教材，关注教材之间的联系，设定契合学生实际的教学目标，顺学而教，努力创设适合学生的教学场景，通过自主、合作、交流的学习方式体会作者表情达意的方法，并能适当运用到自己的习作当中。

单元教学目标

1. 会写 19 个字，会写 29 个词语。
2. 了解课文内容，体会作者表达的情感。
3. 能联系课文内容，感悟作者表达情感的方法及效果。
4. 能选择一两个情境，把情感融入景物写几句话。
5. 能真实、自然地表达自己的情感，把内容写具体。

单元教学重点

1. 通过朗读、默读等方式反复读课文，体会文章表达的情感。
2. 通过自主、合作、交流的学习方式体会作者表情达意的方法，并能适当运用到自己的习作当中。

单元教学难点

学习作者描写时间流逝运用的多种方法，能说出自己对“时间之流”的感触，仿照第 3 自然段，用一段话把感触写下来。

单元教学策略

1. 通过朗读、默读等方式反复读课文，体会文章表达的情感。朱自清在《匆匆》一文中对时光流逝的感叹，感人至深；史铁生在《那个星期天》中用细腻生动的语言回忆等待过程中心情的起伏变化，令人动容；《别了，语文课》中少年对祖国、对母语的深深眷恋打动人心；《阳光的两种用法》一文中肖复兴用质朴的语言、朴实的事例表达对母爱的深深感恩，深情溢于言表。教学时应给学生足够的时间进行多种形式的阅读，理解课文，感悟文章是怎样表达真情实感的。

2. 通过自主、合作、交流的学习方式体会作者表情达意的方法，并能适当运用到自己的习作当中。每篇课文的作者都表达了对人生、对生活、对人事的不同情感，写出了自己独特的感受。教学中，要抓住这一重点，引导学生深入字里行间，结合“交流平台”提炼文章的写作方法和表达方式，并结合课堂练笔及时运用，为习作积累语言和写作方法，达到水到渠成的效果。

单元教学课时及意图

内容	课时	意图
《匆匆》	2	通过关键语段，体会情感，感悟情感表达的方法；尝试用融情于景的方法进行仿写练习；比较两篇文章情感表达方法的相同与不同
《那个星期天》	2	
交流平台、初试身手	1	总结交流情感表达的两种方法；尝试运用融情于景的表达方法进行练写
习作例文、习作：让真情自然流露	2	结合习作例文的旁批，学习从不同角度表达真情实感；根据选择的习作内容，真实、自然地表达情感

《匆匆》教学设计

【教学目标】

1. 自主学习字词，会认会写本课生字，理解字义，识记字形。正确读写“溜去、挪移、旋转、凝然、空虚、叹息、徘徊、薄雾”等词语。

2. 有感情地朗读课文，背诵课文。

3. 体会课文中两处串问句表达情感的方法及其表达效果。

4. 学习第3自然段融情于景的方法，仿写一段话。

【教学重难点】

1. 有感情地朗读课文，感受语言的优美，积累语言。
2. 体会作者表达的感情，以及这样表达的好处。

第一课时

【课时目标】

1. 自主学习字词，会认会写本课生字，正确读写生词。
2. 了解文章大意，正确流利地朗读课文并背诵。

【教学过程】

一、问题导入，引发思考

教师导入：如果一个人活到80岁，能有多少天？现在已经过了多少天？通过计算，你有什么感受？

［**设计意图**］用问题引发对时间的思考，感受时间匆匆，为后续学习定下情感基调。

二、检查预习，初知大意

1. 小组交流：字词学习，学写“蒸”字。
2. 学生借助关键词语概括文章大意。

三、初读课文，把握内容

1. 学生初读课文，用简单的语句试着概括每一段的主要内容。
2. 学生说一说作者通过文章想要告诉我们什么信息。

预设：告诉读者时间飞逝，我们要珍惜时间，有所作为。

四、认识作者，加深体会

1. 教师出示作者简介，加深学生的感受。
2. 教师小结：我们也应该做珍惜时间的人，体会作者当时的心情和感受。

［**设计意图**］本文的课后习题中有背诵课文的要求。教师要从关注过程、教授方法、培养语感入手，让学生在课堂上掌握背诵的方法，积累优美的语言。

五、回顾总结，布置作业

1. 学生背诵课文。
2. 学生积累与时间有关的诗词名言。

第二课时

【课时目标】

1. 体会课文中两处串问句表达情感的方法及效果，有感情地朗读课文。
2. 学习第 3 自然段融情于景的方法，仿写一段话。

【教学过程】

一、自读批注，发现语言表达特点

1. 学生说一说透过《匆匆》的文字读到了作者怎样的情感。
2. 学生默读批注，并思考这篇文章在语言表达上有什么特别之处。

预设：《匆匆》这篇散文以抒情为主，一连串的问题和让抽象的时间具体化、形象化是其表达上最鲜明的特点，让读者真切感受作者对时间的感慨。

［**设计意图**］学生找到这篇文章的语言特点，初步感受作者表达情感的方法。

二、品读串问，感悟直接表达情感的方法

（一）聚焦第 1 自然段的串问

1. 学生默读第 1 自然段，勾画问句。
2. 教师引导学生思考这些问句有何特点？
3. 学生以“开火车”的方式读串问。

（二）聚焦第 4 自然段的串问

1. 学生第 4 自然段和第 1 自然段在表达上的相似之处。
2. 学生读两个自然段，交流使用串问的好处。

［**设计意图**］发现串问的特点，通过朗读感受作者用直接、连续的问题抒发情感的方法，体会串问文气顺畅、情感喷薄、畅快直接的表达效果。

三、仿写练笔，感悟将情感融于景物的方法

1. 学生默读第 2～3 自然段，说说还能从哪里感受到作者浓烈的情感。

2. 教师引导学生思考作者的情感藏在哪些事物中。

3. 学生仿照课文第 3 自然段，写一写自己的感触。

[**设计意图**] 在充分感悟将情感融入景物描写的方法后，链接学生生活，并尝试运用方法抒发自己的情感，反思自己的生活。

四、拓展延伸，加深感受

1. 教师出示评论朱自清的资料摘录。

2. 教师与学生分享朱自清对写文章的看法。

3. 学生有感情地朗读并背诵全文。

[**设计意图**] 让学生多角度体会情感表达的方法和要义。

五、分层作业，课外延伸

1. 教师推荐《朱自清散文选》中的《春》《荷塘月色》《背影》等文章，要求学生认真去读。

2. 教师推荐学生阅读林清玄的《和时间赛跑》。

3. 学生也可以自己搜集资料，写《我所了解的朱自清》。

[**设计意图**] 学生运用语言，深刻体会写文章即真情从笔尖流露。

【板书】

匆匆

时间匆匆飞逝

无奈、惋惜、感慨

珍惜时间

《那个星期天》教学设计

【教学目标】

1. 自主学习字词，会认会写“媚、蚁、叨”等生字，理解字义，识记字形，正确读写“明媚、蚁穴、念念叨叨、原谅、耽搁、揉动、绽开、搓衣服、惊惶、依偎”等词语。

2. 默读课文，了解“我”心情变化的过程，体会在具体叙述和细致描写中真实、自然地表达细腻情感的方法。

3. 比较《匆匆》和《那个星期天》在表达情感方式上的异同。

【教学重难点】

体会这一天里“我”心情的变化，学习作者在具体叙述中真实、自然地表达内心感受的写作方法。

第一课时

【课时目标】

1. 自主学习字词，正确读写生词。
2. 默读课文，了解“我”心情变化的过程。

【教学过程】

一、导入新课

教师导入：同学们，你们有等待去做某件事或一件事迟迟不能实现的经历吗？说一说当时的情况。

二、预习查评

1. 教师检查预习学案的完成情况。
2. 检查学生对字词的掌握情况。
(1) 学生朗读课文。
(2) 教师解释相关词语的意思。
3. 教师介绍作者。

三、初读感悟

1. 学生朗读课文，教师引导学生将课文分成三部分，并概括每一部分的主要内容。

预设：

第一部分（第 1 自然段）：开篇点题，那个星期天有“我”的第一次盼望。

第二部分（第 2~6 自然段）：在母亲一次次爽约下，“我”的希望逐渐落空的心理变化过程。

第三部分（第 7 自然段）：“我”在希望落空后倍感伤心以及母亲对“我”的安慰。

2. 学生用自己的话概述这篇文章的主要内容。

四、了解心理变化

1. 学生自读课文，勾画表达心情的关键语句，并与同学交流“我”的心理有哪些变化。

2. 学生以小组为单位交流读后的收获，教师巡视指导。

3. 小组推荐一名同学汇报交流的结果，其他同学进行补充。

4. 教师小结：本文写了“我”等待的过程，在这一天里“我”心情的变化是“兴奋期待—耐心等待—焦急无奈—失望委屈”。

［设计意图］理解“我”的心情是随着时间的推移而变化的，引导学生将“我”心情的变化与这一天里时间的推移结合起来体会，更全面、准确地把握课文主要内容。

五、课堂小结，布置作业

1. 教师小结：通过本节课的学习，我们了解了课文的主要内容，理清了“我”心情的变化。作者是如何在具体叙述中真实、自然地表达内心感受的？下节课我们将继续学习。

2. 教师布置作业。

［设计意图］总结全文，巩固知识，激发学生继续学习探究的兴趣。

第二课时

【课时目标】

1. 品读句段，体会在具体叙述和细致描写中真实、自然地表达情感的方法。

2. 比较阅读，体会表达情感方式上的异同。

【教学过程】

一、回顾旧知，导入新课

教师导入：上节课，我们一起感受了“我”在等待中的心路历程，请一位同学回顾一下，“我”的心情有怎样的变化？

二、品读句段，感悟写法

（一）品读第 4 自然段，体会用具体事例表达情感的方法

1. 学生阅读第 4 自然段，并思考：这段话主要讲了什么？作者是怎样表

达的？

2. 教师引导学生通过图文对照找出四个事例。

3. 学生观察人物神情，体会人物心情。

4. 学生朗读四个事例，体会作者焦急的延续和加深。

（二）品读第 5、6 自然段，体会通过内心独白表达情感的方法

1. 学生朗读第 5 自然段，勾画内心独白的语句。

2. 教师引导学生发现内心独白表达的特点：在心里默默说，与口头说出来的话交织在一起，没有引号。

3. 学生朗读语段，体会内心独白的表达效果。

4. 学生勾画第 6 自然段中内心独白的语句。

5. 学生朗读两段话中内心独白的语句，体会“我”的着急、不耐烦、懊恼。

6. 教师引导学生体会使用内心独白的好处。

（三）品读第 6、7 自然段，体会融情于景的表达方法

1. 教师出示相关语句。

“看着盆里揉动的衣服和绽开的泡沫，我感觉到周围的光线渐渐暗下去……越来越缥缈……”

教师引导学生体会此句明写环境，写出光线变暗和时间的推移，实际上想表达“我”的希望渐渐如“光线”黯然，如“泡沫”破灭。

2. 学生交流其他融情于景的语句，重点体会以下两句。

“我现在还能感觉到那光线漫长而急遽的变化……那声音永无休止就像时光的脚步。”

“闭上眼睛不再看太阳，光线正无可挽回地消逝，一派荒凉。”

（四）再读第 6 自然段，体会如何综合运用多种方法进行表达

1. 学生自读并批注这一段用了哪几种表达情感的方法。

2. 全班交流。

3. 教师小结：通过人物的动作、内心独白、具体景物将情感真实自然地表达出来，含蓄而动人。

［**设计意图**］紧扣习作单元的教学目标，把学习的重点放在对情感表达方法的理解和领悟上，在提升阅读理解能力的同时，注重引导学习表达。

三、比较阅读，方法提炼

（一）比较异同

1. 学生思考《匆匆》和《那个星期天》在表达感情方式上的相同点和不同点，并试着完成学习单。

2. 学生快速默读这两篇课文，自主完成表格。

3. 小组合作交流，结合课文中的关键语句谈谈感受。

4. 全班交流。

预设：

（1）相同点是在情感上都表达出了对时光易逝的无奈、惋惜、惆怅。

（2）不同点是表达方式的不同，《匆匆》通过运用设问、排比、比喻、拟人等修辞手法表达对时光飞逝的惋惜和感叹。《那个星期天》则是以一系列细致的动作、心理、环境描写再现作者情感的变化。

（二）交流提炼

1. 教师导入：南朝刘勰在《文心雕龙》中说“岁有其物，物有其容；情以物迁，辞以情发”，意思大致是一年四季有不同的景物，这些不同的景物表现出不同的形貌；人的感情跟随景物而变化，文章便是这些感情的抒发。写文章就像说话一样，要抒发自己的真实情感。

2. 学生读“交流平台”中的内容，勾画表达真情实感的方法。

3. 全班汇报交流。

预设：

（1）把情感融入具体的人、事或者景物之中，在叙述中流露情感。

（2）把心里想说的话直接写出来，抒发情感。

（三）总结升华

教师小结：通过对课文的学习，我们了解了表达感情的方法有很多，融情于景，借景抒情，叙事抒情，甚至直接写内心独白，都能帮助我们更好地抒发真情实感。

［**设计意图**］整合“交流平台”，梳理表达情感的方法。

【板书】

那个星期天

具体事例　内心独白　融情于景

情以物迁　辞以情发

初试身手

【教学目标】

选择情境，把情感融入景物写几句话或一段话。

【教学重难点】

不直接表达情感，要把情感融入景物中表达。

【教学过程】

一、阅读例子

1. 学生读“初试身手”中的两段例文，并用关键词批注作者的心情。

2. 学生勾画体现作者心情的词句。

3. 学生用横线勾画出两段例文中描写的景物。

预设：

例文一：勾画出“花儿”“鸟儿”“树叶”。

例文二：勾画出“花儿”“小鸟”。

4. 教师小结：同样是写路旁的花儿、树上的小鸟，作者心情不同，对事物的感受也不同。通过借助景物来抒发情感的写作手法就是借景抒情。

二、情境练笔

1. 学生从下面选择一两个情境，或是自己熟悉的情境，就心情“好”与“不好”两种状态，写几句话来表达情感。

情境：走在小巷里，奔跑在田野中，弹琴，钓鱼。

2. 学生自由练写。

三、讲评诊断

1. 学生朗读自己的练笔，师生共同评议，注意景物是否和心情紧密关联。

2. 学生读同一情境的不同文段，教师讲评。

3. 学生自主修改。

4. 教师选择学生的优秀文段为范文，其他学生再次体会评价。

［**设计意图**］通过范例引路，练笔诊断，指导学生学习把情感融入景物的

具体方法，为后续作文打下基础。

四、课堂总结

教师小结：人的心情不同，对人、事、物的感受也不同，对景物的描写旨在表达情感，而非单纯写景，我们也可以把这种方法运用到平时的习作中。

【板书】

真情实感
- 心情好：花儿微笑、鸟儿欢唱
- 心情不好：花儿无精打采、鸟儿讥笑

融情于景

习作例文与习作：让真情自然流露

【教学目标】

1. 阅读习作例文，体会文章是怎样表达情感的，领悟作者选择合适的内容写出真情实感的方法。

2. 选择自己印象最深刻的内容并写下来，真实地表达自己的情感。

3. 同桌评议，修改习作。

【教学重难点】

习作中能把印象深刻的内容写具体，真实自然地表达情感，如果情感有所变化，也能把变化写清楚。

第一课时

【课时目标】

1. 阅读习作例文，体会文章是怎样表达情感的，总结作者选择合适内容写出真情实感的方法。

2. 以情感引发记忆，回顾相关事件，运用所学方法写出真情实感。

【教学过程】

一、激趣导入，预备素材

1. 教师组织学生做击鼓传花游戏。第一轮，鼓停时拿到花的学生表演节目；第二轮，鼓停时拿到花的学生抽奖。学生分别说说在两轮游戏中自己是怎么做的，怎么想的。

2. 学生分享除了兴奋、紧张、害怕等情感，自己还有过哪些情感体验。

3. 教师小结：生活中经历的一切，都会带给我们各种各样的情感体验。如果我们善于捕捉内心情感的变化，选择合适的内容和方法把情感真实、自然地表达出来，就能让真情自然流露。

二、小组交流，诉说感受

1. 小组交流：你有过哪些印象深刻的感受？什么使你产生了这样的感受？

2. 学生先回顾事情的经过，回忆当时的心情，在小组内交流自己的感受。

三、学习例文，习得方法

1. 学生默读例文《别了，语文课》，关注文章旁的批注，边读边思考："我"对学习语文的情感和态度发生了怎样的变化？作者是怎样表达的？

2. 学生交流。

3. 学生有感情地朗读《阳光的两种用法》，边读边思考：阳光有哪两种用法？从两家人的生活中，你体会到了怎样的情感？作者是怎样把这种情感表达出来的呢？

4. 教师小结：当我们把情感融入具体的人、事之中，看似平淡的叙述流露出的是柔软绵长、感人至深的真情实感。

［**设计意图**］引导学生学习例文《阳光的两种用法》，把重点放在学习作者是如何选择合适的内容写出真情实感的。两篇例文教学的侧重点不同，学生习得的方法也不同。

四、揭示主题，学生习作

1. 学生回顾事情经过，写出提纲，理清事情的起因、经过、结果。

2. 学生回顾事件中印象最深刻的内容，并简要概述。

3. 学生回顾《阳光的两种用法》里毕大妈给孩子洗澡的场景，品读场景中的细节。

4. 教师引导学生思考：你想通过印象最深刻的部分表达什么情感？当时是什么样的场景？可以通过哪些细节表达你的情感？

5. 学生完善提纲，开始写作。

［**设计意图**］以情感引发记忆，指导学生写出事件中印象最深的场景及细节，综合运用多种情感表达方法抒发情感。

第二课时

【课时目标】

明确习作评价要求，完成习作评议修改。

【教学过程】

一、回顾要求，导入课堂

1. 教师导入：我们已经根据这次习作的要求完成了作文。这节课，我们将互相欣赏、评改彼此的习作。

2. 学生回顾本次习作的要求。

二、欣赏佳作，评议修改

1. 优秀习作者上台朗读习作，并投影展示。

2. 同学观看、聆听并思考：作者主要写了一种什么感受？有没有选择合适的方法和内容来表达情感？

3. 学生评析。

（1）你觉得这篇文章写清楚了作者当时的感受吗？

（2）作者运用了哪些写作方法来表达情感？

（3）作者选择了哪些合适的内容来抒发情感？

（4）文章还有什么值得改进的地方，请提出合理的建议。

4. 学生互评互改。

（1）学生结合讲评，自评自改。

（2）同桌互相修改，互相欣赏。

［**设计意图**］欣赏学生习作中的精彩片段，进一步强化写好这篇作文的方法，也让更多的学生体验写作的乐趣，激发他们抒发真情实感的愿望。

三、工整书写，誊抄作文

学生将这篇习作工工整整地写在作文本上，可以投寄给班刊或其他刊物，体验成功的喜悦，与更多人分享自己的真情实感。

四、激情鼓励，课堂总结

教师小结：对于真情，我们要用真心去体会，用语言去描摹，用技巧去渲染，用构思去完善。这样才能写出真挚、感人的好文章。

【板书】

让真情自然流露
- 例文引路
- 习作分享
- 亮点欣赏

教学反思

写作是运用语言文字进行表达和交流的重要方式。写作能力是语文综合素养的体现。《课标》在总目标中对写作提出要求：能具体明确，文从字顺地表达自己的意思，能根据日常生活需要，运用常见的表达方式写作。在引导学生写出真情实感时要注意以下几点。

注重激发情感，突出主体体验是诱发学生写出真情实感的前提。在课堂中以游戏导入，激发学生的情感体验，再让他们联系生活回顾情感体验，学生的写作兴趣就浓厚了很多。

真情交流，感悟自我是燃起学生写出真情实感的火花。

学生的表现欲、求知欲都很强，教师要合理引导，让学生将语言和思维结合起来。采用小组合作、交流的方法，让每个学生自由地表达，体验到被聆听的乐趣，这样才能让每个学生都有话可说，有情可抒。

借助习作例文，融会贯通是学生写出真情实感的保障。

教师在进行作文教学时，应当巧妙地运用例文教给学生的方法，结合“交流平台”与“初试身手”的内容，指导学生获得更加丰富的写作素材，有利于学生在习作中写出真情实感。

内江市威远县严陵镇中心校　李　燕
四川大学附属实验小学　贺　婧　殷秀娟

"走向真实成长"四川大学附属实验小学集团
教育实践成果系列丛书

情智共生 点亮习作课堂

——小学中高段"随文微写"实践研究

顾　问：刘　晏
主　编：贺　婧　邓　茜　杨　娟
副主编：周　丹　张　兰　李　燕
编　委（排名不分先后）：
杨　璐　岳小兰　殷秀娟　陈春鸿　杨慧颖
郑卓立　张晓姝　谢　敏　陈方英　潘佳丽
张明秋　何东蔺　左　兰　高昌杰

四川大学出版社
SICHUAN UNIVERSITY PRESS

图书在版编目（CIP）数据

情智共生　点亮习作课堂 . 小学中高段“随文微写”实践研究 / 贺婧，杨娟，邓茜主编 . — 成都 : 四川大学出版社，2022.6（2024.6 重印）

ISBN 978-7-5690-5179-7

Ⅰ . ①情… Ⅱ . ①贺… ②杨… ③邓… Ⅲ . ①作文课—课堂教学—教学研究—小学 Ⅳ . ① G623.242

中国版本图书馆 CIP 数据核字 (2022) 第 112254 号

书　　名：情智共生 点亮习作课堂：小学中高段“随文微写”实践研究

Qingzhi Gongsheng Dianliang Xizuo Ketang: Xiaoxue Zhonggaoduan “Suiwen Weixie” Shijian Yanjiu

主　　编：贺　婧　杨　娟　邓　茜

选题策划：唐　飞　王心怡

责任编辑：王心怡

责任校对：荆　菁

装帧设计：墨创文化

责任印制：王　炜

封面题词：林发云

出版发行：四川大学出版社有限责任公司

地址：成都市一环路南一段 24 号（610065）

电话：（028）85408311（发行部）、85400276（总编室）

电子邮箱：scupress@vip.163.com

网址：https://press.scu.edu.cn

印前制作：四川胜翔数码印务设计有限公司

印刷装订：永清县晔盛亚胶印有限公司

成品尺寸：170mm×240mm

本册印张：10

总 印 张：20.75

本册字数：186 千字

总 字 数：387 千字

版　　次：2022 年 7 月 第 1 版

印　　次：2024 年 6 月 第 2 次印刷

定　　价：88.00 元（全 2 册）

本社图书如有印装质量问题，请联系发行部调换

四川大学出版社
微信公众号

真实成长

初识贺婧老师，是 2006 年，当时她刚调入四川大学附属实验小学（简称“附小”）集团，后因工作需要，一直在附小本部工作至今。一晃，16 年过去了，在这 16 年中，我有幸见证贺婧老师在附小经历适应、发展、成长和思考等多个发展阶段，在教育和教学上逐渐走向成熟，走向高远。2019 年 12 月，武侯区贺婧名师工作室成立，则是对她成熟和高度的一种认可。工作室共计 18 名成员，来自省内 8 所学校，其中，成熟型教师 6 名，青年教师 12 名，贺婧老师自然成为领路人。

“真实成长”和“情智课堂”是近 5 年来附小教育所主张的两个重要命题，在持续 4 年的深入研究和思考中，我们形成了“真实成长”的关键表述：儿童在生活情境中，顺应身心发展规律，在个性化和社会化的有机契合中，通过德智体美劳的全面发展、心智情意志的充分发展，以及好奇心、生活力、创造力的自由发展，成为美好世界与美好生活创造者和享受者的高品质学习生活过程。而“情智课堂”则主张在课堂上让抽象的知识在感性的情境中充满生命力，让知识、能力和情感融为一体，并以体验为主的生活学习方式，使学生在课堂上明理、动情、增智，发展想象力，最终实现情生智长。

要让学生在“情智课堂”上实现“真实成长”，则需要教师“真实地教”，学生“真实地学”。特别是语文教学中的习作，一直是块“难啃的骨头”。儿童是具有丰富的想象和创造力的，只有让习作回归“儿童的真实表达”，有“儿童感、思维度、生活味和创新性”，方能实现其情趣、思想、精神、能力等的“真实成长”。

2020 年以来，贺婧老师紧抓“真实成长”和“情智课堂”，引导工作室以“统编版教材的习作课堂”为研究抓手，着力落实习作中的“真实地教”与“真实地学”。

首先，是习作“教什么”？工作室聚焦“习作单元”，采用自主研学和线上研讨相结合的方式，开展“习作单元整体教学设计”的研教实践。通过一年的实践研究，理解并明晰了统编版教材“习作单元”的编排意图及编排体例，针对“习作单元”自成体系的特点，站在单元统整的高度解读教材，围绕单元习作训练目标，进行单元整体习作教学设计。在“教什么”的认识上，工作室打破“课”的局限，从“点状的单一课型”到“大单元”的整体系列架构，这是“教”者“大语文”的视野与格局。

其次，是习作“怎么教”？在单元整体教学的落地训练中，循序强化学生习作能力培养，突显习作序列化、体系化。工作室完成了 4 个年级 8 个单元的整体教学设计；提出了“习作单元整体教学设计”的“四有”主张——有目标，有方法，有重点，有序列；建构起了情智共生的课堂教学样态，启动情智—生成情智—发展情智—情智共生。链接教材和生活，使学生的习作水平随着融入生活的广度，深度地开掘，让学生的兴趣、思想、情感和思维在课堂上“真实地发生”，促进了学生习作能力的提升，一年来的落地实践，积淀了“习作单元”的教学经验，形成了有特色的教学实践案例约 14 万字。

学生如何“真实地学”？所谓“情动而辞发”，“真实的学”在于过程中“情的激发、思的激活、智的生长”的真实发生，“读写”的充分融合是关键。2021 年，在贺婧老师的带领下，工作室在“习作单元整体教学设计”实践研究的基础上，提出了小学语文中高段“随文微写”策略的实践研究，将习作研究的触手深入常态的阅读教学中。“读”是输入，“写”是输出，抓取阅读文本中与作者、与生活、与学生“情智交融”的“点”，让学生喜欢表达、乐于表达且善于表达，实现情动促思、思活生智和智启创能。

在《义务教育语文课程标准》引领下，工作室挖掘课文中符合单元习作训练目标的“小练笔”作为微写训练点，与阅读教学设计巧妙融合，落实语言学用的训练。在实践研究中，工作室梳理出了 3～6 年级各单元“随文微写”练笔点，建构起了“随文微写阅读教学课堂模式”：学文—生成—实践—提升；创生了“情智共生随文微写阅读课堂新样态”：阅读—得法—仿练—悟情；形成了经典课例及心得体会约 13 万字。

在研究中，工作室在贺婧老师的带领下，首先尊重教情、学情以及学段要求，分解单元习作技术，整合阅读教材，精心选择微写点；接着精准定位目标，直击学练重难点；之后层次性推进教学，落地学练微写。

两年多来，尽管疫情不断，但是工作室的全体成员，仍然不忘本分，坚定地行走在课堂变革第一线，勤奋学习，躬耕课堂，以生为本，以研为先，聚焦情智共生的课堂，生成了约 27 万字的原生态研究素材，在不断的提炼、修订中，最后浓缩为近 20 万字的实践成果。

两年多来，工作室老师们的成长如春笋拔节，他们以工作室习作研究为畅想曲，积极参与各自学校的教育教学研究活动，成为各学校的骨干力量，基本实现了武侯区贺婧名师工作室成立的初衷，也让附小教育的影响进一步拓展，更重要的是通过名师工作室成员们的共同努力，使研究成为一种现象，使成长成为一种飞跃，使共生成为一种幸福！我想，这也是贺婧老师真实成长的生动故事。

刘　晏

2022 年 3 月 26 日

前言

捧着一颗心来，只为彼岸花开

教育的幸福是什么？一直快乐地用心做有意义的教育之事，相信这是老师们的共识。三年来，我就是和这么一群怀揣教育本心的人，朝着一个目标一起行走，一起成长并幸福着。

启程，向幸福出发：遇见统编版教材，开启“情智课堂”

2019 年的秋天，全国将统一使用小学语文统编版教材。暑假里，我购来教材先行学习，在研读学习的过程中，我发现教材呈现了全新的编写体例，有明显的三大特点：一是“人文主题、语文要素”进行双线组元；二是“阅读与表达并重”的创新编排；三是专门编排了“习作单元”。这样的教材编排基本确立了“以生为本，顺学而教”的教学定位，新教材的使用将颠覆我们长期以来“以阅读为中心”的习惯教法。新教材如何使用？教什么？怎样教？这成了摆在我们面前的一道考题。

新学期伊始，为了契合新教材，在四川大学附属实验小学（简称“附小”）集团刘晏校长的领导下，如火如荼的课堂教学改革——打造学科“情智课堂”拉开了帷幕。这一场课堂变革为我们打开了另一扇窗，变“讲堂为学堂”，变“教教材”为“用教材教”，在“双减”背景下，新课程、新学程，让学生在自主探究学习中“情生智长”。新的改变下，迷茫与踟蹰总是与我们不期而遇。但在专家的引领下，在对统编版教材编排体系的系统学习中，在课堂教学磨课研讨中，我看到了课堂变革的曙光。虽然深知这条改变之路道阻且长，但是我的内心无比坚定，破晓雾而行，与光明相约，奔赴幸福课堂。

破竹，幸福拔节生长：成立名师工作室，研究真实的习作教学

2019 年，在武侯区教育局及附小集团领导的关怀下，我成立了贺婧名师工作室。在申报工作室研究发展方向时，我深知自己的使命和责任。通过再次系统地解读《义务教育语文课程标准》（简称《课标》）和统编版教材，并与工作室骨干成员多次论证，我们毅然决定从统编版教材的创新点——“阅读与表达并重”入手，解决新、老教材的共同难题——习作教学。

董必武有诗云：“竹叶青青不肯黄，枝条楚楚耐严霜。昭苏万物春风里，更有笋尖出土忙。”确定研究方向后，工作室的老师们便开始在习作教学这片沃土上拔节生长，展现出积极进取的幸福模样。2020 年，突如其来的新冠肺炎疫情给工作室的学习、研究工作带来了巨大困难。我们力排万难，聚焦“习作单元”，以此为切入点，采用线上研讨、自主研学和教学实践相结合的方式，开展“习作单元整体教学设计”的研教实践。通过一年的实践研究，我们更深刻地理解了“习作单元”的编排意图以及教材的编排体例，着眼单元整体，进行教学设计，实施单元整体教学实践，积淀了“习作单元”的教学经验，形成了有特色的教学实践案例。在实践中我们也发现，我们重视了习作专题单元教学，而在那些普通单元中，以习作能力的迁移运用为暗线的教材资源却常常被忽视。如何准确把握编者意图，活用教材现有资源，成了摆在我们面前的又一难题。于是我们开始尝试“在阅读教学中落实语言学用”的微写训练。2021 年，我们站在“习作单元整体教学设计”实践研究的基础上，提出了小学语文中高段“随文微写”策略的实践研究，并申报为区级课题 。在《课标》要求下，挖掘单元精读课文中符合单元习作训练目标的文段作为微写训练点，与阅读教学设计巧妙融合，落实语言学用的训练。

花开，幸福随心绽放：凝结成果集，深耕习作课堂

三年来，尽管经历了许多磨难，但是工作室的全体成员仍然不忘初心，用辛勤的汗水浇得彼岸花开，收获满满的幸福。一直以来，我们始终行走在教学改革的一线。在刘晏校长的关怀下，我们勤奋学习，躬耕课堂，以生为本，以研为先，生成了约 27 万字的原生态研究素材。在附小集团教师发展中心领导的不断鼓励下，经过反复提炼、修订，最后浓缩为近 20 万字的实践成果——以“习作单元”为主题的“整体教学设计”和聚焦普通单元的“随文微写教学设计”上下两册书稿。

这套书从老师怎样“真实地教”讲到学生如何“真实地学”，收录的是工作室老师三年来对“情智课堂”习作教学的研究和思考，记录的是学生和老师在课堂内外的“真实成长”。在书稿汇总之时，我们也特别感谢四川大学出版社的唐飞老师给予我们无私的帮助与指引。

感谢附小，为我们工作室提供了研究实践的成长沃土，为我们提供了诸多实践平台；感谢附小集团刘晏校长的谆谆教诲，时时关怀和引领，并亲自为我们作序；感谢附小教师发展中心的黄颖校长、刘芸主任给予我们成长的力量；感谢工作室所有的老师，勤耕课堂，播撒智慧的种子。为了让更多的老师和我们一同成长，我们汇总记录了工作室实践研究的足迹，回报附小，也以飨同行。

当然，我们也清醒地认识到，工作室是引领年轻老师成长的平台，在短暂的两三年的学习和实践中，我们对统编版教材习作教学的研究和实践还存在局限性，加之我们水平有限，在编写的过程中，除了研教实践的初步经验，我们还参阅了大量的文献和教学成果，在学习中借鉴，在传承中创新。但因篇幅所限，尚未完全列举与说明，如遇不周之处，敬请联系我们。同时，本书的观点及主张也仅是我们的浅显之见，纰漏和疏忽也在所难免，还望读者不吝赐教。

在思考中实践，在实践中收获，在收获中反思、成长。捧着一颗心来，只为彼岸花开。切实用好统编版教材，教好语文，我们永远在路上。

贺　婧

2021年9月

目　　录

躬耕不辍

浅草漫溯

陌上花开

躬耕不辍

“随文微写”助力单元习作

在小学语文教学中，作为教师的我们最怕的莫过于习作教学了。“写什么”“怎么写”的问题，一直是教师的困扰。指导细了，千人一面，千篇一律；指导浅了，学生下笔困难，离目标相差甚远。于是，我们在研究统编版教材“习作单元”的基础上，提出了“随文微写”助力单元习作的教学实践研究。

一、我们眼中的“随文微写”

微，有“微小，微型”之意；写，即写作练习、训练。微写，指课堂阅读学习过程中针对某一个选点的微型写作活动，不特别强调篇章结构的完整性，而是一种不完整的、片段性的小练笔。

随，有“跟着，顺从”之意；文，既指教材，也指教学内容。随文，即依傍学生所学教材，伴随阅读教学的全过程。

简而言之，“随文微写”就是随课文教学进行微型习作技能训练，即在课文学习过程中指向单元习作重点，选取有价值的练写点或具有语用衍生力、思维张弛力和情趣感召力的经典语段，伴随语文学习的过程以及特定的氛围，有针对性地训练学生书面表达能力的一种教学形式。

二、我们开展“随文微写”研究的缘由

（一）统编版教材教学定位的需要

小学语文统编版教材呈现了全新的教材编写体例，有三大明显特点：一是按“人文主题、语文要素”进行双线组元；二是“阅读与表达并重”的创新编排；三是专门编排了“习作单元”。统编版教材单元习作训练明确提出循序渐进的习作训练目标，分年段层层递进，各单元语文要素中阅读要求与习作要求

相辅相成，且提供的课文篇目正好包含了单元训练语言运用的知识点。这样的教材编排基本确立了“以生为本，顺学而教”的教学定位，新教材的使用将颠覆教师长期以来“以阅读为中心”的习惯教法。但是，教师在解读教材时，未从教材编排体例的高度进行解读，因此，在教学中，对于“教什么”“怎样教”，仍然不够清楚。

（二）落实《义务教育语文课程标准》（简称《课标》）语言学用的需要

《课标》明确指出：语文是实践性很强的课程，应着重培养学生的语文实践能力，而培养这种能力的主要途径也应是语文实践；要重视写作教学与阅读教学、口语交际教学之间的联系，善于将读与写、说与写有机结合，相互促进。可见，学生习作能力的培养要渗透到阅读课堂教学中。

（三）突破当下习作教学现实困境的需要

1. 认识困境——习作教学走入了高目标误区

根据《课标》，关于“作文”，第一学段应定位于“写话”，第二学段开始“习作”，这是为了降低学生作文起始阶段的难度，重在培养学生的写作兴趣和自信心。

小学中段（三年级开始）是习作训练的起始阶段，学生从句的学习转入就一个意思具体、清楚地写一段话的学习，对于如何组段，怎样写清楚、写具体，还不了解具体的方法。教师如何在课文学习中先教给学生运用语言的方法，激发学生的兴趣就成为关键。然而，在实际教学中，教师常常漠视这个关键期，不加以细致指导，挫伤了学生的自信心，导致学生失去对习作的兴趣。

2. 序列困境——缺乏科学的习作训练序列

从教师教学的层面看，很多教师在指导学生习作时，忽视阅读教学中对习作资源的开发和利用。教师概念化地讲要写具体、写清楚；从立意、选材、谋篇、行文等方面宽泛地讲理论；站在完整地写一篇作文的高度说教，缺少“细、小、实”的辅导，不注重训练序列；为了应试，教给学生一些应试技巧，从而出现“预制板”作文，一旦出题灵活，学生便难以下笔。久而久之，学生对习作的态度逐渐冷漠，甚至怕写作文。

（四）“习作单元”教学实践研究深化发展的需要

2020年，我们首先聚焦“习作单元”，开展“习作单元整体教学设计”的研教实践。通过一年的实践研究，在单元整体教学的落地训练中，我们注重循序强化习作能力培养，突显习作序列化、体系化。在研究的过程中，我们完成了4个年级8个单元的整体教学设计，建构起了基本的教学范式，积淀了“习作单元”的教学经验。在研究中，我们也发现，统编版教材的新作文体系已经渗透到了普通单元的阅读教学中。每个单元基本上有两个语文要素，第一个指向阅读，第二个指向习作。两个要素，一来一回，你呼我应，体现了阅读与习作密不可分的关系。

不难看出，统编版教材普通单元的习作练习与独立的习作主题单元形成了新的作文教学体系，不再是“随心所欲、零敲碎打”了。它的编排鲜明地体现出了“读写结合”的特征，将写作训练渗透于阅读教学之中。

可见，文本不仅是阅读教学的主要载体，也是习作训练的直接资源。应在“读写结合”的统摄下，分解单元习作的技能，在单篇阅读教学中，准确把握编者意图，活用教材现有资源，适度开展语言学用训练，实现资源的整合融通。

2021年，我们在“习作单元整体教学”实践研究的基础上，提出了以单元作文为主题的小学语文中高段“随文微写”策略实践研究。不难看出，“随文微写”既是习作知识点的分解练习，也是落地培养学生语言运用能力，提高学生语文素养的有效途径。

三、“随文微写”的研究现状及研究的理论依据

（一）相关情况综述

随着语文改革的不断推进，语言学用教学的地位和作用日益凸显。国内小学语文界“课堂微写热”也在悄然兴起。

在安排了大量小练笔的课堂中，我们发现其练笔形式丰富多彩，有仿写、续写、改写、扩写、缩写、拓展想象、看插图写、人物评价、读后感言等。但细一探究，不难发现，阅读教学中学段“随文微写”设计不够精当，存在认识上的偏颇：一是凸显“工具性”的机械操作；二是张扬“人文性”的越俎代庖，课堂上不能实现语言的有效迁移；三是训练随意，无主题、无序列，教师指导无侧重，训练点不够契合学段单元要求；四是训练不够系统，在三年级是这样，在六年级还是这样，随文练笔在各学段都是一个通用形式，致使随文练笔存在低效，甚至无效的问题。

（二）已有研究对本研究的借鉴和启示

中国小学语文教学研究会理事、广东省语文特级教师丁有宽在其“读写结合”实验中指出，读和写是一个互易的过程。它们之间既相对独立，又密切联系。读是吸收，写是表达。它们看似两端，实为一体，抓住它们之间的这个联系点，系统地对学生进行读写训练，是提高学生听说读写各项能力，达到全面发展目标的重要途径。

丁有宽老师的“读写结合”实验使我们深受启发，如何活用课文资源，挖掘课文中最有利于调动学生习作积极性并能给学生习作提供参考和借鉴的因素，让学生在习作时不但能模仿，更能创造，是值得我们进一步探索和研究的问题。

著名语文特级教师余映潮认为，阅读教学中的微型写作活动是一种最实在的且有一定难度的语言学用活动，它能够让全班每一位学生都动笔，它与课文阅读教学的内容血肉相融，能有效深化对课文内容的理解，优化课堂教学活动，提升学生的语文素养，因此要加大这样的微写力度。余映潮老师告诉我们，“随文微写”能面向全体学生，关注对学生终身受用的能力的训练，能让学生真正受到有力度的语言学用训练，让学生不怕写、能够写、喜欢写。

教育家叶圣陶先生曾指出，阅读文章主要在于得到启发、受到教育和获得间接经验等，同时对文章的写作技巧也要有所领会，作为练习写作的借鉴。叶圣陶先生启迪我们，在阅读教学中，要准确把握课文读写结合的契机，相机进行写作训练，增加习作训练量。

工作室前期“习作单元整体教学设计”的实践研究为本研究指明了方向：在单篇阅读教学的过程中，分解单元习作的技能，进行“随文微写”的语言学用训练，使习作教学有所依托，降低单元习作难度，实现单元习作教学资源的整合融通。

（三）“随文微写”研究的理论依据

1.“随文微写”符合系统科学

“随文微写”着重探索单元习作与单元阅读教学“读写结合”的相互存在、相互影响，以单元习作训练点为核心，设计出单元“读写结合”系统训练规划，使训练达到了计划化、序列化、可操作性和可检测性的科学要求。

2.“随文微写”符合阅读心理过程

语文教育心理学相关研究表明，阅读和写作是两个不同的心理过程。前者是自外而内的吸收，后者是由内而外的表达。一个完整的阅读教学过程，不仅要实现从语言到思想的提升，也要实现从思想到语言的转换。

3.“随文微写”符合儿童的心理特点

儿童在学习语言和各种技能的最初阶段都要借助模仿为“阶梯”。根据儿童这一心理特点，让教材成为“例子”，将单元习作技能分解，并与阅读教学紧密结合，进行“随文微写”，可以让学生学写有样，仿中有创，创中有仿。

4.“随文微写”符合认识论

认识论是研究人类认识的来源、内容和发展过程的科学。教师要坚持以“学生为主体、教师为主导、训练为主线”的课堂实践，在“随文微写”活动中，达到知识向能力转化，微写为单元习作助力的目的。

综上所述，我们提出小学语文中高段“随文微写”策略的实践研究。依据统编版教材中高段各单元明确的习作训练要求，凭借编排的课文载体，教师在《课标》要求下，挖掘课文中符合单元习作训练目标的小练笔作为微写训练点，与阅读教学设计巧妙融合，以激发学生练写兴趣的形式组织课堂微写，在看似碎片化的训练中，积累学生的习作技巧和能力。这种微写始终紧扣统编版教材的单元习作表达训练点，结合不同课文的表达特点，选准微写训练点，保证阅读教学与语言运用的统一性，使读写融通，读写相长。

四、以阅读教学为阵地的“随文微写”教学实践

（一）“随文微写”教学设计

“随文微写”教学设计以单元大作文的写作为背景，指向单元语文要素的落实，将每个单元大作文所需要的单个写作技术进行分解，在阅读课堂教学中，围绕单元语文要素的知识点，选取有价值的练写点或经典语段进行小范围、短篇幅的微型写作练习。

学生通过课文学习过程中的高频微写，尝试多种表达方式，培养习作兴趣，减缓作文教学的坡度，助力单元习作教学。

（二）“随文微写”教学实践操作

以课文《四季之美》（五年级上册第七单元）为例。

1. 精巧选择微写点，尊重教学实际

（1）真实的教情、学情需求。

本单元“人文主题”是“四时景物皆成趣”。本单元的语文要素，一是“初步体会课文中的静态描写和动态描写”，这是指向阅读的语文要素；二是“学习描写景物的变化”，这是指向表达的语文要素。本单元由三篇精读课文、一篇略读课文、习作《______即景》以及语文园地构成。《四季之美》是其中的第二篇精读课文。

《四季之美》描写了春天黎明时分天空颜色的变化、夏夜萤火虫翩翩飞舞的场景，还有秋天黄昏时大雁比翼而飞的景致，凸显了四时景物在原本“安静”环境中的动态以及“奇妙情趣”。

这是学写变化的典型范例。但是长期以来，一提到写景的文章，学生学写困难，教师更是怕教，更别说还要“学习描写景物的变化”。

（2）真实的学段学习需要。

我们先来看指向阅读的语文要素，“初步体会课文中的静态描写和动态描写”，这是教材第一次以单元编排的方式培养学生的文学品鉴能力。在三年级下册第一单元中，教材提出“试着一边读一边想象画面”，四年级上册第一单元变为“一边读一边想象画面”，五年级上册提出“初步体会课文中的静态描写和动态描写”，这也是学生第一次接触“静态描写”和“动态描写”这两个概念。而到五年级下册第七单元，教材要求学生“体会景物的静态美和动态美”。这体现出教材的层次性和连续性，是一个由浅入深、由表及里的训练和引导过程。

我们再来看第二个语文要素“学习描写景物的变化”，从三年级就在有关单元做出过安排。三年级上册第五单元《金色的草地》课后提出“只要我们稍加留意，就会发现事物是变化的”，习作例文《我爱故乡的杨梅》写的是随着季节变化，杨梅树“生长、结果”发生的一系列变化。三年级下册第四单元关于习作的要素提示了“观察事物的变化，把实验过程写清楚”，“事物”包括景物，除了自然变化，“人为的干预”也会引起景物变化。四年级上册第三单元“进行连续观察，学写观察日记”，其实就包括了“观察和记录景物的变化”。四年级下册第五单元习作要求学生按照游览顺序写景物。“交流平台”中提到“如果景物发生了变化，可以按照变化的顺序来写”。

到了本单元，学生已经具备了观察景物变化、抓住景物特点、按照一定顺序写，以及写出景物特点等基本能力。本单元的“学习描写景物的变化”的要求，在学生原有基础上，有了怎样的发展呢？教材在习作《______即景》的要求中提出“注意写出景物的动态变化，使画面更加鲜活”。

依据这样的教材解读与学情把控，我们将《四季之美》课后的小练笔作为本次教学的微写点：仿照课文，用几句话写一写自己印象深刻的某个景致。

2. 精准预设目标，直击教学重难点

根据我们的微写点，直击教学重难点，精准定位教学目标。

（1）反复朗读课文，品读精准的用词，体会作者细致的观察和描写，感受景物的动态变化美，体会文章的独特之处。（重点）

（2）联系上下文，体会作者是怎样写出景物的动态变化的。（重点）

（3）仿照课文，写一处景物，尝试写出动态变化。（难点）

3. 层次性推进教学，学练落地

为达成教学目标层层推进，将“教、学、练、用”的“随文微写”落到实处。

（1）第一层：课前导学，巧设伏笔。（预）

课前借助导学单自主学习课文，观察景物，注意变化，为课堂高效学习做好铺陈。

（2）第二层：品读文段，读中学写。（学）

借助教材，分析解剖，理清方法，生成新知。

（3）第三层：归纳梳理，情境创写。（创）

使用习得的“细观察细描写”的方法进行微写实践。

（4）第四层：评价、点拨、指导，启智提升。（提）

师生共同点评学生微写文段，深化习得方法，促进全员提升。

五、“随文微写”实践研究的特色

通过一年的课堂实践，我们不仅有了“随文微写”的阅读教学案例，还针对性地设计了很多“微课”，这使我们在前行中收获。

（一）提出了单元习作教学主张

依据教材的编排体例，我们提出了在单元阅读教学中，降低单元习作坡度的教学主张：“随文微写”助力单元习作。

（二）建构了“随文微写”教学设计范式

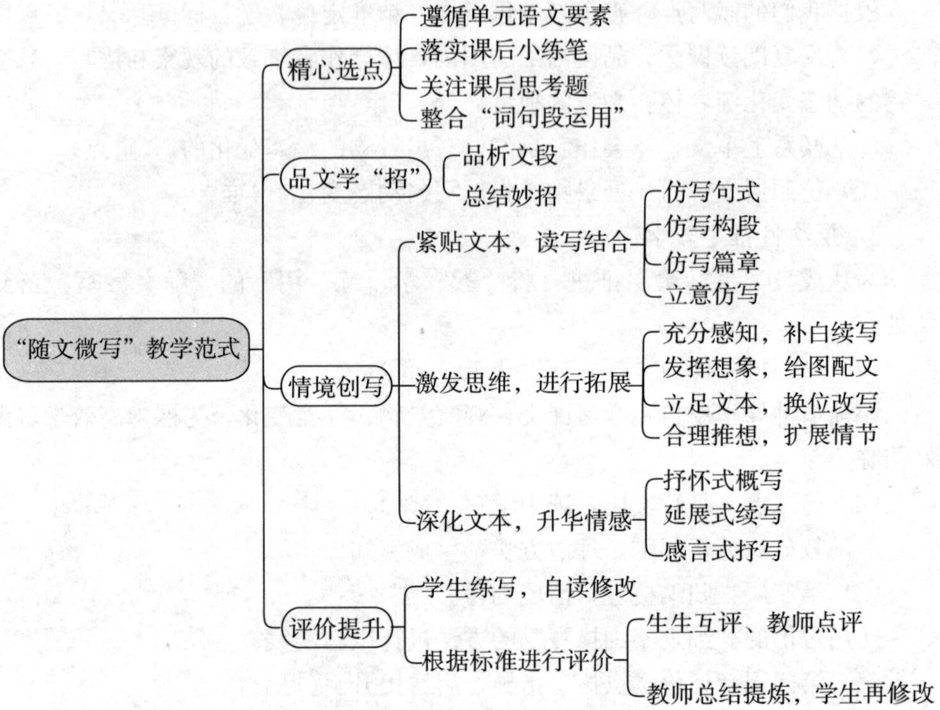

（三）创建了“随文微写”课堂结构

“随文微写”课堂结构的特点：教学结构清晰，遵循学生认知；教学内容优化，由浅、易到深、难；课堂活动充分，关注全体提升。

（四）形成了开放的、“情智共生”的“随文微写”课堂教学样态

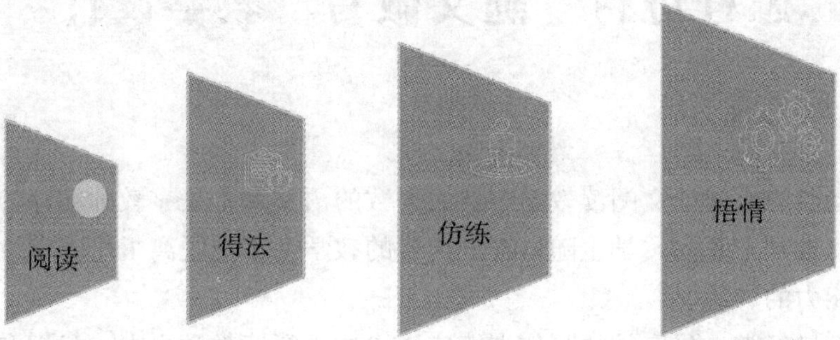

这样层进式的教学样态，尊重儿童的真实成长，促进“情智共生”。

参考文献：

[1]《丁有宽与读写导练》（丁有宽著，北京师范大学出版社 2006 年版）

[2]《陶行知教育名篇》（方明编著，教育科学出版社 2005 年版）

[3]《小学语文教学艺术 30 讲》（余映潮著，中国人民大学出版社 2019 年版）

四川大学附属实验小学　贺　婧

怎样进行“随文微写”教学设计

在当前的小学语文阅读教学中，大多数的语文课堂是靠教师细碎的提问来推进的，教师不断问，学生随口答。这样的教学基本上脱离了培养学生语言文字运用能力的训练。

学生最经常、最有效的写作训练应该渗透于阅读教学之中。我们在语文阅读教学中实践探索的“随文微写”，是以课文内容为素材，以单元语文要素为训练目标，把语言形式的运用和对课文内容的理解有机地结合起来。这既是习作知识点的分解练习，也是落地培养学生语言运用能力、提高学生语文素养的有效途径。这就要求教师在阅读教学中挖掘课文蕴藏的语言运用训练点，借助课文教给学生表达的技巧方法。要想设计出有质量、高效率的“随文微写”教学活动，我们还要充分把握“随文微写”活动的特点，根据教材和学情精准定位，实施教学活动。

一、“随文微写”教学活动的特点

首先，我们要明确“随文微写”教学活动的特点。

1. 写作的微型性

“随文微写”是穿插在课堂阅读教学中的一种微型写作活动，3—8 分钟即可，不需要占用课堂太多时间。

2. 参与的全员性

“随文微写”是即时的课堂语言学用训练方式，要求全体学生必须当堂参与动笔，对学生而言是关注全体的最公平的训练方式之一。

3. 课堂教学的高效性

“随文微写”与课文阅读教学内容水乳交融，能有效深化对课文内容的理解，同时也是习作技能落地的言语训练。

4. 形式的灵活性

“随文微写”角度细腻、方法灵动、形式多样，没有模式化的要求，教师可以根据单元语文要素及文本特点设计极具美感的教学创意。

5. 实践的及时性和相对独立性

“随文微写”是阅读教学中的一个教学环节或一个教学版块，它是语言学用在课堂教学中的实践活动，它可以出现在课堂阅读教学的任何一个时间段中，无论是课始、课中还是课末，既依托阅读课堂，又相对独立。

二、怎样进行“随文微写”教学活动的设计

接着，我们谈谈怎样进行“随文微写”教学活动设计。笔者认为从以下几个方面展开，更能体现微写活动的落地与务实。

第一，精心选择微写点。微写点的选择，是以单元大作文的写作为背景，指向单元语文要素的落实。将每个单元大作文所需要的单个写作技术进行分解，在阅读课堂教学中，围绕单元语文要素的知识点，选取有价值的练写点或经典语段，进行小范围、短篇幅的微写练习。可见，微写点的选择要始终紧扣统编版教材的单元习作表达训练点，结合不同文体课文的表达特点，保证阅读教学与语言运用的统一性，让学生通过课文学习过程中的高频练写，培养习作兴趣，减缓作文教学的坡度。

因此，我们认为，微写点的选择，要依托单元习作的要求，落实到文本中具体的语段，开展微写作，使读写融通，读写相长。

第二，品析文段，读中学写。选准了文段之后，就要带领学生对其进行品析，梳理并总结归纳从读中学到的妙招，并顺势进行学法指导。

第三，创设情境，仿写指导。总结出了妙招，还要运用，于是教师就要帮助学生创设一些情境来进行仿写的指导。

第四，学生练习，当堂进行评价，做提升性指导。

三、《海底世界》“随文微写”例谈

接下来，笔者以《海底世界》为例，具体谈谈“随文微写”的教学活动设计。

1. 教材解析

《海底世界》这篇课文从海底的光线、海底的声音、海底动物的行动和迁

徙、海底的地貌和植物、海底的矿藏等几个方面，有详有略、重点突出地介绍了海底世界是“景色奇异、物产丰富的世界”。课文主要分为两大部分：一部分介绍海底的动物，另一部分介绍海底的植物、地貌、矿藏等，脉络分明，层次清楚。

2. 选择微写点——用总分结构写一段话

海里的动物，各有各的活动方法。海参靠肌肉伸缩爬行，每小时只能前进四米。有一种鱼身体像梭子，每小时能游几十千米，攻击其他动物的时候，比普通的火车还快。乌贼和章鱼能突然向前喷水，利用水的反推力迅速后退。还有些贝类自己不动，却能巴在轮船底下做免费的长途旅行。（课文第 4 自然段）

3. 选点理由

（1）本单元语文要素为“了解课文是从哪几个方面把事物写清楚的”。这一语文要素与总分结构刚好对应，所以在本单元练习用总分结构写话顺理成章。

（2）本单元表达方面的语文要素为“初步学习信息整合，介绍一种事物”，单元作文训练也是介绍一种事物，本册教材第三单元语文要素为“围绕一个意思把一段话写清楚”。可见，练习用总分结构写话，可以落实本单元语文要素训练，巩固第三单元语文要素，同时也为本单元的习作做铺垫。

（3）这篇文章有多个段落都是以总分结构来写的，课后练习第二题引导学生探索段落是怎样把一个意思写清楚的。

4. 品析文段，读中学写

在有了这样的选点之后，就要对文段进行品读，让学生在读中学写。先来看看课文第 4 自然段第一句话：“海里的动物各有各的活动方法。”这是总写一笔，后面写海参、一种鱼、乌贼和章鱼、一些贝类，作者对事物分门别类地进行描写。所以总体上来看，本段的构段方式是总分结构。接下来再细细研读课文，不难发现，作者用行进最慢的海参和一种行动最快的鱼进行对比，一快一慢，突出了他们各自的特点。同时又把贝类自己“不动”和海参、一种鱼、乌贼和章鱼的“动”进行对比，这样的对比更能突出各种动物各有各的活动方法，尤其是在写贝类的时候，作者还运用拟人的手法，写得十分有趣。

5. 归纳梳理，总结妙招

通过品析文段，学生不难归纳总结出这个文段具有的特点：第一，它在构段上是总分结构，先总写一笔，再分写几笔。第二，通过对比，快与慢的对比、动与不动的对比，来突出“海里的动物各有各的活动方法”的特点。第三，作者运用拟人的修辞方法，写出了情趣。

6. 创设情境，仿写指导

有了这样的认知，我们就要帮助学生创设情境，进行仿写的指导。

（1）介绍几种动物的外形，分别出示白鹭、瓢虫、斑马、蝴蝶。可以抓住色彩来写这些动物的外形。先总写一笔，比如，“有很多动物都是了不起的服装设计师”。那接下来就要分写几笔，学生可以自由地选择几种动物来写，这里值得一提的是，在动物外形的色彩上，白鹭洁白的羽毛与其他动物的色彩斑斓是一种对比，瓢虫鲜艳外壳上的点状图案与斑马黑白相间的条纹图案形成对比，也突出了“有很多动物都是了不起的服装设计师”。以此为例，教师写下水文，学生仿写仿说。

（2）举一反三，创设更多的情境，让学生进行当堂课的练习。比如，写各种动物的声音：“动物界有很多歌唱家……”写同学们丰富多彩的课间活动：“下课了，同学们在教室外自由地活动……”写下班路上行人的各种情态：“夜幕降临了，下班的人匆匆往家赶……”要求学生从以上几句话当中选择一句为总起句，从几个方面把它写清楚，同时要用到课堂上学到的习作方法。

7. 当堂评说

学生完成当堂练习后，针对学生的习作，师生互动，当场评说，既是对微写活动的检测，也能在评价中提升学生的微写能力。

以上“随文微写”教学课例是一个构段仿写的例子，也是一个“随文微写”微课的雏形。当然除了围绕单元习作技能的训练之外，其样态还可以多种多样，如仿句、文意概写、激情补写、余意续写等，灵动而鲜活，带给我们不一样的教学体验。

四、“随文微写”教学设计的注意事项

1. 读写结合，适时适度

阅读教学中的微写活动，要通过“随文微写”达到读写结合，以读促写，以写促读，提高学生的语言感悟能力和表达能力。“随文微写”一定要准确把握好火候，要适时适度，不能将阅读课演变成习作课。同时，练习时间一般不超过 10 分钟。所以我们在设置“随文微写”时，一定要考虑时间的紧凑性，并提出分层次的要求，让每个学生在练笔的同时，都能获得成功的喜悦。

2. 抓准落点，言意兼得

在选择语言训练点的时候，教师还要根据文本特点，联系单元习作训练重点，结合学生年段特点，选择文本中的重点段落作为落点，展开难度适宜的语

言学用训练。

3. 给足时间，聚焦评价

在阅读教学中安排学生练写，就一定要给学生留足空间，让学生定下心来，安安静静地写。有写就应有评，通过反馈交流让学生对自己的作品有一个清晰的判定，优在哪，劣在哪，使写作水平、认识水平有所提高，也能更好地为学习课文服务。评价要讲究效率，课堂上的时间有限，不可能花费很多时间去充分评、全面评，因此每一次微写，教师应引导学生聚焦评价标准，一课一得。

在阅读教学中，精心利用教材，简化教学形式，关注学生活动，进行有效的“随文微写”设计，夯实语言学用训练，促进学生情生智长，这样的教学形态将是我们一直追寻的语文课堂。

四川大学附属实验小学　贺　婧

“随文微写”训练有妙招

文本不仅是阅读教学的主要凭借，而且是习作训练的直接资源，习作既可以“取其法”，还可以“用其材”。学生最经常、最有效的写作训练，应该渗透于阅读教学之中，也就是“随文微写”。“随文微写”作为阅读教学中语言训练的一种方式，在教学实践中，笔者因文而异，巧妙地进行“随文微写”训练，积累了一些小妙招。

一、紧贴文本，进行仿写

文本仿写是小学生习作的重要途径和训练形式。对于文本中出现的经典、精彩的语段，教学时笔者除了引领学生反复“含英咀华”外，还要巧妙地抓住这一语言学习的“训练点”进行仿写。指导这样的仿写目的非常明确，就是要求学生在丰富的语言积淀下，“依样画葫芦”操练语言，激发学生的写作兴趣，提高写作能力。

1. 仿写句式

片段的描写，是作文的一个重点，可以从仿句起步。教材中有许多优秀片段采用了特殊句式，学生完全可以仿写。如《海底世界》第 2 自然段，写海底的声音：“你用水中听音器一听，就能听见各种声音：有的像蜜蜂一样嗡嗡，有的像小鸟一样啾啾，有的像小狗一样汪汪，还有的好像在打鼾……它们吃东西的时候发出一种声音，行进的时候发出另一种声音，遇到危险还会发出警报。”文中既用了比喻和排比的修辞手法，又有“有的像……有的像……有的像……还有的好像……”的特殊句式，不妨让学生仿写一段，描写校园花坛里的花或者天上的白云。

2. 仿写构段

如《秦兵马俑》一文中，对兵马俑“规模宏大”“类型众多，形象鲜明”两方面描写得淋漓尽致，而这两段是用这样一句话联系起来的：“兵马俑不仅规模宏大，而且类型众多，形象鲜明。”过渡自然，前后浑然一体。我就指导学生介绍某一事物的两个特点，学着用“……不仅……而且……”的句式，将这两个特点贯穿起来。学生很快就掌握了此方法，这种练习比教师喋喋不休地介绍“承上启下”的作用管用得多。

3. 仿写篇章

篇章仿写是选择与学生生活密切相关的课文内容，向生活实践延伸，找准课文内容与学生生活的相似之处，将课文内容延伸到学生的生活实际中去，激发学生回忆生活，依照文本的表述方式记录生活、描绘生活。可以模仿同一类素材的描写，例如，在学习了《美丽的小兴安岭》后，模仿文章结构，仿写家乡的一处美景。既可以按“春、夏、秋、冬”的季节更迭顺序进行模仿，也可以创新，按一日之中“早、中、晚”的时间顺序进行。

紧贴文本，进行模仿微写，不仅让学生有话说，有东西写，更重要的是让学生借鉴作者的手法，开启快乐写作之旅。

4. 立意仿写

许多文章的立意独具匠心，是值得学生模仿学习的。教师要引导学生学习作者确定主题和表达中心的方法，提高学生的立意能力。例如，教学《落花生》这一课，可以指导学生模仿这课的写作方法，写自己喜欢或敬畏的一种植物，如“仙人掌”“青松”“秋菊”等。

通过课堂上的朗读体会，学生对课文中的典型谋篇和构段已经有了深刻的领会，比较容易从范例中习得表情达意的语言模式，此时教师若选择性地指导学生模仿句段进行练笔，让学生拥有仿写这根“拐杖”，相信学生能快捷地获得习作方法，这样的系列练笔，循序渐进，学生也更容易接受。

二、激发思维，进行拓展

在阅读教学中，许多精美的课文都留有一定的空白，善于抓住文章中的空白点，挖掘文章中言犹未尽之处，创设情境，激发学生的思维，填补文章的空白，进行拓展训练。

1. 充分感知，补白微写

例如，《草原》一文第 1 自然段，作者描写了草原美景后，又写了自己的感受，“这种境界，既使人惊叹，又叫人舒服，既愿久立四望，又想坐下低吟一首奇丽的小诗”。通过学习，学生充分感受到了草原的辽阔与美丽。此时教师乘兴问学生：“如果此刻你就在草原上，你会低吟一首什么样的小诗呢？”学生的兴趣一下子被调动起来，都想尝试当一回“小诗人”。其中一位学生这样写道：“草原是一首诗。云朵舞着轻纱，风儿呢喃，河流欢歌，牛羊奔跑。阿妈煮着奶茶，阿爸训着马驹。啊，草原就是一首美丽的诗。”这种新颖别致的补白微写，既拓展了学生的思维，培养了学生对美的欣赏和领悟能力，更进一步加深了学生对课文的感悟和理解。

2. 发挥想象，给插图配文

小学课本图文并茂，在教学过程中充分利用课文插图，给插图配文是培养学生观察能力和写作能力的好方法。利用插图，或启发学生绘声绘色地叙事，或栩栩如生地状景，或神形兼备地写人，或身临其境地谈感受，使用得当，不但能帮助学生理解课文内容，体会思想感情，还可以极大地激发学生的想象力，丰富学生的习作材料。例如，《将相和》一文中，廉颇“负荆请罪”是极为概括的，教师不妨出示文中“负荆请罪”的插图，让学生把握廉颇、蔺相如二人的性格特征，具体想象廉颇亲自登门向蔺相如请罪的经过，把人物的语言、神态、动作描绘出来。

3. 立足文本，换位改写

常见的改写分为角色换位和文体换位两种。角色换位改写，就是把自己设想为课文中的人物或相关的人物，设身处地地处理文中的事情。例如，学完了《军神》后，就可以让学生以沃克医生的口吻介绍给刘伯承做手术的经过，更深刻地体会军神形象，这就是角色换位的改写。而在小学课本里，最常见的文体换位改写就是把古诗改写成一段现代文。例如，学了五年级上册《稚子弄冰》一诗后，联系诗意以及稚子“脱晓冰”前后的心情变化，以“文包诗”的形式写一写这个故事。这样的古诗改写，有助于学生感悟诗意，深化文本，还有助于培养学生搜集资料、筛选整理的能力。

4. 合理推想，扩展情节

扩写是带领学生用“添枝加叶法”来拓展对文本的理解，就是让学生在理解课文的基础上，根据课文中简单的一句话或几句话，合理发挥自己的想象，把内容扩写具体。例如，《青山处处埋忠骨》最后一段：“电文稿下是被泪水打湿的枕巾。”联系上下文合理推想，毛主席签字前，度过了怎样的一个夜晚？请你用一段话写一写。通过这样的扩写，一个伟人的胸怀和情怀跃然纸上。

三、深化文本，升华情感

1. 抒怀式概写

学习《牧场之国》后，在深入理解文本的基础上，笔者设计了这样的微写：如果你是“导游”，你将怎样介绍荷兰的牧场呢？请你以“这就是真正的荷兰！”为结尾，写篇导游词吧！

2. 延展式续写

好文章的结尾往往是令人意犹未尽的。学习了《滥竽充数》这则寓言后，笔者顺势提出：“南郭先生后来的生活怎样呢？他还会吹竽吗？”鼓励学生对课文内容进行创造性延伸，对课文情境进行合理性推测，使学生对课文内容的理解达到新的层次，对课文中心的感受达到新的境界。

3. 感言式抒写

小学语文教材强调学生对规范语言的感悟和积累，也注重人文思想的渗透，注重潜移默化，让学生在学习语文的过程中学习做人。因此，很多课文都震撼人心，能唤起读者的感情共鸣，是学生写读后感的好材料。例如，《诺曼底号遇难记》一文，学完之后，笔者让学生以“________的船长”为题，结合课文，写一段读后感。学生以款款深情，从不同角度表达了对哈尔威船长的敬意。

统编版教材的编排，体现了“阅读与写作”并重。“随文微写”需要教师认真钻研教材，根据课文的特点，寻找阅读教学中读写训练的“迁移点”，巧施符合学生语文素养发展需要的微写小妙招，使学生写得轻松，练得实在。

四川大学附属实验小学　贺　婧

情生·智长·共融

“随文微写”，顾名思义，是一种随着课文进行微写作的教学方式。它将单元大作文的要求，细化到平时的阅读教学中，在单篇课文教学时选取有价值的练写点即时练写。这样既减轻了学生习作的心理压力，又打通了读与写的界限，实现了读写共生。笔者在教学中多有尝试，对这种形式灵活、操作性强的教学方式也略有思考。

一、创设情境，随文选点

“随文微写”成功的关键在于写作的选点。一堂课只有 40 分钟，我们不应贪全、求多，也不应乱涂乱画，敷衍对待这个过程。因此，在把握文本内容之后，我们要注意选择合适的微写点进行练习。对于不同的课文风格，我们要选择不同的训练点。

为了激发学生的微写欲望，使学生有内容可写且习得一定的写作方法，教师要用心钻研教材，努力挖掘读写结合点，找准读写训练点，如文本中的思维空白处、可供仿效的表达精华处、能够展开辩论的观点模糊处、有助于学生与作者对话的情感生成处……在教学《少年闰土》时，为引导学生梳理场景描写的方法，教师让学生带一张自己的照片，可以是个人照，也可以是与他人的合影，学生尝试仿照第一自然段，写出照片中的场景，细致刻画人物的神态、动作，再现这一美好的生活瞬间。微写活动让学生感悟课文与生活的联系，开拓了学生的创新思维，进而激发了学生的写作兴趣。

值得注意的是，现有教材中也会有一些小练笔的内容，但这些训练大多是普遍地考虑学生的一般情况，无法具体顾及不同班级的实际情况，因此教学时应根据实际情况选用，不必亦步亦趋。教师选点应贴合小学生生活，做到层层深入，引导学生写生活中的所见所闻。

二、激发智慧，微写实践

语文教学要走向高效，阅读和习作必须紧密连接，让读与写完整融合。“指向习作的阅读”是必然的选择。微写实践关注课文“怎么说”，侧重课文的言语形式。教学中“随文微写”，读写结合，就可以在阅读与习作之间架起一道桥梁，相信通过一课课的训练，小练笔定会练出大手笔：“仿”在言语精妙处，“补”在文本留白处，“表”在情感共鸣处，“论”在观点分歧处，“续”在意犹未尽处……在《月光曲》的教学中，笔者让学生听一听自己喜欢的音乐，展开联想和想象，再把想到的情景写下来。学生思维植根于文本，在练笔时融入自己的心情和感受，带动学生感悟和思考，这样的微写作品言之有物，言之动情。

微写是一种学问，更是一种技能，需要不断的练习，才能熟能生巧、妙笔生花。“随文微写”因为其“微”不费时费力，为经常训练提供了可能，日积月累，学生的词汇逐渐丰富，表达时驾轻就熟。

三、情智共融，有序推进

当学生完成微写后，鼓励学生在小组内大声朗读，同伴间互相欣赏、称赞，勾画精彩的句子。在此过程中，孩子们的自信逐步建立，兴致越发高昂。当全班完成微写后，教师应当堂展示优秀作品，使学生完成写作之后就能感受作文成功的快乐，同时也给作文相对困难的学生提供范本，从而增强学生的写作兴趣，提高他们的写作水平。教师还可以每周举办一次微写作品交流会，选出创意新颖、思想深刻、语言优美的作品，供大家阅读和讨论，进而达到取长补短的目的，为“随文微写”教学质量的提高奠定良好的基础。

一个个“随文微写”的“点”，在单元大作文中聚成一个“面”；再由一个个单元的“面”，组成学期、学年、学段的“体”。因此，在语文教学中坚持有序推进“随文微写”，才能为学生整篇写作的创造和提升打下坚实的基础。

“随文”是以教师为主体，创设情境与情绪，表达情趣与情意，展现情怀与情志；“微写”是以学生为主体，验证知识与方法，养成智能与习惯，激发智慧与思维。“随文微写”让学科主张与个性风格在充分激活师生情感和思维中共生，学生在语文学习中“独特、聪慧、自信”地成长。

内江市威远县严陵镇中心学校　李　燕　赵　勇

浅草漫溯

写人记事篇

写人记事类的记叙文在统编版语文教材中篇幅众多，学生在阅读这类文章时，了解生活，认识世界。以学生生活经验为起点的写人记事类习作自然成为学生再现生活的主要方式。在统编版语文教材三年级至六年级中，出现写人记事类习作共计 21 次，约占小学习作的 34%。因此，写作写人记事类文章是小学生需要掌握的基本技能和重要能力。

正所谓“事在人为”“看人行事”，“人”“事”二者不能截然分开，但为了小学生习作训练的需要，统编版教材将写人和记事进行区分和侧重，让习作训练呈现出基于能力进阶的优化序列。

一、写人类

册序	单元	单元主题	语文要素	习作内容	习作要求
三年级上册	一	学校生活	1. 阅读时，关注有新鲜感的词语和句子； 2. 体会习作的乐趣	猜猜他是谁	选择一位同学作为描写对象，用几句话或一段话写一写他，抓住人物的特点，如外貌、性格、品质、爱好等，写出人物与众不同之处
三年级下册	六	多彩童年	1. 运用多种方法理解难懂的句子； 2. 写一个身边的人，尝试写出他的特点	身边那些有特点的人	围绕一个表示人物特点的词语写一个人，可以写出表现和事例。写完后取个题目，用上表示人物特点的词语

续表

册序	单元	单元主题	语文要素	习作内容	习作要求
四年级上册	二	提问	1. 阅读时尝试从不同角度去思考，提出自己的问题； 2. 写一个人，注意把印象最深的地方写出来	小小“动物园”	发现家人与动物之间的相似之处，通过平时表现和事例写出人物的特点，并写一写每天生活在这个“动物园”里的感觉
四年级下册	七	人物品质	1. 从人物的语言、动作等描写中感受人物的品质； 2. 学习从多个方面写出人物的特点	我的“自画像”	抓住外貌、性格、爱好、特长等方面的特点向别人介绍自己
五年级上册	二	提高阅读的速度	1. 学习提高阅读速度的方法； 2. 结合具体事例写出人物的特点	“漫画”老师	想想老师有什么突出的特点，如外貌、衣着、性格、喜好，再选择一两件能突出其特点的具体事例来写
五年级下册	四	家国情怀	1. 通过课文中动作、语言、神态的描写，体会人物的内心； 2. 尝试运用动作、语言、神态描写，表现人物的内心	他______了	把题目补充完整，回想当时发生了什么事，以及事情的前因后果。把这件事写下来，特别要把这个人当时的样子写具体，如神态、动作、语言等，表现出他的内心活动
	五	人物	1. 学习描写人物的基本方法； 2. 初步运用描写人物的基本方法具体地表现一个人的特点	把一个人的特点写具体	选择生活中的一个人，把他的特点写具体，可以选取最典型的事例来表现他的特点。写的时候，运用本单元学过的描写人物的方法
六年级上册	八	走进鲁迅	1. 借助相关资料，理解课文主要内容； 2. 通过事情写一个人，表达自己的情感	有你，真好	选择一个人，运用第二人称叙述，通过对印象深刻的场景的描述，把事情写具体，表达自己对这个人的情感

二、记事类

册序	单元	单元主题	语文要素	习作话题	习作要求
三年级上册	八	美好品质	1. 学习带着问题默读，理解课文的意思； 2. 学写一件简单的事	那次玩得真高兴	回忆玩的过程，然后把过程写下来，表达当时快乐的心情
三年级下册	二	寓言	1. 读寓言故事，明白其中的道理； 2. 把图画的内容写清楚	看图画，写一写	观察图画上的人物、事件、动作，想象语言，把自己看到的、想到的写清楚
	三	中华优秀传统文化	1. 了解课文是怎么围绕一个意思把一段话写清楚的； 2. 搜集传统节日的资料，交流节日的风俗习惯，写一写过节的过程	中华传统节日	选择一个传统节日，写自己家过节的过程，也可以写节日中发生的印象深刻的故事
	四	观察与发现	1. 借助关键语句概括一段话的大意； 2. 观察事物的变化，把实验过程写清楚	我做了一项小实验	介绍自己做过的一个小实验。写之前，先借助图表整理小实验的主要信息。写的时候，用上“先……接着……然后……最后……”这样的句式，把做小实验的经过写清楚；还可以写一写自己做实验时的心情、实验中有趣的发现等

续表

册序	单元	单元主题	语文要素	习作话题	习作要求
四年级上册	五	把一件事情写清楚	1. 了解作者是怎样把事情写清楚的； 2. 写一件事，把事情写清楚	生活万花筒	选一件印象深刻的事，按一定的顺序把这件事情写清楚。写之前仔细想想这件事的起因、经过、结果是怎样的
	六	成长故事	1. 学习用批注的方法阅读； 2. 通过人物的动作、语言、神态体会人物的心情； 3. 记一次游戏，把游戏过程写清楚	记一次游戏	把游戏过程写清楚，包括游戏前做了哪些准备，游戏中做了些什么，印象深刻的地方，游戏结束后的想法和感受，还可以写写自己当时的心情
	八	历史传说故事	1. 了解故事情节，简要复述课文； 2. 写一件事，能写出自己的感受	我的心儿怦怦跳	选一件令你心儿怦怦跳的事情并写下来，写清楚事情的经过和当时的感受，用上积累的词语
四年级下册	六	儿童成长	1. 学习把握长文章的主要内容； 2. 按一定顺序把事情的过程写清楚	我学会了______	选择学会的最有成就感的一件事，将题目补充完整，再把学做这件事的经历、体会写清楚
五年级下册	一	童年往事	1. 体会课文表达的思想感情； 2. 把一件事的重点部分写具体	那一刻，我长大了	写一件成长过程中印象深刻的事情，要把事情的经过写清楚，还要把自己受到触动、感到长大的那个瞬间写具体，记录当时的真实感受

续表

册序	单元	单元主题	语文要素	习作话题	习作要求
六年级上册	二	革命岁月	1. 了解文章是怎样点面结合写场面的； 2. 尝试运用点面结合的写法记一次活动	多彩的活动	选一次活动写下来，写清楚活动过程，把印象深刻的部分作为重点来写。写活动的场面时，既要关注整个场景，也要注意同学的表现，写一写他们的神态、动作、语言，还要把这次活动中的体会写下来
	七	艺术之美	1. 借助语言文字展开想象，体会艺术之美； 2. 写自己的拿手好戏，把感受、看法写出来	我的拿手好戏	写之前列一个提纲，想一想拿手好戏是怎样练成的，其中有哪些有趣的故事，哪些内容先写，哪些内容后写，哪些内容写得详细，哪些内容写得简略
六年级下册	一	民风民俗	1. 分清内容主次，体会作者是如何详写主要部分的； 2. 习作时注意抓住重点，写出特点	家乡的风俗	写参加一次风俗活动的经历，可以把这种风俗的特点自然地穿插在合适的地方，然后重点描写活动现场的情况和自身的感受
	三	写出真情实感	1. 体会文章是怎样表达情感的； 2. 选择合适的内容写出真情实感	让真情自然流露	选择一种印象最深的感受，先回顾事情的经过，回忆当时的心情，然后理清思路写下来

基于熟悉的生活，三年级第一次习作练习就是写人，写人类习作的重要性不言而喻。纵观三年级至六年级写人习作序列，高频词“特点”明确了写人一定要写出人物的特点这一核心要求。

三年级习作《猜猜他是谁》，重在指导学生观察人物的外貌、身材等，筛选素材，凸显人物特点；三年级下册习作指导学生通过人物的活动和事例去表现其特点；四年级习作《小小“动物园”》指导学生通过不同的角度进行比对，联想、聚焦人物特点，从语言、动作中再现人物品质，通过多个方面表现人物特点；五年级习作《漫画老师》放大人物特点，通过动作、语言、神态等细节刻画，揣摩人物内心；六年级通过对印象深刻的场景与细节的描述，表达出自己对这个人的情感，让人物特点更加具体。

于是，写人类习作中关于特点的序列清晰明了：凸显人物特点——聚焦人物特点——放大人物特点——深化人物特点。在这个序列的背后是观察、比较、联想等能力的聚合，更是对知人、爱人、做人等品格的培养。

记事，是小学习作的重中之重。事件有时间、地点、人物、起因、经过、结果等要素。在统编版教材的记事序列中，三年级要求写出事件的过程：玩耍的过程、过节的过程、实验的过程，通过不同角度和不同选材的多次练习，让学生对写出事件过程这一要求有了更深的感受和体验。三年级知道了怎么写事件的过程，四年级则明确要求把事件的过程写清楚。“写清楚”意味着写清事件发展的顺序：起因、经过、结果，游戏前、游戏中、游戏后的不同情形。五年级开始，不仅要写清楚事件的过程，还要把一件事的重点部分、印象最深的部分、最受触动的瞬间写具体，记录当时的真实感受。“写具体”是这一阶段的一个重要能力点，具体到事件中那些重要的场景和场景中那些动人的细节，写具体场景和细节就写出了事件的温度和情感。在记事类习作的训练中，从中段把事件写清楚到高段把事情写具体，这是能力提升的基础路径。

记事类习作要求三年级写出事件中人物的动作、语言，四年级写出事件中人物的想法、感受、心情，五年级写出事件中自己的真实感受，六年级写出事件中人物的真实体会。既见事，又见人，人物始终活跃在事件的过程中，这是记真事、说真话、抒真情的必然追求。关照事件中的人物，刻画事件中的人物，也将赋予事件更大的价值和意义。

教师应梳理习作序列，对不同年段的习作要求了然于心，前后关联，有序推进写作训练，为学生完成写人记事类习作打好基础。

写人记事，我们一起记叙美好生活。

整篇教学设计

《开国大典》教学设计

教材分析

统编版教材六年级上册第二单元围绕“革命岁月”这个主题编排了《七律·长征》《狼牙山五壮士》《开国大典》《灯光》四篇课文，旨在引导学生感受革命者英勇斗争、不怕牺牲的革命英雄主义精神和革命乐观主义精神，进而认识今天幸福生活的来之不易，铸就坚韧向上、追求理想的品质，在语文学习的过程中，培养爱国主义情感，进行革命传统教育。本单元的语文要素为“了解文章是怎样点面结合写场面的”，旨在让学生体会点面结合写场面的方法。

学情分析

六年级的学生已经有了较强的独立识字能力；能借助多种方法理解词语的意思；在阅读中，能较好地梳理文章的脉络，把握文章的主要内容；能主动地进行探究学习，并在实践中学习和运用。基于第6课《狼牙山五壮士》的学习，学生关注到这样的写法，并结合课文内容说说这样写的好处，本课引导学生聚焦“阅兵式”，体会整个场面的恢宏气势和每个方阵的不同特点，并开展“随文微写”，感受点面结合的好处。

文本解读

课文按照开国大典的顺序叙述。在一个个场面描写中，对毛泽东的直接描写虽然不多，但很典型，毛泽东宣布“中华人民共和国中央人民政府在今天成立了”，宣读中央人民政府的公告，高呼“人民万岁”，按动旗杆的电钮，不断地向群众挥手。通过语言描写、庄严的会场环境和欢庆场面的烘托，我们能清晰地感受到毛泽东是深受人民爱戴的领袖，他的伟大形象历历在目。

本课的“随文微写”聚焦“阅兵式”，让学生体会点面结合的写法，丰富学生的阅读经验，给学生习作提供一定的借鉴，让学生微写一个场面，在发展学生语文能力的同时，也发展了学生的思维能力。

教学目标

1. 会写“政、宾”等 14 个字，会写“政府、外宾”等 20 个词语。

2. 能概括课文描写的几个场面，简要说说开国大典的过程。

3. 了解开国大典的盛况，结合重点词语感受热烈、庄严的气氛。

4. 体会“阅兵式”点面结合的描写方法，并进行“随文微写”，为单元习作打下基础。

教学重难点

1. 体会点面结合的描写方法并感受这种写法的好处，并进行“随文微写”。

2. 了解开国大典的盛况，结合重点词句感受热烈、庄严的气氛。

教学准备

1. 教师准备：课件。

2. 学生准备：自主预习课文，搜集开国大典的资料。

教学过程

第一课时

教学活动一：理解课题，导入新课

1. 学生交流相关资料。

2. 教师导入：1949 年 10 月 1 日，是新中国成立之日。这一天，世界的目光都集中到了天安门广场，因为在这里举行了隆重的开国大典。

3. 教师解题：“典”“大典”指的是什么？

4. 教师过渡：现在，就让我们走进这一天，去看看当时的场景，感受那激动人心的盛况吧！（教师板书课题）

5. 学生齐读课题。

教学活动二：整体感知，疏通字词

1. 教师提出自读要求。

（1）学生自由朗读课文，借助拼音读准字音，读通句子。

（2）学生通过查字典、联系上下文等方法理解词语。

（3）学生标出自然段序号，标记不理解的句子。

2. 学生按要求自主学习并在小组内交流识字的方法。

3. 教师检查自学情况。

（1）教师正音。

（2）教师指导重点字的书写：盏、爆、隆。

（3）教师相机帮助学生理解难懂的词语，引导学生在具体的语境中区分词义。

①宣告　宣布　宣读

②瞻仰　瞻望

4. 学生联系课题，交流课文主要内容。

教学活动三：提取信息，梳理脉络

1. 学生理清开国大典的过程，教师提出自学要求：

（1）学生快速浏览课文，想一想课文中写了开国大典几个激动人心的场面。

（2）学生概括场景，完成过程图。教师提示学生重点关注每个自然段的起始句。

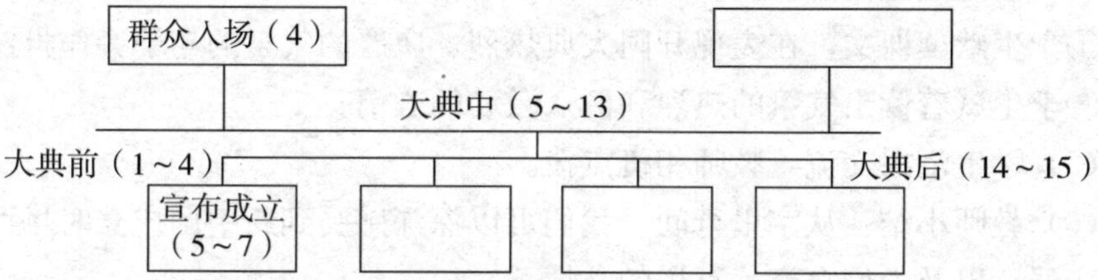

（3）学生把几个场面连起来说说开国大典的过程。

2. 学生汇报交流，教师相机板书。

3. 学生串联场面，概括开国大典的过程。

（1）教师提出要求：借助过程图说清楚。

（2）小组练习。

（3）小组代表汇报，教师相机引导。

（4）教师引导学生按照大典前、大典中、大典后的时间顺序，将各个场面串联起来，简要说说开国大典的过程。

4. 教师小结：课文按照开国大典的先后顺序，有条理地记叙了群众入场、宣布成立、升旗鸣炮、宣读公告、阅兵仪式和群众游行几个场面。

教学活动四：课堂小结，布置作业

1. 教师小结：本文记叙了 1949 年 10 月 1 日在首都北京举行开国大典的盛况，表达了中国人民对新中国成立无比自豪、激动的心情。

2. 作业布置：抄写生字词。

第二课时

教学活动一：抓关键语句，感受热烈、庄严的气氛

1. 学生借助过程图回顾课文围绕开国大典写了几个场面。

2. 学生汇报。

3. 学生通过关键语句，感受热烈、庄严的气氛。

（1）学生阅读相关资料。

（2）学生交流感受。

（3）学生聚焦课后题，感受热烈、庄严的气氛。

①教师出示课后的三个句子，学生读读句子并交流自己从这些句子中感受到了什么。

②学生交流汇报，教师相机将关键词批注在句子旁。

③教师指导朗读，引导学生抓住关键词语读出气氛的热烈和群众的激动。

（4）学生独立批注感受。

①学生默读课文，在表现开国大典热烈、庄严的气氛的句子旁作批注。

②学生试着读出气氛的热烈和群众激动的心情。

（5）学生汇报交流，教师相机点拨。

（6）教师小结：从字里行间，我们可以深深感受到新中国成立时场面的热烈、庄严，以及人们自豪、喜悦的心情。

教学活动二：对比场面，发现写法

1. 寻找“点面”，聚焦“点”。

（1）学生默读课文第 5～10 自然段，用“____”画出描写“点”的内容，用“......”画出描写“面”的内容。

（2）小组汇报，交流表现“点”和“面”的内容。

（3）学生聚焦“点”的描写。

（4）教师小结：在这几个场面中，毛主席是三十万人中最具典型的“点”，由此我们发现选取的“点”要聚焦典型。

2. 对比“点面”，发现写法。

（1）学生自由读第 11～13 自然段，说说这个场面描写了哪些内容，并谈一谈自己的感受。

（2）学生再次研读这部分，边读边勾画，思考课文是怎样描写阅兵这一场面的。

（3）小组合作，用“____”画出描写“点”的内容，用“......”画出描写“面”的内容。

（4）小组汇报，交流表现“点”和“面”的内容。

（5）教师引导学生从以下几方面进行交流：各军兵种描写的角度有什么不同？哪些是总体描写的句子？这样的写法有什么好处？

3. 教师小结：点面的结合方式可以富有变化，前面几个场面描写一点一面，“阅兵式”是一次性罗列多个点。点面结合既有整体感受，又能突出重点。

4. 学以致用。

（1）学生运用点面结合写场面的方法写一个场面。

（2）学生可以写一点一面，也可以多点罗列。例如，拔河比赛时，可以先关注全体同学的表现，然后关注拔河的同学不同方面的表现，如表情、动作、语言等，还可以写写啦啦队的表现。

（3）学生练写。

（4）作业展评。

【设计意图】在学习《狼牙山五壮士》这篇课文时，学生已经初步了解了点面结合的描写方法。这一环节引导学生进行深度思考，自主发现一点一面和多点罗列两种点面结合的形式，并借助微写让知识内化，提高学生的语言表达能力，为单元习作打下基础。

教学活动三：推荐影片，课外拓展

学生课后可以看一看《开国大典》的电影，直观地感受开国大典的精彩画面。

板书设计

开国大典

大典前　群众入场　（1~4）

大典中
- 宣布成立　（5~7）　　点面结合
- 升旗鸣炮　（8~9）　　一点一面
- 宣读公告　（10）　　多点罗列
- 阅兵仪式　（11~13）

大典后　群众游行　（14~15）

宜宾市筠连县胜利街小学　陈方英

《竹节人》教学设计

教材分析

《竹节人》所在单元为统编版教材六年级上册第三单元，属于阅读策略单元：本单元的语文要素是“根据不同的阅读目的，选用恰当的阅读方法”。教学本单元课文时，要指导学生梳理文章脉络，理清学习任务，学习不同的阅读方法，并根据阅读任务有针对性地运用阅读方法。《竹节人》在课前导读中直接给了学生三个阅读任务，由快速浏览到略读，最终指向精读。无论是语文能力的学习还是阅读策略的实践都在层层推进，体现着“根据不同的阅读目的，选用恰当的阅读方法”这一语文要素。

本单元习作要求学生运用恰当的表达方式写出自己的真情实感和独特感受，重视学生的生活体验，要引导学生用审美的眼光去看待生活中的点滴事物，在生活中培养学生热爱生活、积极向上的情感。

学情分析

六年级的学生与竹节人的接触非常少，只是在学习课文即范锡林的《竹节人》时对竹节人有了文字上的认识，他们非常渴望能制作和玩竹节人，学生不仅有好奇心，更有动手的欲望，因为“随文微写”设计准备，学生们得到一次自制玩具的机会，大家都跃跃欲试。课堂上要多留给学生自由实践的时间和空间，逐步教给学生探究问题的方法，提高学生的问题意识，能够将所做、所说、所写协调统一，加深学生对于生活和幸福的体悟。

文本解读

《竹节人》以回忆性的文笔描写了“做竹节人，斗竹节人”的过程与感受，表达了作者对童年生活的回忆与眷恋。特别是通过孩童的眼睛描述了教师也加入斗竹节人这一童年趣事，将斗竹节人的乐与趣推向了高潮，让读者产生强烈的动手制作的冲动。

微写点1：任选“读读写写”中的3个成语（四字），写一段有中心的话。

微写点2：自制玩具指南或自制玩具玩法。

微写点3：将第19自然段进行扩写，可加入对竹节人的描写。

教学目标

1. 正确、流利地朗读课文，快速浏览课文。

2. 通过文中表达竹节人给作者带来乐趣的语句，感受竹节人游戏给作者童年生活带来的欢乐。

3. 学会根据不同的阅读目的选用恰当的阅读方法。

教学重难点

1. 注意详略得当，略写所需材料、制作步骤和温馨提示，详写玩法。

2. 从字里行间中流露出对自制玩具的喜爱，感受玩自制玩具的乐趣。

3. 进一步感悟文章主旨：简易的物质也能带来心灵的快乐和满足。

4. 学习根据不同的阅读目的选用恰当的阅读方法。

教学准备

1. 视频《竹节人》。

2. 提前一周让学生利用周末自制一个玩具，可单独完成，也可以两三个学生合作完成。

教学过程

教学活动一：视频导入，激发兴趣

1. 教师导入：同学们，大家喜欢玩玩具吗？你们小时候最爱玩什么玩具？有动手制作过玩具吗？

2. 教师板书课题，学生齐读课题。

3. 学生观看视频，教师引导学生思考：竹节人是怎么做的？又是怎样玩的？围绕竹节人发生了哪些有趣的故事？

教学活动二：初读课文，揣摩文本

1. 学生初读课文，思考：制作竹节人有哪些步骤？有什么注意事项？

预设：

步骤一：毛笔杆锯成寸把长的一截。

步骤二：毛笔杆上面钻一对小眼，供装手臂用。

步骤三：再锯八截短的毛笔杆，做成四肢。

步骤四：用一根纳鞋底的线穿过钻的小眼和四肢，把它们穿在一起。

2. 学生分析玩竹节人的客观条件或玩法。

预设：

玩法：把制作好的竹节人的鞋线嵌入课桌裂缝里，将鞋线一松一紧，那竹节人就能动起来了。

注意事项：锯的时候要小心，不要让毛笔杆崩裂。

3. 学生完成玩具制作指南。教师课件出示以下内容。

竹节人制作指南	
所需材料	毛笔杆、工具刀、纳鞋底的线
制作步骤	(1) 毛笔杆锯成寸把长的一截； (2) 毛笔杆上面钻一对小眼，供装手臂用； (3) 再锯八截短的毛笔杆，做成四肢； (4) 用一根纳鞋底的线穿过钻的小眼和四肢，把它们穿在一起
玩法	把制作好的竹节人的鞋线嵌入课桌裂缝里，将鞋线一松一紧，那竹节人就能动起来了
温馨提示：锯的时候要小心，不要让毛笔杆崩裂。	

教学活动三：小组汇报，展示优秀成果

1. 小组内选出自制玩具优秀作品在全班展示交流。

2. 学生展示时至少有四方面的介绍，可采用句式：“我制作的是________(玩具的名字)，制作材料是________，制作过程是________，它的玩法是________。”

3. 学生也可以交流遇到的困难和解决的方法，以及活动中的收获。

4. 学生评价他人和自己的作品，评出最受欢迎的玩具作品。

5. 学生动笔完成《自制玩具指南》或《自制玩具玩法》。(微写点 2)

【设计意图】这是课堂的高潮部分，学生不仅展示自己制作的竹节人，还明白了只要勤于动手、善于动手、主动合作，办法永远比困难多。学生在玩中学，学中玩，活动后总结提升，学生就会对做和玩竹节人有更深刻的思考，这样学生的收获不仅是一个玩具的制作方法和玩法，还有设计能力、动手能力、合作能力、写作水平的提升。

教学活动四：深入品读，把握情感

1. 学生品读分析第 8～19 自然段，体会斗竹节人的乐趣。教师在课件上出示相关句子。

2. 教师引导学生思考：作者是怎样表现大家入迷的？

预设：

(1)“一圈的黑脑袋”“攒着”说明下课观看斗竹节人游戏的人非常多，课桌旁围满了人。

(2)从“跺脚拍手”“咋咋呼呼”这些动作描写，可以看出游戏非常激烈，围观的同学们都非常激动，从侧面烘托出“我们”对斗竹节人的入迷。

3. 学生有感情地朗读第19自然段。

4. 学生快速浏览课文，找出描写玩竹节人的句子读一读，把体会到的乐趣简要地写一写。(微写点3)

【设计意图】结合阅读任务，引导学生找到恰当的阅读方法，再利用好的阅读方法进行体悟和表达，学习阅读的最终指向之一就是学会表达。

教学活动五：深入挖掘，体会情感

1. 学生说一说文中竹节人与老师的故事，关注老师没收玩具、玩玩具的内容，从故事的起因、经过、结果来讲述故事。

2. 学生根据刚才归纳的阅读方法，完成以下阅读任务。

讲讲文中关于老师的故事	
起因	上课时，学生偷玩竹节人
经过	老师没收了学生的竹节人
结果	我们发现老师也在偷玩竹节人，他也喜爱竹节人

3. 学生尝试用自己的话讲述这个故事。

4. 教师小结：我们长大了，有些东西终会逝去，有些东西却永远不会逝去，无论你经历了什么，都要保持童心，它能让你笑得开心，笑得纯真。

板书设计

竹节人

制作竹节人　　童真

斗竹节人　　童趣

没收竹节人　　童心

内江市威远县严陵镇中心学校　李　燕

《穷人》教学设计

教材分析

《穷人》所在单元为统编版教材六年级上册第四单元，本单元选编了中外不同作家各具特色的三篇小说，这三篇小说都以人物所处的现实生活为题材，刻画了一个个鲜活的人物形象及其在面临生活困境时所展现出的人性光辉。本单元的语文要素是"读小说，关注情节环境，感受人物形象"，这是教材第一次以单元的方式引导学生接触小说。本单元的习作要求是能展开想象，根据提供的环境和人物创编故事，能把故事情节写完整，通过环境或心理描写体现人物形象。

学情分析

通过五年来的语文学习，学生已经能够通过语言、动作、心理等细节描写来理解人物形象。《穷人》篇幅较长，文中对环境和人物对话的描写，是体会人物美好心灵的关键。安排"随文微写"，旨在引导学生理解环境描写、心理活动对塑造人物形象的作用。其中，桑娜复杂不安的心理活动和她与丈夫的对话，可作为练习的重点。

文本解读

《穷人》是俄国著名作家列夫·托尔斯泰写的一篇短篇小说，小说记叙了一个寒风呼啸的夜晚，桑娜与渔夫收养邻居西蒙家的两个孤儿的故事，赞美了桑娜和渔夫在自己家庭生活贫苦的情况下，本能地向别人伸出援手的可贵品质，他们在生存困境中的一个善举、一个信念都让人动容，彰显出人性之美。

文中对桑娜心理活动的描写真实地展现了她矛盾的内心世界，刻画了一个充满爱与同情心的劳动妇女形象。"桑娜毫不犹豫把孤儿抱回家后心跳得厉害，自己也不知为何要这样做，但本能地觉得非这样做不可"，这处细节生动地写出了桑娜善良的天性，让她忐忑不安的，不是要不要把孤儿送回去，而是担忧丈夫身上的生活重担，更是表达了她宁可受苦也要收留孤儿的决心，这种关键时刻的细腻的心理描写，让人物显得更加真实。

文中桑娜从邻居家抱来孩子后等待丈夫归来的情节，用朴实精准的语言，恰如其分地表达了真情实感，读来使人深受感动。阅读教学时引导学生体会作者丰富的想象，深刻感受小说中主要人物的内心情感，体会作者是怎样运用想象来突出人物形象的，同时学习运用语言、动作、心理活动描写以及情节描写来刻画人物，感受桑娜乐于助人的美好心灵。

本课微写点：基于文本，想象并补写人物心理活动。

教学目标

1. 快速默读课文，把握课文内容。

2. 能抓住人物对话和环境描写，体会人物丰富的内心活动，感受人物美好的心灵。

3. 引导学生体会作者丰富的想象，深刻感受小说中主要人物的内心情感，学习运用语言、动作、心理活动描写对文本想象补白，刻画人物形象。

教学重难点

1. 通过人物对话、心理活动等细节，体会作者丰富的想象，深刻感受小说中主要人物的内心情感。

2. 学习通过细腻而复杂的心理活动描写来刻画人物，感受人物美好的心灵。

教学准备

教师制作课件。

教学过程

教学活动一：回顾导入，激发兴趣

1. 教师导入：同学们，上节课我们初学了《穷人》一课，课文讲了一件什么事？（教师板书课题）

2. 学生分享交流文中最让人感动的细节。

【设计意图】通过谈话导入第二课时的学习，引出话题：最让人感动的细节，让学生感受人物描写的细节，从而为“随文微写”埋下伏笔。

教学活动二：品读课文，揣摩写法

1. 学生快速浏览课文第 1~11 自然段，从抱回孩子这一情节开始，探究人物心理。

2. 学生交流自己从关联句“非……不可”中读出了人物的什么品质。

预设：桑娜不知道为什么要这样做，但是觉得非这样做不可，看似矛盾，实际上是桑娜在关心和同情他人，这是桑娜善良的本能。

3. 教师引导学生思考：作者采用了什么描写手法来刻画桑娜？描写了哪些细节？最打动你的是什么细节？

预设：作者采用了对比的手法，描写了人物的动作、神态及其所处的环境。复杂而细腻的内心世界，最能引发读者的情感共鸣。

4. 教师引导学生思考：作者这样写的妙处是什么？

预设：作者对桑娜这个人物的描写非常朴实，没有刻意拔高人物形象，而是在普通的生活场景中，细腻地刻画出人物真实的一面。人物的贫苦让人深刻体会到，在困境面前做出这样的抉择，需要多么大的勇气！

【设计意图】在研读文本时，通过设计阅读任务，让学生自主发现重点语句，体会作者描写人物的写作手法，为后面补写人物心理活动做好铺垫。

教学活动三：研读对话，揣摩形象

1. 学生阅读课文，思考：本文的高潮部分在哪里？你从渔夫回家后夫妻的对话中体会到了什么？

2. 教师指名学生分角色朗读，引导学生分别站在桑娜和渔夫的角度体会人物的心理活动。

3. 教师引导学生思考：面对丈夫，桑娜沉默了。此时，她的内心可能在想什么？

4. 学生聚焦渔夫的语言，分析人物性格特征。

渔夫的话	性格特点
糟糕、倒霉、是啊、怎么啦	心直口快、______
你看怎么办？得把他们抱来，同死人待在一起怎么行！ 我们总能熬过去的！快去！别等他们醒来。	既征求妻子的意见又表明了自己的观点：______ ______ 说明渔夫：______
表现渔夫神态、动作的词，还有：______	从犹豫不决到：______ ______

5. 教师引导学生思考：这个部分中，桑娜的语言描写表现出她怎样的性格和心理？

6. 学生勾画表现桑娜内心纠结、欲言又止的语句，并再次研读，揣摩人物心理。

7. 教师在课件上出示以下内容。

“是啊，是啊，”丈夫喃喃地说，“这天气真是活见鬼！可是有什么办法呢！”

此时桑娜沉默着，她在想些什么呢？渔夫沉默着，他又在想些什么呢？

学生联系课文内容，描写桑娜和渔夫细腻而复杂的心理活动。（完成本课微写）

8. 小组分享，全班交流、点评。

【设计意图】这是课文的高潮部分，通过抓住人物对话等细节，引导学生体会人物性格和心理，体会作者写作技艺的高超，让学生有更深刻的思考和收获。

教学活动四：写法总结

教师小结：作者将人物看不见的思考过程用细节表现出来，读者从中感悟人物的品质，人物形象在朴实中高大起来。用复杂的心理活动来刻画人物形象，是我们需要学习的地方。

板书设计

穷人

细腻的内心世界→刻画人物形象

四川大学附属实验小学　殷秀娟

《腊八粥》教学设计

教材分析

年段阅读目标指出，在阅读中揣摩文章的表达顺序，体会作者的思想感情，初步领悟文章基本的表达方法。本单元的语文要素是“分清内容的主次，体会作者是如何详写主要部分的”，除了领会作者要表达的意思，还要学习作者是如何根据要表达的中心意思，把主要部分写详细的，教材从阅读和表达两个方面提出了要求。本单元的课文详略安排得当，中心突出，为学生提供了很好的学习范例，课后练习引导学生把握详略安排并体会其效果，学习作者是如何详写主要部分的。习作时，详略安排得当，中心突出，才能更好地表达自己的中心意思。

学情分析

本单元主题是“民风民俗”，三年级下册教材安排了了解中华传统节日的综合性学习活动，学生对传统节日的民风民俗已有较深入的了解。本单元的语文要素，主要体现两个关键点，一个是“分清内容的主次”，另一个是“体会作者是如何详写主要部分的”。这是在学生已经学习过的如何把握文章的主要内容、怎样围绕中心意思来写等要素基础上的延伸。而此前在《北京的春节》一文的学习中，学生已经学习了如何分清内容的主次，了解课文的详略安排。在本文的学习中，学生将进一步把握详略安排并体会其好处。

文本解读

这篇课文是沈从文先生的小说《腊八粥》的前一部分。课文语言通俗简练，童趣十足，人物对话彰显个性，妙趣横生，读者在美好的腊八风俗中，感受腊八粥的甜蜜、家庭生活的温情。本文主要写“等粥”“喝粥”两件事。其中，“等粥”共呈现“盼粥”“分粥”“猜粥”“看粥”四个场景，写得比较详细，“喝粥”部分写得比较简略。分清详略部分并体会这样安排的好处，是单元语文要素在本文中的具体落实。

微写点 1：仿照第 1 自然段写一种喜爱的食物。

微写点 2：发挥想象，运用细节描写的手法，写出八儿喝腊八粥时的场景。

教学目标

1. 会写“腊、粥”等 12 个字，正确读写“腊八粥、感觉”等 18 个词语。

2. 朗读课文，把握课文内容，能分清详略并体会详略安排的效果。

3. 能找出细腻描写腊八粥的句子，与同学交流感受。

4. 能仿照课文第 1 自然段，写一种自己喜爱的食物，写出其特点及对它的喜爱之情。

教学重难点

1. 通过人物动作、语言和心理活动的描写，感受八儿“馋”的形象特点。

2. 说说课文哪部分写得详细，哪部分写得简略，体会这样写的好处。

教学准备

教师准备课件，学生预习课文，搜集有关资料。

教学过程

第一课时

教学活动一：激发兴趣，导入新课

1. 学生交流对腊八粥的认识，教师出示腊八粥图片。

2. 学生齐读课题。

3. 学生结合搜集的资料介绍作者及写作背景。

教学活动二：初读课文，学习字词

1. 学生初读课文，教师检测生字。

2. 学生认读词语，理解重点词语。

3. 教师引导观察，学生规范书写。

教学活动三：再读课文，理清脉络

1. 学生浏览课文，整体感知。

（1）学生快速浏览课文，想一想：课文主要写了什么内容？

预设：课文主要写了“等粥”和“喝粥”两件事。

（2）教师引导学生自读课文，理清哪些段落是写“等粥”的，哪些段落是写“喝粥”的。学生在文中做好标记。

（3）学生自由读课文第1自然段，思考：这段描写似乎与八儿没有什么关系，那么第1自然段写了什么呢？

2. 学生再读课文，明确内容详略。

（1）学生说说课文哪部分写得详细，哪部分写得简略。

预设：“等粥”部分写得详细，“喝粥”部分写得简略。

（2）学生再次读“等粥”部分，这部分描写了四个场景，小组同学合作，尝试划分层次。

（3）学生交流汇报，教师课件相机出示以下内容。

第一个场景（第2~8自然段）：八儿盼粥快点熬好。（盼粥）

第二个场景（第9~12自然段）：八儿在说如何分粥。（分粥）

第三个场景（第13自然段）：八儿猜粥熬成什么样子了。（猜粥）

第四个场景（第14~17自然段）：八儿终于看到了锅里的粥。（看粥）

【设计意图】理清课文的脉络，了解文章的表达顺序，是《课标》在阅读上提出的要求。所以本环节教学重点引导学生发现作者是按照怎样的顺序描写腊八粥的。同时结合本单元的语文要素，引导学生直接抓住详写部分读文，便于学生快速把握课文的主要内容。

教学活动四：揣摩语句，体会味美

1. 学生抓住关键词句，体会作者对腊八粥的喜爱。

（1）学生自由朗读课文第1自然段，勾画能体会到腊八粥美味的语句。

（2）学生品析重点语句，教师相机点拨。

①开头采用排比的修辞手法，用“小孩子”“大孩子”“老孩子”代替不同年龄阶段的人，描写老老少少提到腊八粥，都会“立时生出一种甜甜的腻腻的感觉”，语言风趣，俏皮又亲切，使人倍感生活的温馨。

②接着具体描写腊八粥熬制的过程，从食材到做法，有声有色有味，热气腾腾，使人仿佛真切地看到、闻到、品到传统节日美食腊八粥。

③最后写品尝美食的画面。

2. 学生再读课文第1自然段，照样子写一种你最喜爱的食物。

（1）教师引导学生交流自己喜爱的食物并说说理由。

（2）教师提示：要抓住事物的特点，可从食物的材料、味道、做法等方面思考，并表达对这种食物的喜爱之情。

（3）学生练笔，同桌互改。

（4）全班展示交流。

【设计意图】揣摩文章写法，落实语文要素，体会文章的表达方法，是《课标》在阅读上提出的要求。而仿写则是积累素材、学习写法，提高习作能力行之有效的方法。

第二课时

教学活动一：复习回顾，导入新课

1. 学生回顾课文主要内容。

2. 学生回顾第1自然段，想想作者是如何描写腊八粥的诱人的。

3. 学生梳理并归纳第2～19自然段的内容。

4. 教师导入：这节课，我们一起来品析八儿的动作、神态、语言、心理活动，体会八儿的心情。

教学活动二：学习“等粥”部分，感悟人物形象

（一）自主学习，初步感悟人物形象

1. 学生自主阅读课文第2～17自然段，勾画描写八儿语言、动作、神态的语句，边读边想象八儿的几种馋相，同时揣摩人物的心理活动。

2. 学生根据自读收获，完成下面的表格。

活动内容	关键语句	心理活动
盼粥		
分粥		
猜粥		
看粥		

（二）交流“盼粥”，体会八儿的急切心情（第2～8自然段）

1. 学生品析“盼粥”。

（1）教师引导学生抓住重点语句：“住方家大院的八儿，今天喜得快要发疯了。他一个人进进出出灶房……”

①学生抓住“喜得快要发疯了”“进进出出”体会八儿的心情。

②学生体会八儿的心理活动，猜一猜他在想些什么。

③教师指导朗读，要求学生读出八儿内心的焦急与盼望。

（2）教师引导学生抓住重点语句："妈，妈，要到什么时候才……"

①学生想象"妈，妈"两声连叫是怎样的情形。

②学生交流从对八儿的神态描写中可以体会到八儿怎样的心情。

2. 教师指导学生分角色朗读，感受八儿为了吃到香甜的腊八粥不得不撒一下谎的天真可爱和狡黠。

3. 教师引导学生讨论：课文题目是《腊八粥》，可是为什么作者用了大量的笔墨来描写八儿的语言、动作、神态呢？

预设：描写八儿馋粥的语言、动作、神态，更能突出腊八粥的美味，八儿越"馋"，越能说明腊八粥吸引人。由此可见，作者是用鲜活的人物衬托了腊八粥的美味。

（三）品析"分粥"（第 9～12 自然段）

1. 教师指名学生读第 9～12 自然段，思考：八儿想怎样分粥？

2. 学生交流：八儿开始计划怎么分粥？后来想怎么分？为什么改主意了？教师引导学生理解八儿此时的心理活动。

3. 学生分角色读，要读出八儿"贪心不足"的语气。

4. 教师小结：从八儿与妈妈关于谁吃几碗的对话中，可以看出八儿想吃粥的想法极其强烈，以及腊八粥对八儿的吸引力之大。

（四）品析"猜粥""看粥"（第 13～17 自然段）

1. 学生学习"猜粥"这一部分。

（1）学生自读第 13 自然段，思考：八儿想象中的粥是什么样子的？八儿是根据什么来猜粥的？

（2）教师指名学生朗读"猜粥"这一部分，边读边想象，读出腊八粥的美味。

2. 学生默读第 14～17 自然段，勾画描写腊八粥的语句和描写八儿当时心理活动的语句。

3. 学生交流描写腊八粥的句子，读一读，体会这样写的好处。

预设：

句子 1："栗子跌进锅里，不久就得粉碎，那是他知道的。""跌"运用了拟人的修辞方法，生动形象地写出了栗子最后的结果。

句子 2："饭豆煮得肿胀，那也是往常熬粥时常见的事。""肿胀"一词生动形象地写出了饭豆在锅中的样子。

4. 教师引导学生思考：看了腊八粥之后的八儿，看到粥与自己想象中的差不多，只是颜色出乎意料，他的心里会怎么想呢？学生有感情地朗读对话部分，想象八儿的心情。

5. 教师小结：课文描写八儿急切想吃粥的情形随处可见，且对八儿的描写不是一成不变的，通过对重点语句的分析，可以看出先写八儿迫不及待地想吃粥，再写妈妈的话让八儿苦苦等待，然后是等待中的美妙猜想，到最后亲眼所见时表现出的惊奇。通过对八儿心理活动的细腻描写，更巧妙地突出了腊八粥的美味。

【设计意图】按照“盼粥—分粥—猜粥—看粥”的顺序感悟课文内容。此环节引导学生精读、细读、品读，抓住描写八儿动作、语言、神态的语句体会八儿对腊八粥的喜爱，突出腊八粥的美味。同时，抓住对腊八粥的描写，感受作者描写的巧妙。

教学活动三：感悟表达，练笔拓展

1. 教师引导学生思考：作者是如何描绘八儿吃粥的过程的？学生自由读课文第 18、19 自然段，说一说读后的感受。

（1）学生交流从“一面小鼓”“浪漫地摆成”“奈何它不来了”等词句中，可以看出八儿家喝粥时怎样的一个场景？

（2）学生想象当时的画面并有感情地读一读。

2. 学生发挥想象，运用细节描写的手法，写出八儿喝腊八粥的情景。

【设计意图】为了拓展延伸，加深感悟，让学生学习课文的描写手法，进行读写结合的练习，完成读写之间的迁移。

教学活动五：布置作业，拓展阅读

1. 学生交流学完本课的收获。

2. 教师推荐学生课后阅读沈从文《腊八粥》的原文，或冰心的同题文章《腊八粥》。

板书设计

腊八粥
- 爱粥——材料　做法　味道——喜　爱
- 等粥（详）
  - 盼　迫不及待
  - 分　贪心不足
  - 猜　美　　妙
  - 看　惊　　异
- 喝粥（略）——靠着　斜立着　摆成十字——心满意足

宜宾市筠连县胜利街小学　张明秋

微课教学设计

《剃头大师》教学设计

文本解读

《剃头大师》是统编版语文教材三年级下册第六单元的第二篇课文，节选自秦文君小说《开心男孩》（有改动）。课文的脉络十分清晰，讲述了两个画面：第一个画面是老剃头师傅“害人精”给“我”的表弟小沙剃头，使其受尽苦头；第二个画面是“我”在表弟小沙的央求下，自诩“剃头大师”，为他剪头发的有趣过程。课文以《剃头大师》为题，而文中的“我”其实并没有剃头经验，只是小沙为了摆脱“害人精”的折磨，病急乱投医，才使我有机会成为“剃头大师”。所以小沙在理发时只要求“别剪破耳朵”，结果被“我”剪得“整个头上坑坑洼洼”，最后“被迫去理发店剃了个和电灯泡一样的光头”。课文贴近学生的生活，充满童真童趣，能唤起学生的许多相关经验与记忆。

随文微写点

围绕一个人的绰号，通过几个事例写出人物特点。（基于课文第 3~6 自然段）

选点理由

1. 本课所在单元的语文要素：写一个身边的人，尝试写出他的特点。

2. 本课课后练习第二题：“剃头大师”和“害人精”分别指谁？为什么这样称呼他们？

3. 本单元习作训练内容：身边那些有特点的人。

教学过程

教学活动一：话题导入，自学文段

1. 教师导入：“害人精”是谁的绰号？为什么他被小沙称为“害人精”？

请你仔细读课文第 3～6 自然段，勾画关键语句，用几句话连起来说一说。

2. 学生自主读文，带着问题思考、勾画。

3. 学生交流。

教学活动二：品析课文，从读学写

1. 学生齐读第 3～6 自然段，找出“害人精”是谁。

2. 学生分层次读文，边读边交流：从哪里看出老剃头师傅是“害人精”?

预设：刀可怕；剪发痛；剪发痒；收费贵。

3. 学生用几句话说说老师傅被小沙称为“害人精”的原因。

4. 教师引导学生思考：作者将“害人精”师傅给小沙剪发的场景写得十分生动有趣。作者是怎样写出来的呢?

预设：点明绰号；选择几个事例；前后呼应。

教学活动三：创设情境，随文微写

1. 教师举例“小书虫”，引导学生练写。

(1) 点明绰号：我是一只“小书虫”。

(2) 选择几个事例：看书入迷，忘记吃饭；晚上不想睡觉，躲到被窝里偷偷看；课间……周末……

(3) 前后呼应：这就是我，一只“小书虫”。

2. 教师出示要求，学生随文练写。

(1) 练写要求：我们身边有很多有特点的人，他们常常都有绰号，如“飞毛腿”“唠叨神”“小气鬼”“淘气包”“小吃货”，学习课文第 3～6 自然段的写法，选择一个你感兴趣的人物并写一段话介绍他的特点。

(2) 学生练写。

教学活动四：聚焦评价，整体提升

1. 教师引导学生进行片段赏析。

2. 评价时，学生聚集文段是否围绕一个人的绰号，通过几个事例写出了人物特点。

四川大学附属实验小学　左　兰

《西门豹治邺》教学设计

文本解读

《西门豹治邺》是统编版语文教材四年级上册第八单元的第二篇课文，主要讲的是两千多年前，西门豹管理邺那个地方时，通过调查了解到那里的豪绅和巫婆勾结在一起危害百姓，便设计破除迷信，他还大力兴修水利使邺地又繁荣起来。全文重点写西门豹如何破除迷信，将计就计，描写其惩处邪恶、教育群众的场面尤为精彩。

随文微写点

你有特别害怕、开心、紧张、难受等感受的时候吗？你当时的身体反应和心理活动是怎样的呢？写清楚你当时的感受。（基于课文第12～14自然段）

选点理由

1. 本课所在单元的语文要素：写一件事，能写出自己的感受。
2. 本单元习作训练内容：我的心儿怦怦跳。

教学过程

教学活动一：谈话导入，体会心情

1. 教师导入：你觉得本课最大快人心的场面是哪些？请你找出来，并勾画具体哪些语句让你觉得心里很痛快。请用“我认为……最精彩，从……可以体会到……”的句式来说一说。

2. 学生快速浏览课文，带着问题思考、勾画。

3. 同桌交流，教师抽学生回答。

教学活动二：角色扮演，体会写法

1. 教师引导学生思考：为什么课文第12～14自然段最让人觉得痛快？

预设：因为第12～14自然段写出了官绅们的害怕，坏人得到了惩罚，所以让人觉得痛快。

2. 教师抽几名学生，一人扮演西门豹，一人扮演官绅头子，其他人扮演官绅。班上其他同学边看边想此时官绅们心里可能会想些什么。

3. 学生交流具体从哪里体会到了官绅的害怕。

预设：大气也不敢出、面如土色、跪下来磕头求饶等。

4. 学生交流此时官绅们心里可能会想些什么。

5. 教师小结：同学们在表演官绅的害怕时，有动作、语言、神态的呈现，我们还揣测了官绅的心理活动。我们在写作时也可以采用这样的手法。

教学活动三：创设情境，随文微写

1. 教师创设情境“走夜路真可怕”，引导学生思考写作时可以如何展开。

（1）开篇点题：“我害怕的事情有很多，比如……但是，我最怕的还是走夜路。”

（2）写清楚走夜路时：你的身体可能会出现的反应，如攥紧拳头、手心冒汗、不自觉加快脚步、放声尖叫、裹紧衣服等；也可以写一写你此时的内心活动。

2. 教师出示练写要求，学生随文练写。

（1）练写要求：你有过特别害怕、开心、紧张、难受等感受的时候吗？你当时的身体反应和心理活动是怎样的呢？写清楚你当时的感受。（学习课文第12～14 自然段的写法）

（2）学生练写。

教学活动四：聚焦评价，整体提升

1. 学生相互交流习作。

2. 评价时，学生聚焦文段是否写清楚了经历事情时的感受。

简阳市青龙小学　潘佳丽

《青山处处埋忠骨》教学设计

文本解读

《青山处处埋忠骨》是统编版语文教材五年级下册第四单元的第二篇课文，这篇文章是基于史实的文学创作，主要描写了毛主席在听闻爱子毛岸英牺牲的噩耗后，内心极度痛苦、煎熬，最终决定将毛岸英的遗骨安葬在朝鲜，表现了毛主席作为一个父亲的真实情感和身为国家领导人的伟大胸怀。课文通过对毛主席动作、语言、神态的描写，表现了毛主席既是父亲又是国家领导的真挚情感和复杂内心。

随文微写点

通过动作、语言和神态描写，写一写焦急等人的同学。

选点理由

1. 本单元表达方面的语文要素：尝试运用动作、语言、神态描写，表现人物内心。

2. 语文园地的词句段运用：通过动作和神态描写，写写期待落空的同学。

教学过程

教学活动一：问题引入，勾画语句

1. 学生快速阅读课文第 4 自然段，找出作者主要运用了哪些人物描写手法，体会毛主席的内心。

2. 学生自由读课文，带着问题思考，勾画相关语句。

3. 学生在小组内交流自己找到的句子，体会人物内心。

教学活动二：品析句子，从读学写

1. 教师引导学生思考这些句子运用了哪些描写人物的方法。

“从见到这封电报起，毛主席整整一天没说一句话，只是一支接着一支地吸着烟。”

“那一次次的分离，岸英不都平平安安回到自己的身边来了吗？这次怎么会……‘岸英！岸英！’毛主席用食指按着紧锁的眉头，情不自禁地喃喃着。”

预设：语言、动作、神态、心理描写。

2. 教师补充介绍毛岸英的资料。

3. 学生再读句子，思考：从这些描写中，你觉得毛主席当时是什么心情？

教学活动三：创设情境，随文微写

1. 教师抽学生上台表演“焦急地等人”的场景，其余学生观察，并说说他的表演好在哪里。

预设：

（1）有的同学主要表现在动作上：东张西望，踱来踱去。

（2）有的同学主要表现在神态上：眼神死死地盯着远方。

（3）有的同学主要表现在语气上：焦急地打电话催促对方。

2. 教师小结：写作时，我们可以通过对人物的语言、动作、神态的描写，将一个人当时的样子写具体，并反映其内心活动。

3. 教师出示要求，学生随文练写。

（1）练写要求：请同学们结合自己的亲身经历，或在生活中、影视作品中的所见，运用所学的方法，写一写一个人焦急等人的样子。

（2）学生练写。

教学活动四：聚焦评价，整体提升

1. 学生赏析并交流练写片段。

2. 评价时，学生聚焦文段是否通过人物的动作、语言、神态心理描写等把一个人当时的样子写具体了。

宜宾市筠连县胜利街小学　陈方英
成都市龙江路小学分校　张晓姝

《狼牙山五壮士》教学设计

文本解读

《狼牙山五壮士》是统编版教材六年级上册第二单元的第二篇课文。本单元以“革命岁月”为主题，编排了四篇课文。《狼牙山五壮士》记叙了抗日战争时期，五名八路军战士保家卫国的壮举。这篇课文结构严谨，主次分明，通过细致的人物描写突出五位壮士不畏强敌、英勇顽强、宁死不屈的爱国情怀，字里行间饱含着对英雄的崇敬与颂扬之情。本单元的语文要素是点面结合写场面，本文既有对五壮士集体形象的描写，也有对每个人的细致刻画，让学生直观地感受点面结合的写作方法。

随文微写点

采用点面结合的方式写一个自己最感兴趣的活动。(基于课文第2自然段)

选点理由

1. 本课的语文要素：了解文章是怎样点面结合写场面的。

2. 课后作业第三题：课后第2自然段既关注了人物群体，也写了每一位战士，结合相关内容说说这样写的好处。

3. 本单元的习作主题：多彩的活动。

教学过程

教学活动一：品读语段，总结写法

1. 学生默读课文第2自然段，勾画具体描写五位壮士痛击敌人的语句，体会五位壮士的英雄气概。

2. 学生交流，感受英雄形象。

(1) 学生交流：你从哪些词句中体会到五位壮士的英雄形象？

预设：

“班长马宝玉沉着地指挥战斗，让敌人走近了，才下命令狠狠地打。”

“副班长葛振林打一枪就大吼一声，好像细小的枪口喷不完他的满腔怒火。”

“战士宋学义扔手榴弹总要把胳膊抡一个圈，好使出浑身的力气。”

“胡德林和胡福才这两个小战士把脸绷得紧紧的，全神贯注地瞄准敌人射击。”

（2）学生交流：作者是从哪些方面来刻画每位战士的？

预设：作者从动作、神态等方面来描写。

（3）学生用多种形式朗读，读出壮士们的英勇气概。

3. 教师小结：本段的开头先整体描写五位壮士痛击敌人的场景，这就是“面”的描写；后面对五位壮士逐一描写，这就是“点”的描写。这种既关注整体，又着眼于个体的写作方法就是“点面结合”。这样写的好处是更加突出人物性格。

教学活动二：创设情境，随文微写

1. 学生回忆生活中最感兴趣的一个场面。

预设：郊游野餐活动、足球比赛、“六一儿童节”庆祝活动、开学典礼……

2. 教师提示：每一次活动总带给我们快乐，快乐源于活动本身，还源于参与活动的人们。在写作时可以先写整体，再写个体，也可以先写个体，再写整体。抓住人物的动作、语言、神态来描写。

3. 学生练笔，教师相机指导。

教学活动三：聚焦评价，整体提升

1. 同桌分享交流微写内容，评议是否用到了点面结合的方法。

2. 学生分享优秀片段，共同进步。

资阳市安岳县岳阳小学　谢　敏

《少年闰土》教学设计

文本解读

《少年闰土》是统编版小学语文教材六年级上册第八单元的第一篇课文，节选自鲁迅的短篇小说《故乡》。课文通过“我”的回忆，刻画了一个机智勇敢、聪明能干、见多识广的农村少年——闰土的形象，表现了“我”与他儿时短暂而又真挚的友谊以及对他的怀念之情。课文配有两幅插图，第一幅图描绘的是闰土看瓜刺猹的场面，画面中的农村少年手持钢叉，目光坚毅，有助于学生图文对照，想象第1自然段描绘的场景，感受人物形象。

随文微写点

从自己的照片中选一张，仿照第1自然段写一写。（基于课后小练笔）

选点理由

1. 本课课后第一题：背诵第1自然段，体会闰土在“我”心中的美好形象。

2. 本课课后小练笔：从自己的照片中选一张，仿照第1自然段写一写。

教学过程

教学活动一：品读课文，感受形象

1. 学生品读“月下刺猹的闰土”。“月下刺猹的闰土”这段回忆，对于作者来说是记忆犹新的。学生轻声朗读第1自然段。

2. 教师课件出示以下文段。

“深蓝的天空中挂着一轮金黄的圆月，下面是海边的沙地，都种着一望无际的碧绿的西瓜，其间有一个十一二岁的少年，项带银圈，手捏一柄钢叉，向一匹猹尽力的刺去。那猹却将身一扭，反从他的胯下逃走了。”

（1）环境描写。

①学生读第一句话，圈出句子中描写的景物。

预设：天空、圆月、沙地、西瓜。

②学生想象作者描绘的画面。

（2）人物描写。

①教师读第一句，指名学生读第二、三句。

②教师引导学生体会：你觉得闰土是一个什么样的少年？把自己的感受批注在句子旁。

预设：机智勇敢。

③学生再读，要求把这个少年的英勇和机敏读出来。

（3）对比朗读。

①教师引导：第一句描写的是景物，第二、三句描写的是人物；景物是静态描写，人物是动态描写；读静的景物用舒缓的语调，读动的人物用轻快的语调；动静结合，画面简直太美了。

②学生读第一句，教师读后面两句。

教学活动二：品析课文，梳理方法

1. 学生默读，想想作者是怎样写出画面之美的。

2. 小组交流讨论。

3. 教师引导，师生共同归纳写法。

4. 教师小结：描写场景时先抓住几个景物写出当时的环境，再细致刻画人物的外貌、神态、动作写出人物的活动。

教学活动三：回顾瞬间，拓展练笔

1. 学生根据准备的照片，回忆当时的场景，仿照第 1 自然段说一说。

2. 同桌互相练说。

3. 学生练写。

4. 交流评议，集体提升。

宜宾市筠连县胜利街小学　张明秋

写景状物篇

在统编版小学语文教材中，我们经常会看到文质优美、意境雅致的文章。它们有的是描摹动植物、静态景物的状物文，有的是描写刮风、下雨等自然景象或是描写故宫、长城等名胜古迹的写景文。

物构成景，景中亦有物，状物与写景常常相伴相生，浑然天成。写景状物是小学生认识自然、认识世界的重要途径。因此，写景状物类习作也是小学习作中的一个重要类别。统编版教材写景状物习作教学序列清晰、梯度适中，符合学生的认知发展特点。

一、写景类

册序	单元	单元主题	语文要素	习作内容	习作要求
三年级上级	五	留心观察	1. 体会作者是怎样留心观察周围事物的； 2. 仔细观察，把观察所得写下来	我们眼中的缤纷世界	写印象深刻的一种事物或一处场景。观察要细致，用眼睛看，用耳朵听，用手摸，用鼻子闻，还可以尝一尝。观察时要注意事物的变化
	六	祖国河山	1. 借助关键语句理解一段话的意思； 2. 习作的时候，试着围绕一个意思写	这儿真美	写之前仔细观察，看看这个地方有些什么，是什么样子的。写的时候，试着运用从课文中学到的方法，围绕一个意思写

续表

册序	单元	单元主题	语文要素	习作内容	习作要求
四年级上册	一	自然之美	1. 边读边想象画面，感受自然之美； 2. 推荐一个好地方，写清楚推荐理由	推荐一个好地方	把这个地方介绍清楚，把推荐的理由写充分
四年级下册	一	田园生活	1. 抓住关键语句，初步体会课文表达的思想感情； 2. 写喜爱的某个地方，表达出自己的感受	我的乐园	写清楚乐园是什么样子的，在那儿最爱干什么，这个乐园带来了怎样的快乐
	五	按游览顺序写景物	1. 了解课文按一定顺序写景物的方法； 2. 学习按游览的顺序写景物	游____	按照游览的顺序写一个地方，把游览的过程写清楚，印象深刻的景物要作为重点来写，写出它的特点，可以用过渡句
五年级上册	七	自然之趣	1. 初步体会课文中的静态描写和动态描写； 2. 学习描写景物的变化	____即景	观察一种自然现象或自然景观，重点观察景物的变化。按照一定的顺序，有条理地描写景物，注意写出景物的动态变化
五年级下册	七	异域风情	1. 体会静态描写和动态描写的表达效果； 2. 搜集资料，介绍一个地方	中国的世界文化遗产	选择一处自己感兴趣的中国的世界文化遗产，搜集资料，写一份简介。可以使用图片、表格等辅助形式

二、状物类

册序	单元	单元主题	语文要素	习作内容	习作要求
三年级上册	五	留心观察	1. 体会作者是怎样留心观察周围事物的； 2. 仔细观察，把观察所得写下来	我们眼中的缤纷世界	写印象深刻的一种事物或一处场景。观察要细致，用眼睛看，用耳朵听，用手摸，用鼻子闻，还可以尝一尝。观察时要注意事物的变化

续表

册序	单元	单元主题	语文要素	习作内容	习作要求
三年级下册	一	可爱的生灵	1. 试着一边读一边想象画面； 2. 体会优美生动的语句； 3. 试着把观察到的事物写清楚	我的植物朋友	借助记录卡，写一写自己的植物朋友，试着把观察和感受写清楚
	七	奇妙的世界	1. 了解课文是从哪几个方面把事物写清楚的； 2. 初步学习整合信息，介绍一种事物	国宝大熊猫	围绕教材提供的问题介绍大熊猫。可以参考教材图表中提供的信息，也可以再查找资料，补充其他内容
四年级上册	三	连续观察	1. 体会文章准确生动的表达，感受作者连续细致的观察； 2. 进行连续观察，学写观察日记	写观察日记	试着进行连续观察，用观察日记记录自己的收获。主要记录观察对象的变化，还可以写写观察的过程、观察者当时的想法和心情
四年级下册	四	动物朋友	1. 体会作者是如何表达对动物的感情的； 2. 写自己喜欢的动物，试着写出特点	我的动物朋友	创设具体的情境介绍自己的动物朋友，从不同方面写出动物朋友的特点
五年级上册	一	万物有灵	1. 初步了解课文借助具体事物抒发感情的方法； 2. 写一种事物，表达自己的感情	我的心爱之物	写一写自己的心爱之物是什么样子的，怎么得到的，为什么会成为自己的心爱之物，写出自己的喜爱之情
	五	说明文	1. 阅读简单的说明性文章，了解基本的说明方法； 2. 搜集资料，用恰当的说明方法，把某一种事物介绍清楚	介绍一种事物	细致观察要写的事物，并搜集相关资料，写清楚事物的主要特点，试着用上恰当的说明方法，分段介绍事物的不同方面

写景状物的目的是给读者带来鲜明的视觉感受，让文字里的物像或画面形象生动。观察，是写景状物类习作的基础，也是此类习作的基本功。

留心是观察的应有态度。对观察之景或物保持一种好奇心和敏感度，抓住最感兴趣或印象最深之处，让物的特点清晰起来；细致观察，调动多种感官：用眼睛看，用耳朵听，用鼻子闻，用嘴巴尝，用手触摸（三年级上册第五单元）；写之前仔细观察，看看这个地方有些什么，是什么样子的（三年级上册六单元）；连续观察，捕捉观察对象的发展和变化（四年级上册第三单元）；观察一种自然现象或自然景观，重点观察景物的变化（五年级上册第七单元）；边观察边想象，让所见之景物在自己的体验中生长出新的形象，让景物更形象有趣。

有序是观察的基本方法。例如，从整体到局部、从上到下、从外到里……按照游览的顺序写一个地方，把游览的过程写清楚（四年级下册）；按照一定的顺序，有条理地描写景物，注意写出景物的动态变化（五年级上册）。这种观察时空的顺序也对应着行文表达的逻辑的顺序，让习作更加有条理。

随着观察能力的提升，学生写景状物的言语表达能力也有所提升。从物象本身到观察者的态度和感受再到借物抒情或融情于景。从景、物到人到情，让自然之景富有灵性和神韵（三年级下册第一单元、四年级上册第三单元、四年级下册一单元、五年级上册第一单元）。同时，为了能把事物的各个方面写清楚，除了观察所得，有时候还需要搜集相关资料，使内容更加丰富（三年级下册第七单元、五年级上册第五单元、五年级下册七单元）。

学生要写好写景状物类习作，根本途径是从教材中的此类文章中得到滋养，习得方法。从《荷花》中学写植物不同的样子；从《赵州桥》中学习总分结构的构段方式；从《小虾》中学写动物的活动；从《蟋蟀的住宅》中学写动物的生活场景；从《飞向蓝天的恐龙》中学习用对比列举的方式介绍事物；从《白鹅》中学习运用对比的手法，写出喜欢的动物的某一特点，表达对其喜爱之情；从《珍珠鸟》中学写动物与人相处的场景；从《四季之美》《威尼斯的小艇》中学写静态、动态之美；从《丁香结》中学写植物的象征意义……“随文微写”，从技术层面上分解了写景状物类习作的众多难点。

不难发现，为了培养学生写景状物的习作能力，教材在编排上注意层层推进，步步落实。例如，为了培养观察能力和习惯，在三年级上册时训练学生先观察一处场景；四年级上册训练学生连续观察，注意抓住事物的变化；五年级上册则指导学生抓住一处景物的变化，写出静态和动态之美。再如，训练学生的表达能力时，先学习围绕一个意思来介绍景物；再写出对景物的情感；然后学会用游览的观察顺序介绍一个地方；接着训练学生写出景物的变化；最后能介绍一处中国的世界文化遗产。统编版教材虽然只安排了四次写景类习作，但是在其他单元里也有许多写景类文章或文段，值得教师开发微写点来训练。

逐层递进的系列练习，让写景状物做到言之有物、言之有序、言之有韵。

整篇教学设计

《富饶的西沙群岛》教学设计

教材分析

《富饶的西沙群岛》是统编版教材三年级上册第六单元的一篇精读课文，本单元围绕“祖国河山”这一主题，旨在让学生领略祖国各地的美丽风光，激发学生热爱祖国大好河山的思想感情。本单元的语文要素是“借助关键语句理解一段话的意思”，教材在本文中提示学生注意关键语句。本文结构清晰，语言生动，介绍了西沙群岛的地理位置和它的美丽富饶，课文以“富饶”为中心，从海水的美丽、海底生物众多、海岛上鸟多三方面具体描述西沙群岛的富饶，表达了作者对祖国海疆的热爱与赞美之情。

学情分析

三年级的学生经过两年的学习，具备了初步的自主阅读能力，学生有主见，思维活跃，想象力丰富，但由于年龄小缺乏阅读经验，加之生活经验较少，因此在段落学习中，需要教师引导，让学生走进课本，在多种形式阅读中感悟作者的表达方法，从而运用到自己的习作中。

文本解读

本课结构清晰，语言生动优美，字里行间都蕴含着作者真挚的感情。第 1 自然段介绍了西沙群岛优越的地理位置，第 2～5 自然段分别从美丽的海水、海底多样的生物、海岛上众多的海鸟三方面具体介绍了西沙群岛的风景和产物，第 6 自然段与第 1 自然段前后呼应。其中，描写海岛景象的第 5 自然段段意明晰，是学生领悟段落表达方法、积累语言的范例。课文语言生动，富有儿童情趣，无论是写珊瑚还是海参，都把事物的特点描写得生动形象。本课以泡泡的形式提示学生关注关键语句，体现了语文要素。

本课微写点：根据课文第 5 自然段，结合课后小练笔，学习围绕一句话将事物写清楚。

教学目标

1. 有感情地朗读课文，了解课文从海水、海底生物、海岛上的鸟写西沙群岛，能发现第 5 自然段是围绕关键句“西沙群岛也是鸟的天下”来写的。

2. 学习围绕一句话将事物写清楚。

3. 激发学生热爱祖国大好河山的思想感情。

教学重难点

1. 有感情地朗读课文，了解课文从海水、海底生物、海岛上的鸟写西沙群岛，能发现第 5 自然段是围绕关键句“西沙群岛也是鸟的天下”来写的。

2. 能选择一幅图，仔细观察，写几句话描述图上的景观。

教学准备

教师准备多媒体课件。

教学过程

教学活动一：回顾课文，复习导入

教师导入：上节课我们学习了《富饶的西沙群岛》，知道了课文从海水、海底生物和海岛上的鸟三方面写西沙群岛风景优美，物产丰富，感受到海水的美丽。这节课我们继续走进西沙群岛，去看看海底、海岛的景色。

教学活动二：品读关键词句，感受海底的美丽富饶

1. 学生自由读第 3～4 自然段，找一找文段中写了哪几种海底生物。

预设：珊瑚、海参、大龙虾。

2. 教师出示珊瑚图片，学生欣赏并展开想象，说一说海底的珊瑚还像什么。

3. 学生品读描写海参的句子。

（1）教师出示海参图片，介绍海参。

（2）学生找出文章中描写海参移动的词语。

（3）学生交流文中的“到处都是”说明了什么。

3. 学生品读描写大龙虾的句子。

（1）教师出示大龙虾图片，学生仔细观察。

（2）学生找出文中哪个词语描写了大龙虾的样子。

（3）学生再读句子，读出大龙虾威武的样子。

4. 学生齐读第 3 自然段。

5. 学生默读第 4 自然段，说一说这里的鱼给你留下了怎样的印象。

6. 教师引导学生思考：从哪里体会到海里的鱼很多？从哪里可以感受到西沙群岛海里的鱼很美？

7. 学生有感情地朗读课文。

教学活动三：学习构段方式，随文微写

（一）学习第 5 自然段

1. 学生默读第 5 自然段，思考：这个自然段讲了什么内容？体现了西沙群岛的什么特点？

2. 学生试着用找关键句理解自然段的方法，读懂课文第 5 自然段是围绕哪句话写的。

预设：西沙群岛也是鸟的天下。（根据泡泡提示）

3. 学生讨论：作者围绕第一句话写了哪几方面的内容？

预设：树林多、海鸟多、鸟蛋多、鸟粪多。

4. 教师小结：西沙群岛天上飞的是鸟，树上停的是鸟，地上落的是鸟。这里到处都是鸟，这里是鸟的天下。

5. 教师引导学生思考：课文按照什么样的顺序介绍“鸟的天下”？

预设：课文按照从上到下的顺序，介绍了树林多、海鸟多、鸟蛋多、鸟粪多。

（二）迁移方法，随文微写

1. 学生仔细观察课后四幅图，选择自己喜欢的一幅图并写几句话。

2. 学生回顾课文第 5 自然段，体会作者是如何围绕一句话将事物写清楚的。

预设：

（1）颜色、样子、动作。

（2）按照一定的顺序写。

（3）运用学过的修辞手法。

3. 教师小结：要想写清楚，先要细致观察，发现特点，写的时候可以运用课文中的句式，围绕一个意思来写。

4. 学生练笔。

5. 学生自评。

评价表	
☆ ☆ ☆	能围绕一个意思写事物的特点
	能把特点按照一定顺序写清楚
	运用学过的句式和修辞手法

（三）总结

教师小结：这节课我们游览了海底、海岛的风光，练习围绕一个意思进行表达，希望同学们都能有所收获。

【设计意图】本课课后题提供了“随文微写”的素材，这样的小练笔基于学生对课文内容的理解和对作者描写手法的运用，可以训练学生的思维拓展能力和驾驭语言文字的能力。在写之前重新回到课文的第 5 自然段，让学生梳理作者的写作手法，教师进行总结，加强对借助关键句理解一段话意思的实践运用，使学生将所学知识转化为学习技能，扎实落实语文要素，能运用课文中的一些特点句式，乐于书写并且能够写清楚。

板书设计

富饶的西沙群岛

风景优美 物产丰富
- 海水：五光十色、瑰丽无比
- 海底：珊瑚（各种各样）、海参（懒洋洋）、大龙虾（威武）
- 海里：成群结队、好看极了
- 海岛：鸟

四川大学附属实验小学清水河分校　郑卓立

《花钟》教学设计

教材分析

统编版教材三年级下册第四单元以“观察与发现”为主题，单元语文要素是“借助关键语句概括一段话的大意”，旨在引导学生立足一段话的学习，准确判断一段话中的关键语句，并掌握借助关键语句概括一段话大意的方法，提高学生提取关键信息的能力。基于此目标，本单元编排了《花钟》《蜜蜂》《小虾》三篇课文，这些课文从不同的角度介绍了留心观察获得的各种发现。课文《花钟》通过观察，发现了植物不同的开花时间，引导学生认识细致的观察可以让我们对事物有更多的了解，进而感受观察的乐趣，培养学生做生活的有心人，养成认真观察、留心周围事物和勤于思考的好习惯。

学情分析

三年级学生已经有较强的识字写字能力。阅读时，能关注有新鲜感的词语或者句子，能初步把握文章的主要内容。在之前的学习中，学生已经学过如何借助关键语句理解一段话的意思，为本单元“借助关键语句概括一段话的大意”奠定了基础。

文本解读

本文主要写一天之内不同的花会在不同时间开放的现象，并探究和分析了这一现象产生的原因，揭示了花朵分时开放的奥秘。

课文共有3个自然段，第1自然段先概括地写观察后的发现：一天之内，不同的花开放的时间是不同的。接着按时间顺序列举了牵牛花、蔷薇等9种花不同的开放时间，描绘出一天之内百花争艳的生机勃勃的景象。第2自然段列举了不同植物开花时间不同的两种原因。第3自然段介绍了一位植物学家根据花的不同开放时间修建了一座“花钟”，其做法很有趣。

课文的语言生动形象，表达形式丰富。比如，同样直接写花开，所用动词都不同，“午时花开花了”用的是“开”，“万寿菊欣然怒放”用的是“怒放”，“月光花在七点左右舒展开自己的花瓣”用的是“舒展”。还有的不是直接写花开，而是运用拟人手法把花开写活了，比如，牵牛花“吹起了紫色的小喇叭”，昙花“含笑一现”等。这些多样的表达展现了鲜花争奇斗艳、芬芳迷人的画面，让学生有如临其境、如闻其香的感觉，为教学营造了良好的氛围。

本课微写点：仿照课文中表达鲜花开放的语句，写一写你喜欢的花。

教学目标

1. 能借助关键语句说出第 1、2 自然段的大意。背诵第 1 自然段。

2. 能体会用不同的说法表达鲜花开放的好处，并借鉴课文的表达进行仿写。

教学重难点

能体会用不同的说法表达鲜花开放的好处，并借鉴课文的表达进行仿写。

教学准备

1. 教师准备多媒体课件。

2. 学生提前借助各种工具，了解植物的花期，可以是在生活中看到的，也可以是从电视上看到的，重点关注它们开放的时间和姿态。

教学过程

教学活动一：默读全文，理清脉络

1. 学生找出每个自然段中交代本段主要内容的句子，勾画出来并读给同学听。

2. 学生交流，教师相机出示以下内容。

第 1 自然段：要是我们留心观察，就会发现，一天之中，不同的花开放的时间是不同的。

第 2 自然段：不同的植物为什么开花时间不同呢？

第 3 自然段：植物学家修建“花钟”，其做法很有趣。

3. 教师提示：有的时候，找到关键句后我们还要对关键句进行修改，才能准确地表达这段话的意思。

4. 教师小结：抓关键句是概括主要内容的好方法，再运用“加减法”能让我们更加准确地表达每个自然段的意思。

【设计意图】抓住关键句概括主要内容，能帮助学生清晰地把握文本，是中年级段落学习的一个重要方法。另外，把握文章的主要内容是《课标》在第二学段提出来的要求。因此教师在教学的时候，要教给学生概括主要内容的方法，给学生搭搭梯子。

教学活动二：精细研读，品味花美

1. 学生认识花名。

2. 学生了解花时。

（1）课文介绍了9种花开花的时间，学生读一读表示时间的词，看看有什么发现。

（2）学生交流自己阅读过程中的发现，教师相机指导。

（3）教师小结：作者观察得多细致啊！他发现了一天之内，不同的花开放的时间是不同的，并且不同的花开的样子也不同。

3. 学生欣赏花开。

（1）画一画：学生勾画出课文中描写花开的词语。

（2）填一填：教师课件出示以下内容，学生填空。

蔷　薇________　　　睡　莲________

万寿菊________　　　紫茉莉________

月光花________　　　昙　花________

（3）品一品：学生与同桌交流自己喜欢哪一种写花开的方法。

（4）说一说：学生汇报自己喜欢的句子，教师相机指导。

4. 师生共同品析关键语句。

（1）“牵牛花吹起了紫色的小喇叭。”

①学生思考：花像什么？

②教师小结：作者用“吹起了紫色的小喇叭”写出了花的颜色和形状特点，多有趣啊！

（2）“艳丽的蔷薇绽开了笑脸。”

①教师引导学生通过做动作的方式来理解“绽开”的意思。

②学生带着微笑的表情读一读。

（3）“睡莲从梦中醒来。”

①教师引导学生体会此处运用了拟人的修辞方法。

②学生猜猜睡莲做了个什么样的梦。

③教师指导朗读。

（4）“月光花在七点左右舒展开自己的花瓣。”

①教师引导学生理解“舒展”一词。

②学生发挥想象：把自己想象成一朵月光花，一边做“舒展开自己的花瓣”的动作，一边练习朗读。

(5)“昙花却在九点左右含笑一现……”

①教师引导学生体会此处使用了拟人的修辞方法。

②学生思考：“一现”说明了什么？教师提出成语“昙花一现”。

【设计意图】历经“认识花名”“了解花时”“欣赏花开”三个步骤，精读品析第1自然段，通过“画、比、品、填、练”等方式研读课文，引导学生体会不同句式的表达效果，增强学生的语言感悟能力。

教学活动三：总结方法，随文微写

1. 教师小结：表达相同意思，用到了不同的词语；采用一定的修辞手法具体写花开的样子；展开想象描写花开的形状及花朵的颜色。

2. 练写要求：仿照课文的表达方法，写写课后的小练笔。尽量用上课文中学到的词语或平时积累的词语。

________（什么花）________（怎样开）。

【设计意图】活学活用，读写结合。

板书设计

花钟

牵牛花吹起了紫色的小喇叭

蔷　薇________	睡　莲________	同义不同词
万寿菊________	紫茉莉________	修辞手法
月光花________	昙　花________	

四川大学附属实验小学江安河分校　陈春鸿

《小虾》教学设计

教材分析

统编版教材三年级下册第四单元以“观察与发现”为主题，编排了《花钟》《蜜蜂》《小虾》3篇课文，其中《小虾》是一篇略读课文。本单元的语文要素是“借助关键语句概括一段话的大意”，这一语文要素是三年级上册第六单元语文要素“借助关键语句理解一段话的意思”的序列化延伸发展，只有理解了一段话的意思，知道这段话是围绕哪句话来写的，才能找出关键语句，从而概括一段话的大意。这一语文要素又是本册第七单元语文要素的基础，从怎么把一段话写清楚到怎么把事物写清楚，体现了训练的梯度发展。

学情分析

在三年级上册第六单元的学习中，学生已经尝试了围绕一个意思来写一段话。初次尝试时，学生根据给出的中心句，抓住关键词，进行了段落的练习，知道了什么叫“围绕一个意思来写”，但写得还不够生动具体。三年级下册第三单元让学生了解了课文是怎么围绕一个意思把一段话写清楚的，并且模仿《赵州桥》《一幅名扬中外的画》中的关键语段进行了句段练习，运用了先总后分的叙述方式，用上了“有的……有的……有的……”的句式，从不同方面来写。这些铺垫为落实本课的微写点打下了基础。

文本解读

《小虾》以第一人称叙述了“我”养虾过程中的所见所闻和所感，写出了小虾的有趣和可爱，表达了作者对小虾的喜爱之情。

课文共有6个自然段。第1自然段交代了“我”产生养虾想法的原因；第2自然段写了“我”和阿成哥捉了些小虾养在缸里，并描述了小虾的样子；第3~6自然段具体写了“我”在饲养过程中观察、了解到的小虾的生活习性。

其中第3自然段描写最为细致，先写了小虾活动时的样子，接下来写小虾被激怒后的样子，重点描写了小虾生气后“腿”“钳子”“胡须”“眼珠子”是怎样的，整段文字轻松诙谐，把小虾的“有趣”表现得淋漓尽致。

本文的语言生动具体，富有情趣，很具有画面感。作者用“通体透明，像玻璃似的”“稍带灰黑色”“积着泥，长着青苔”形象地介绍了不同年龄的虾的体貌特征；用“独自荡来荡去”“互相追逐”“紧贴住缸壁”介绍小虾自在、悠闲的生活状态，用“不停地舞动”“一张一张”“一翘一翘”等词语介绍小虾受到惊扰后的样子。读了这些生动的语句，读者眼前自然会浮现出一个个画面。

课前导读部分提到“默读课文，说说第3自然段主要写了什么。”第3自然段是本文的重点段落，以“缸里的小虾十分有趣”为中心句，围绕“有趣”二字写了小虾活动时、生气时、搏斗时不同的样子，以动作为抓手，让文中的小虾仿佛真实出现在了我们面前。

本课微写点：仿照第3自然段，围绕中心句写一段话，写出另一种动物的特点。

教学目标

1. 认识“缸、隙”等9个生字，读准多音字“稍”。

2. 能借助关键句说出第3自然段的大意，仿照本段围绕中心句写一段话。

3. 体会文中写得细致生动的语句，并摘抄下来。

教学重难点

1. 能借助关键句说出第3自然段的大意，并仿照本段围绕中心句写另一种动物的特点。

2. 体会文中写得细致生动的语句。

教学准备

1. 教师准备多媒体课件。

2. 学生提前观察一种动物的活动姿态，可以是在生活中看到的，也可以是从电视上看到的，重点关注它们的动作。

教学过程

教学活动一：回顾导入，识字学词

1. 教师引导学生回顾单元课文，导入新课。

2. 教师出示本课的生字词，学生接龙读准字音。

生字词：一口缸　空隙　掀开　稍微　追逐　末端　钳子　搏斗　较大腹部

3. 重点指导两组形近字：“末”和“未”、“搏”和“博”。

【设计意图】通过回顾本单元《花钟》《蜜蜂》这两篇精读课文，总结“借助关键语句概括一段话的大意”的方法，这个方法在本课的学习中也会用到。在处理生字词时，重点指导几个形近字，通过展示字形演变、对比部首等方法让学生把字形记得更准确。

教学活动二：通读全文，整体感知

1. 学生自由朗读课文，边读边思考：课文是从哪些方面写小虾的？

预设：养虾原因、小虾的样子、生活习性。

2. 学生用波浪线勾画出描写小虾样子的句子。

3. 学生汇报勾画的句子。

【设计意图】带着问题来读课文，能快速把握全文的主要内容，初步感知小虾的特点。勾画描写小虾样子的语句能让学生对小虾的外形有具象的认识。

教学活动三：精读“有趣”，随文微写

1. 根据文前的学习提示，教师带领学生聚焦第 3 自然段的学习。

2. 学生边读边思考：第 3 自然段主要写了什么？你是从哪里读出来的？

预设：“缸里的小虾十分有趣”。借助关键语句可以概括一段话的大意。

3. 教师引导学生思考：这缸里的小虾到底有趣在哪里？课文围绕“有趣”二字又是如何写的？

(1)“它们有的独自荡来荡去，有的互相追逐，有的紧贴住缸壁。”

①学生结合语句想象画面。

②教师小结：平时活动的小虾有不同的样子，作者用了 3 个“有的”，所以当你要写不同的样子时，可以用上“有的……有的……有的……”这样的句式。

(2)“要是你用小竹枝……连眼珠子也一突一突的。”

①教师课件出示以下两句话。

“一路上像生了气似的，不停地舞动着前面那双细长的腿，腿末端那副钳子一张一张的，胡须也一翘一翘地摆动着，连眼珠子也一突一突的。”

“一路上像生了气似的，不停地舞动着前面那双细长的腿，腿末端那副钳子张着，胡须翘着，连眼珠子也突着。”

男女生分别读句子，思考更喜欢两句当中的哪一句以及原因。

②教师小结：“一张一张”“一翘一翘”“一突一突”都是小虾的细节，作

者通过细致的观察，用生动的语言把小虾活灵活现地展现在我们面前，这就是“细致生动”的描写。

(2)“小虾的搏斗很激烈……有时还会蹦到缸外的地面上。”

学生分享对这句话的体会。

4. 学生说说第3自然段在段落结构上有什么特点。

预设：

(1) 作者先总后分，开头是一个中心句，后面都是围绕这个中心句在写。

(2) 作者是从平时活动、生气时、搏斗时这三方面来写小虾的有趣的。

5. 学生思考：这三方面的描写顺序能不能调换？

预设：小虾的行动和情绪是越来越激动的，所以不能调换。

6. 练写要求：你有观察过其他动物吗？它们又有什么特点呢？请你模仿第3自然段也来写一写，围绕一个中心句来写，写出它的某个特点。

7. 学生在课堂上完成练写，写完后可以在小组内分享交流。

8. 教师小结：围绕一个中心句，用一段话写出了小动物的某个特点，我们还可以用同样的方法来写一种植物、一个人。

【设计意图】第3自然段是本课的重点段落，需要细细品读。首先是结构，本段是典型的总分结构，这是中段学生需要掌握的构段方式。其次是细节描写，本段比较突出的是动作描写，值得学生进行模仿。再次是写作顺序，逻辑思维较强的学生能体会到作者这样安排的用意，对他们自己的写作也有指导性。品读出这些写作技巧后再来进行仿写，学生就有法可循了。

教学活动四：品读佳句，体会生动

学生分享自己喜欢的课文其他段落中的语句，并在课后把这些句子摘抄下来。

【设计意图】体会文中细致生动的表达，将脑海中想象出来的画面用自己的话表达出来，并养成积累优美语句的习惯。

教学活动五：补充资料，强调观察

1. 学生思考：作者能观察得这么细致的根本原因是什么？

预设：作者对小虾的喜爱。

2. 教师介绍齐白石画虾，课件出示齐白石的作品，学生感受大师的细致观察。

【设计意图】补充“齐白石画虾”的故事，既是对课文的拓展延伸，又提示学生平时要留心观察生活，细致观察才会有不一样的发现。

板书设计

小虾

样子：
- 才长大的虾：通体透明
- 老的虾：稍带灰黑色、积着泥、长着青苔

生活习性：
- 平时活动：有的……有的……有的……
- 生气时：一张一张、一翘一翘、一突一突
- 搏斗时：蹦出水面、蹦到缸外

四川大学附属实验小学清水河分校　邓　茜
成都市新津区万和小学　高昌杰

《乡下人家》教学设计

教材分析

统编版教材四年级下册第一单元的语文要素是“抓住关键语句，初步体会课文表达的思想感情”和“写喜爱的某个地方，表达出自己的感受”。本单元根据语文要素编排了《古诗词三首》《乡下人家》《天窗》《三月桃花水》四篇课文。这四篇课文编排在一起，从不同角度展现了乡村生活的多彩，让人感受到乡村生活的淳朴、独特与美好。

学情分析

本课旨在让学生从平凡的事物、普通的场面中体会乡村生活的美，了解课文在空间、时间上交叉叙述的顺序。虽说四年级学生已具备了初步的语言感悟能力，但部分学生对乡村的景物不太熟悉，需要教师搭建平台。

文本解读

《乡下人家》是统编版语文教材四年级下册第一单元的一篇精读课文，它用质朴而生动的文字向读者呈现出一幅田园风光的写意画卷。课文通过描绘一个个自然、和谐的场景，展现了乡下人家自然和谐、充满诗意的乡村生活，也赞扬了乡下人家热爱生活、善于用自己勤劳的双手装点家园的美好品质。

全文共7个自然段，第1～2自然段写了乡下人家屋前色彩斑斓的瓜架、鲜花，以及屋后的青竹和鲜笋；第3～4自然段写了乡下人家房前屋后自由觅食的鸡鸭；第5～6自然段写了乡下人家夏天傍晚和秋天夜里的美好景象；最后一个自然段是全文的中心句，写乡下人家在任何时候，都有独特、迷人的风景。作者在描绘乡村人家的画面时，对乡村生活的憧憬贯穿全文，最后凝聚在结尾，用“一道独特、迷人的风景”抒发了作者对乡下人家生活的向往之情。

本课微写点：仿照第5自然段最后两句话，练习先分项列举再总说的写作方法，每句话的最后都是对前面景物总体印象的概括。

教学目标

1. 想象乡村迷人的景色，体会作者对乡下人家和农村生活的热爱之情。

2. 品味优美的语句，学习作者通过描写乡下人家的景物来表达感情的写法，并进行仿写，学习一种习作的表达方法。

教学重难点

1. 品味优美的语句，学习作者通过描写乡下人家的景物来表达感情的写法，并进行仿写，学习一种习作的表达方法。

2. 学会抓住重点语句，由读学写，仿写片段。

教学准备

1. 教师准备课件。

2. 学生提前观察乡村景色。

教学过程

教学活动一：回顾画面，导入新课

1. 教师导入：上节课我们初步了解了课文的内容，知道课文按时间和空间交叉的顺序来描写，并给七个场景取了好听的名字。同学们还记得是哪些吗？

预设：瓜藤攀檐图、鲜花绽放图、雨后春笋图、鸡群觅食图、鸭子戏水图、院落晚餐图、歌声催眠图。

教学活动二：品读课文，体会情感

1. 学生默读课文，勾画景致中的关键词句，想象画面，并与同桌交流自己对课文描写的哪一处景致或画面最感兴趣。

2. 学生品读第1自然段，说说自己的体会。

预设：

（1）“青”“红”“绿”，从这三个词语中感受到色彩的丰富。

（2）“搭瓜架”“种南瓜”“攀瓜藤”“花儿落”“结出瓜”，从这些词语中发现乡下一年四季的景致是不断变化的，充满了勃勃生机。难怪作者说“比那高楼门前蹲着一对石狮子或是竖着两根大旗杆，可爱多了”。

2. 学生品读第2自然段，分析关键语句。

（1）教师出示句子："有些人家，还在门前的场地上种几株花，芍药，凤仙，鸡冠花，大丽菊，它们依着时令，顺序开放，朴素中带着几分华丽，显出一派独特的农家风光。"

①学生思考："朴素"和"华丽"本来是一对反义词，用在这里恰当吗？

②预设："朴素"一词在这里指的是乡下人家随意栽种、没有精心养护这些花儿，即便这样也能开出漂亮的、让人惊艳的花儿，所以是朴素中带有几分华丽。

（2）教师出示句子："几场春雨过后，到那里走走，你常常会看见许多鲜嫩的笋，成群地从土里探出头来。"

①学生思考：你刚才是怀着怎样的心情读"探出头来"的？把"探"换成"钻""伸""冒"可以吗？

②预设：不可以。这句话写春天下雨后竹笋长得很多很快，形象地呈现了"雨后春笋"的美妙画面。尤其是"探出头来"，拟人化的手法让人感受到嫩笋长势的迅速，嫩笋如同一个个淘气顽皮的娃娃从土里探出头，充分展示了春笋勃勃的生机。

③学生带着小春笋们渴望、迫切的心情再来读一读句子。

3. 学生默读第 3、4 自然段。

（1）教师指名学生读第 3、4 自然段。

（2）学生交流自己从"率领""耸着尾巴""大踏步地走"这些描述中看到了怎样的画面。

（3）学生交流自己从"扎到""从不吃惊"这些描述中体会到了什么。

4. 学生学习第 6 自然段。

（1）学生边读边思考"缓缓的""柔柔的""像催眠曲"是什么写法。

（2）学生有感情地朗读文段。

【设计意图】每学完一个自然段后，让学生带着感情读一读，既可以加深对课文的理解，又可以培养学生的朗读能力，相互促进，相得益彰。

教学活动三：细读课文，由读学写

1. 学生学习第 5 自然段。

（1）教师指名学生读第 5 自然段，引导学生思考：这里的"天高地阔"是什么意思？

预设：吃饭的环境不一样，红霞的映照是晚餐的灯，向晚的微风是天然的空调，鸟儿是他们伴餐的好友。

（2）教师小结：红霞、微风、鸟儿都是大自然的景，和人都融在一起，这是多么和谐，多么独特迷人的景致！

（3）学生有感情地齐读第 5 自然段。

2. 教师出示第 5 自然段最后两个句子和语文园地词句段运用的例句。

“天边的红霞，向晚的微风，头上飞过的归巢的鸟儿，都是他们的好友。它们和乡下人家一起，绘成了一幅自然、和谐的田园风景画。”

“飞翔的海鸥，金色的沙滩，白色的浪花，构成了迷人的海岸线。”

（1）教师引导学生交流两句话在表达上有什么共同的特点。

预设：这两个例句都有丰富的景物，如第一个例句中的景物“红霞”“微风”“鸟儿”，第二个例句中的景物“海鸥”“沙滩”“浪花”；这两个例句在表达上先分项列举景物，然后每个例句的最后是对前面景物总体印象的概括。

（2）教师小结：上面两个例句就是先分项列举再总说。

（3）学生从第 14 页的三幅图中，选择自己最感兴趣的一幅，仔细观察其中的景物（注意抓大放小），试着用上面例句的表达方式写一写。

（4）学生把自己的所看所想写下来，然后同桌交流。

（5）全班集中交流。

①交流草原图：这幅图的观察顺序可以由远及近，也可以由近及远，再用一句话表达自己看草原图的整体感受。

预设：湛蓝的天空下，远处的高山，近处的草地，成群的羊和马在自由地吃草，构成了一幅迷人的草原风光图。

②交流山水图：这幅图可以先写什么样的小溪，再按顺序写什么样的草地、绿树、山峰，还有什么样的鸟儿，除了写自己看到的，还可以写自己仿佛听到了什么，再用一句话来表达一下内心的感受。

预设：一条清澈的小溪在山间潺潺流淌，溪边，绿草如茵，树木葱郁。远处，山峰高低错落，两只小鸟在林中飞过，歌声婉转动听，好一幅清新秀丽的山水画！

③交流校园图：这幅图可以按由近及远或由远及近的顺序观察。

预设：宽阔的操场上同学们尽情地玩耍，远处的教学楼美丽壮观，食堂外面绿树成荫、鸟语花香，这就是我们美丽的校园，是我们播种希望和梦想的地方。

【设计意图】由读学写，获意得文。本环节旨在带着学生品读课文，发现句子在写法上有什么特点，再学着观察插图进行仿写，发挥“课文就是写作的例子”的功能。

教学活动四：课堂小结

教师小结：学习了本文，我们欣赏了乡下迷人、独特的风景，了解了乡下人家质朴、快乐的生活，不禁心生向往之情。

板书设计

乡下人家

瓜藤攀檐图　鲜花绽放图　雨后春笋图

鸡群觅食图　鸭子戏水图　院落晚餐图　歌声催眠图

微写：分项——总说（对前面景物印象的概括）

四川大学附属实验小学　张　兰

《白鹭》教学设计

教材分析

《白鹭》是统编版语文教材五年级上册第一单元的第一篇课文。本单元以“万物有灵”为主题，语文要素为借助生活中的具体事物，抒发作者的真情实感；写出自己对一种事物的感受。《白鹭》是郭沫若先生写的一篇寓情于物的散文，课文描写了白鹭的外形和觅食、栖息、飞行时的美，表达了作者对白鹭的喜爱和赞美之情。课文语言凝练，句句含情，白鹭形象之美和在不同场景中的美跃然纸上。作为本单元开篇的精读课文，它在本单元起着提纲挈领的作用，学好本课可以为后面几篇课文的学习打下良好的基础。《课标》中提出工具性与人文性的统一是语文课程的基本特点。在《白鹭》这篇课文中，既要重视课文中的语言、描写方式等，同时也要重视体会课文中所蕴含的思想感情。

学情分析

经过四年的语文学习，五年级学生初步掌握了把握文章主旨的方法，对文中所表达的思想感情有一定的感悟能力。学生开始从具体形象思维过渡到抽象思维。因此，在理解“镜匣”“嵌”等生字词时可以通过直观形象的图片辅助学习，而在阅读的过程中，要重点培养学生抓住重点词句想象画面、体悟情感的能力。另外，学生处于由第二学段到第三学段的过渡期，更适合合作探究的学习方式。

文本解读

《白鹭》是一篇寓情于物的散文。课文描写了白鹭的外形和觅食、栖息、飞行时的美，表达了作者对白鹭的喜爱和赞美之情。《白鹭》行文简洁，结构严谨，可分为三部分：第一部分（第 1 自然段）是全文的总起句，以精巧的诗来比喻白鹭的美。第二部分（第 2～8 自然段）具体描写了白鹭的美。这一部分又可以分为第一层（第 2～5 自然段）从颜色、身段写白鹭的外形之美；第二层（第 6～8 自然段）借助“水田钓鱼”“枝头独立”“空中低飞”三幅画面，写白鹭在不同场景中的美。第三部分（第 9～11 自然段）与第一部分首尾呼应，抒写了作者对白鹭如诗一般美的赞叹。课文语言凝练，句句含情，白鹭形象之美和在不同场景中的美跃然纸上。

本课微写点：恰当地运用对比等修辞手法描写事物的外形，再写一写事物在一个具体情境中的表现，抒发你对事物的感情。

教学目标

1. 认识“鹭、嫌”等 6 个生字，会写“宜、鹤”等 10 个字。能正确、流利、有感情地朗读课文。

2. 能抓住文中的关键词句进行分析和感悟，从而体会白鹭精巧的特点，进一步从中体会作者的喜爱、赞美之情。

3. 学会结合具体情境，运用修辞手法描写一个事物，表达对它的情感。

教学重难点

1. 能抓住文中的关键词句进行分析和感悟，从而体会白鹭精巧的特点，进一步从中体会作者的喜爱、赞美之情。

2. 学会结合具体情境，运用修辞手法描写一个事物，表达对它的情感。

教学准备

1. 教师准备教学课件。

2. 学生自学生字、生词，搜集有关白鹭的资料。

教学过程

教学活动一：猜谜语，引白鹭

1. 学生猜猜“雪衣雪发青玉嘴，群捕鱼儿溪影中。惊飞远映碧山去，一树梨花落晚风”描写的是哪种动物。

预设：白鹭，从“雪衣”“青玉嘴”“捕鱼”等猜出。

2. 教师导入：这是唐代诗人杜牧笔下的白鹭。今天我们要继续走近郭沫若笔下的白鹭。

教学活动二：忆文意，理脉络

1. 学生用原文的话回答作者眼中的白鹭是什么样子的。

预设：

(1)“白鹭是一首精巧的诗。”

(2)“白鹭实在是一首诗，一首韵在骨子里的散文诗。”

2. 学生思考这篇文章是什么结构。

预设：总分总。

3. 学生自读课文，回顾文章脉络，试着体会文中饱含了作者什么样的情感。

教学活动三：品文味，感受美

1. 教师引导学生思考：大家感受到了作者对白鹭的喜爱、赞美之情，可是文中并没有“喜欢”“喜爱”等字眼，你们是怎么看出来的呢?

预设：

(1) 作者在课文中写它大小适宜，还写了它在不同情况下都很美。

(2) 作者说它是一首诗，诗就是很美的，所以白鹭也是很美的。

教师小结：这就是借物抒情。借助事物，抒发作者的真情实感。

2. 学生默读第 2~5 自然段，找出白鹭的外形特点，想想文中是怎么描写并突出这个特点的。

预设：白鹭的外形特点是“色素的配合，身段的大小，一切都很适宜”。(第 2 自然段中心句)

3. 教师引导学生思考：哪些语句体现了白鹭身段大小的适宜? 哪些语句体现了白鹭色素配合的适宜?

(1) 学生默读，勾画批注。

(2) 小组交流，互相完善观点。

(3) 全班汇报。

预设：

①学生交流第 3 自然段：写白鹭大小的时候，把白鹭和苍鹭、朱鹭进行了比较，“太大、嫌生硬、太不寻常”凸显了作者对白鹭的偏爱。

②学生交流第 4 自然段：联系苍鹭和朱鹭，体会白鹭“常见”的美，以及作者为白鹭常见而被忽视的不平，感慨白鹭的朴素。

③学生抓住描写白鹭颜色和形态的词语，想象白鹭的样子：雪白、流线型、铁色、青色。

(4) 教师小结：作者运用排比句式由整体到局部，更能说明白鹭颜色刚刚好。这就应了文中那句“色素的配合，身段的大小，一切都很适宜”。

4. 学生默读第 6~8 自然段，找出自己觉得美的地方并说说理由。

(1) 学生默读，勾画批注。

（2）小组交流，互相完善观点。

（3）全班汇报。

预设：

①第 6 自然段中的“钓”字，运用了拟人的修辞手法，将捕鱼的白鹭想象成在钓鱼，体现白鹭的悠闲。

②“田的大小好像是有心人为白鹭设计的镜匣。”这句话写白鹭在水的倒影中照镜子，也能体现出“闲适”。

③白鹭是乡居生活的一种“恩惠”。黄昏的空中，白鹭低飞的画面把人们所向往的安定、纯洁的境界形象地展现出来，生活在这样的环境中是一种享受，因此说这“更是乡居生活中的一种恩惠”。

5. 学生思考；为什么不能说“白鹭是一首优美的歌”，而说“白鹭就是一首散文诗”？

预设：白鹭的美是一种闲适悠然的美，是一种如诗般含蓄的美，而不是热烈的美，不像歌曲那么铿锵。所以作者说白鹭是如诗般的美。

6. 学生有感情地朗读课文。

【设计意图】引导学生抓住“适宜”这个关键词，体会“适宜”体现在哪些地方，并且了解文章运用了对比写法和排比式短语。结合插图，抓住文章的关键词句和修辞手法体会郭沫若先生是如何通过文字将白鹭的美描绘出来的。前面的内容由教师带着学，后面的内容学生自主合作学习，这样可以锻炼学生的学习能力，也使课堂更加有活力。

教学活动四：习方法，微创作

1. 教师小结：运用对比、排比、拟人等修辞手法突出事物的颜色或形态等特点，结合具体情境中事物的表现，抒发对事物的感情。

2. 教师展示生活中不同事物的图片——小猫喝水、小狗追球、小熊玩偶、溜冰鞋等，出示例文引导学生练写。

3. 教师出示要求，学生随文仿写。

练写要求：运用修辞手法描写事物的外形，再写一写事物在一个具体情境中的表现，抒发你对事物的感情。

（1）学生练写。

（2）学生交流互评。

【设计意图】采用“以课促写”的方式，在学生研读文字的同时，感受事物的特点，习得作者的表达方法，并通过微写即时运用。

板书设计

白鹭
- 精巧的诗　　　　　　　　　　对比、排比、拟人
- 如诗如画　　　　　　　　　　入情入境
  - 垂钓闲适图
  - 清晨瞭望图
  - 黄昏低飞图
- 一首韵在骨子里的散文诗　　　喜爱、赞美之情

四川大学附属实验小学江安河分校　杨　娟

《珍珠鸟》教学设计

教材分析

《珍珠鸟》是统编版小学语文教材五年级上册第一单元的课文。本单元以“万物有灵”为主题编排课文。本课以生动细腻、富有情趣的语言写出了珍珠鸟由怕人到信赖人的变化过程，展现了作者与珍珠鸟的美好情谊。本单元的语文要素是“初步了解课文借助具体事物抒发情感的方法”，习作要求是“写一种事物，表达自己的感情”。把情感寄托在描述的事物中，是文章表达情感的常见方法，这篇文章也旨在引导学生自主品味表现事物特点的词句，体会蕴含在字里行间的感情，并在习作中表达出自己的真情实感。

学情分析

五年级学生已掌握多种学习方法，具备了听、说、读、写的能力。学生学习过一些描写动植物的文章，但这类题材的文本多以说明文的形式出现，语言并不优美，说理也不够生动。冯骥才的这篇散文则将“人”与“物”有机地结合起来，文末的说理自然生动并且深刻，学习中要引导学生以读促悟，以读促写，在细细品读作者细腻笔触的同时，将自己的感受用文字表达出来。

文本解读

《珍珠鸟》是一篇叙事抒情的散文，作者以轻松活泼的笔调，精心描写了珍珠鸟的可爱形象，抒发了作者的喜爱、赞美之情。文章按照时间顺序叙述了“我”和珍珠鸟一家三口从相识、熟悉、亲近，到相依相伴的关系变化过程。描写了珍珠鸟的形状、色彩、动态，使小鸟憨直、顽皮、活泼的形象跃然纸上。文章落笔写鸟，实则写人，通过描写人与小鸟之间感情的沟通，表达了作者对互相信赖、和谐美好的世界的渴望和追求。《珍珠鸟》通过对珍珠鸟从怕人到信赖人的变化过程的描述，展现了作者与珍珠鸟的美好情谊。课文语言生动，很多地方写出了珍珠鸟的可爱，把作者和珍珠鸟的情感交融描绘得细腻动人，作者对珍珠鸟的喜爱之情体现在字里行间。

希望学生通过阅读文本，体会人与动物之间的真情实感，再通过微写训练将这种感情表达出来。学习这篇课文时，一方面要带领学生品味作者的语言，借助关键语句，梳理珍珠鸟与作者之间情感变化的线索，体会作者和珍珠鸟之间的情谊，感受“信赖，往往创造出美好境界”；另一方面要引导学生通过想象，描写珍珠鸟陪伴作者的画面，表现作者与鸟儿之间的美好情谊，创造美好境界。

本课微写点：通过想象，描写珍珠鸟陪伴作者的画面，表现作者与鸟儿之间的美好情谊，勾勒美好境界。

教学目标

1. 认识“蔓、幽”等12个生字，读准多音字“待”。正确、流利、有感情地朗读课文。

2. 能借助关键语句，梳理珍珠鸟与作者之间情感变化的线索，体会作者和珍珠鸟之间的情谊，感受“信赖，往往创造出美好境界”。

3. 通过想象，描写珍珠鸟陪伴作者的画面，表现作者与鸟儿之间的美好情谊，勾勒美好境界。

教学重难点

1. 能借助关键语句，梳理珍珠鸟与作者之间情感变化的线索，体会作者和珍珠鸟之间的情谊，感受“信赖，往往创造出美好境界”。

2. 通过想象，描写珍珠鸟陪伴作者的画面，表现作者与鸟儿之间的美好情谊，创造美好境界。

教学准备

教师准备课件。

教学过程

教学活动一：交流预习情况，学习字词

1. 教师导入：珍珠鸟是一种可爱的小鸟，但它又是一种怕人的小鸟。今天我们要学习的这篇文章就写了冯骥才先生和珍珠鸟之间发生的故事，一起去看看吧！（教师出示珍珠鸟的图片）

2. 师生交流预习情况，学生学习字词。

(1) 学生自主识字，交流分享，教师相机指导。

(2) 教师出示重点字词，学生朗读。

(3) 教师小结：作者对小鸟的情感藏在这些词语里，用心读才能体会得到。

教学活动二：品读关键语句，体会“人”与“鸟”的信赖

1. 学生自主阅读，整体感知。学生默读课文，想一想：通过阅读课文，你知道了什么？

预设：

(1) 课文主要写了由于作者对珍珠鸟的悉心照顾和真切关爱，让小鸟由怕人到喜人、近人、亲人、爱人的经过。

(2) 珍珠鸟的样子和习性。

2. 学生细读课文，感受“人”与“鸟”的信赖。

(1) 学生读一读文中最能体现作者对小鸟感情的语句。

(2) 学生用心想一想：作者最想告诉我们什么？

(3) 教师小结：作者最想告诉我们的是“人与鸟如何相处”的道理：信赖，往往创造出美好的境界。

(4) 学生探究：作者说的仅仅是人与鸟之间的信赖吗？

预设：不仅是人与鸟，还有人与动物、人与自然、人与人。

3. 学生品读重要段落，体会美好情感。

(1) 学生交流自己觉得文中描写的哪一个境界最美好，并说说理由。

预设：“有一天，我伏案写作时，它居然落到我的肩上。我手中的笔不觉停了，生怕惊跑它……还咂咂嘴，难道在做梦？”因为珍珠鸟原来是怕人的，现在不怕人了；落在“我”的肩上，而且睡着了，令人意想不到；人与鸟就像亲人一样依偎着。

(2) 学生交流是什么创造了这样美好的境界。

预设：信赖，小鸟对人的信赖。

(3) 学生读文，勾画相关语句，体会“我”是怎样逐渐得到珍珠鸟的信赖的。

预设：“我”不去惊扰它；“我”从来不伤害它（起先……随后……渐渐……先……然后……再……）。

(4) 教师小结：没有伤害，只有关爱，才有信赖。信赖，才能创造美好的境界。

【设计意图】在了解课文大意的基础上，学生围绕学习内容充分质疑，提出自己不理解的地方，然后运用各种方式自主探究，这样有助于提高学生的阅读能力。

教学活动三：融情入境，书写美好境界

1. 练写要求：白天，它这样淘气地陪伴我；天色入暮，它就在父母再三的呼唤声中，飞向笼子，扭动滚圆的身子，挤开那些绿叶钻进去。小鸟还会怎样陪伴我？在我看书的时候？在我写作累了，闭目养神的时候？我在房间里踱步的时候？请你用三五句话，写出鸟与人之间美好的境界。可用上文中“起先……随后……再……”这些表示顺序的词语，进行有序描写。

2. 师生交流点评。

3. 教师小结：信赖是人和动物、人与人之间友好相处的基础，因为信赖产生爱、温暖、包容。这种美好的境界需要我们不断地用心去发现，去体会，去记录。

【设计意图】学以致用，在有限的课堂时间里充分调动学生的积极性，借助珍珠鸟陪伴作者的画面描写，体现人与鸟之间的美好情感，促进学生阅读和写作能力的提高。

教学活动四：推荐阅读，丰富积累

1. 学生朗读与“信赖”有关的句子。

2. 教师推荐学生阅读书籍《最后一头战象》。

【设计意图】让句中、书中的情感和课文中的真情形成共鸣，激发学生对人与人、人与动物、人与自然之间美好情感的认识和思考。

板书设计

珍珠鸟

关爆　　　　描写有序

“我”——小鸟　　　　想象画面

信赖

四川大学附属实验小学江安河分校　杨　璐

《四季之美》教学设计

教材分析

《四季之美》是统编版教材五年级上册第七单元的一篇精读课文。本单元的语文要素是“初步体会课文中的静态描写和动态描写”，习作要求是“学习描写景物的变化”。本文作者按照一年四季的顺序描写了春天的黎明、夏天的夜晚、秋天的黄昏和冬天的早晨等不同时刻的景物变化，营造了独特的氛围。

学情分析

五年级学生已具备一定的分析、欣赏写景散文的能力，思维和审美能力正在培养形成之中。对意境、语言的表达有所体会，但体会不深。因此通过对本课的学习，学生能进一步感受清少纳言笔下的四季独特之美，培养学生细致观察和细腻描写的能力，激发学生的形象思维，激发想象力，促进个性发展。

文本解读

本文作者感受细腻，选材独特，字里行间蕴藏着独特的韵味。从独特的视觉出发，捕捉景致瞬间微妙的动态变化，作者观察细致，用词精准，语言优美，描写了春夏秋冬中，同一场景同一景物，同一场景不同景物，不同场景不同景物的动态变化之美。

本课微写点：仿照课文，用几句话写一写自己印象深刻的某个景致。

教学目标

1. 反复朗读课文，品读精准的用词，体会作者细致的观察和描写，感受景物的动态变化美，体会文章的独特。

2. 联系上下文，体会作者是怎样写出景物的动态变化的。

3. 仿照课文，写一处景物，尝试写出动态变化。

教学重难点

1. 反复朗读课文，品读精准的用词，体会作者细致的观察和描写，感受景物的动态变化美，体会文章的独特。

2. 联系上下文，体会作者是怎样写出景物的动态变化的。

3. 仿照课文，写一处景物，尝试写出动态变化。

教学准备

课件、课前导学单。

教学过程

教学活动一：谈话导入，回顾课文

1. 教师导入：《四季之美》是一篇有独特韵味的文章。它独特在哪里呢？让我们一起寻找新发现。

2. 学生齐读课题。

3. 学生整体感知四季之美的独特视觉：时刻。

4. 学生回顾文中四季独特的景物。

5. 学会寻找身边四季独特的景物，说说自己的观察。

【设计意图】回顾课文，激发学习兴趣，将学生直接带入课文的情境中。

教学活动二：引导学习春天之美

1. 学生自由朗读，寻找作者如何写出天空的独特之美。

2. 师生交流，教师指导朗读。

预设：

(1) 鱼肚色、红晕、红紫红紫——颜色丰富。

(2) 一点儿一点儿——颜色变化过程。

(3) 泛、染、飘——范围变化、动态变化。可通过替换法体会用词的精准。

3. 创设情境，修改文段，换词写出动态，让表达更精准。

4. 教师小结：作者抓住颜色、范围、变化过程，用上精准的动词写出了天空动态变化的美丽。

【设计意图】引导学生深入文本，体会作者的细观察、细描写，感受精准的用词。

教学活动三：小组研学，体会夏、秋之美

1. 小组讨论：借助导学单，在文中夏、秋两季里，对给你留下印象最深的部分进行批注，组内交流，全班汇报。

2. 小组汇报，教师指导朗读。

“夏天最美是夜晚。”

（1）学生想象明亮的月夜、阴沉的暗夜、朦胧的雨夜——不同场景，背景颜色不同，萤火虫的光亮也不同。

（2）教师展示图片，学生发现更多不同的变化。

（3）教师指导朗读，要求学生读出不同的状态。

（4）教师小结：作者抓住了同一事物在不同场景下的动态变化。作者的细观察是数量的多少、亮度的大小、飞行的状态，她还用准确的词语来表达，写出了夏夜独特的韵味。

3. 仿说练习一：同桌练说，创设情境。教师出示睡莲早上和晚上不同状态的图片，学生说说其动态变化之美。

4. 仿说练习二：学生分享生活中观察到的不同景物在同一场景下的动态变化。

“秋天最美是黄昏。”

（1）学生抓住不同景物：归鸦、大雁、风声、虫鸣，体会作者的细观察。

（2）学生发现作者的细描写，并读出变化。

预设：点点归鸦、成群结队、急急匆匆、比翼连飞、风声、虫鸣。

（3）教师小结：作者抓住归鸦、大雁、风声、虫鸣这几处不同的景物在同一场景里数量、大小、状态的变化，写出了秋天的独特韵味。

5. 教师小结：学习了清少纳言的《四季之美》，我们可以从同一景物在同一场景下、同一景物在不同场景下、不同景物在同一场景下的状态进行选材。怎么写出独特的韵味呢？动态变化，从景物的颜色、状态、数量等方面来写。当然，最重要的是要有像作者那样仔细的观察，细致的描写，准确的用词，并写出自己独特的感受。

【设计意图】借助群体力量，在互学汇报中想象画面，在反复朗读中体会作者的细观察和细描写，从而总结作者独特的表达方法，创设情境同桌练说，个体分享生活中的细致观察。

教学活动四：写法迁移，微型写作

1. 教师明确写作要求：仿照课文，用几句话写一写自己印象深刻的某个景致，写出动态变化就更好了。（可分层选择仿写片段）

2. 学生现场生成文稿，教师巡视评价。

3. 师生互评。

4. 教师小结：四时景物皆成趣。用上今天学到的方法仔细观察、细致描写，我们也能写出属于我们的独特的生活趣味。

【设计意图】学生运用学到的方法，模拟练写。写作层次目标：会根据不同场景进行选材；能补充具体的细节，写到颜色、形状、状态等方面的变化；用词精准，巧妙地写出动态变化和自己独特的感受。

板书设计

四季之美

细观察　　细描写

独特
- 春：天空　　同一景物　同一场景
- 夏：萤火虫　　同一景物　不同场景　　动态变化
- 秋
  - 归鸦、大雁　　不同景物
  - 风声、虫鸣　　同一场景

四川大学附属实验小学　周　丹

《草原》教学设计

教材分析

统编版教材六年级上册第一单元以“触摸自然”为主题，编排了《草原》《丁香结》《古诗词三首》《花之歌》四篇课文。本单元的语文要素是“阅读时能从所读的内容想开去”，要求学生阅读时不仅能把握文章内容，体会思想感情，还能由课文展开联想，在深入理解课文的同时，活跃思维，激发创造力。

学情分析

六年级学生已经初步了解文章的基本表达方法，学习的目的性、感知的精确性有所加强；思维能力由具体的形象思维向抽象逻辑思维过渡。因此，教师需要加强启发式、开放性教学，运用学生自主合作探究的学习方法，注意发展学生比较、分析、综合、评价等思维能力。

文本解读

《草原》是老舍先生的一篇散文。作为开篇精读课文，《草原》描绘了内蒙古大草原美丽的自然风光和浓郁的风俗民情。课文第 1 自然段对草原景色的描写，清新怡人，让人回味。

本课微写点：在写景的同时，展开联想，让景物更加细致美妙，落实语文要素。

教学目标

1. 读准“蒙”，写好“毯、蹄”等 4 个字。

2. 朗读课文，能想象草原迷人的景色，领悟作者的表达手法与表达的思想感情，并读出自己的感受。

3. 能体会在写景中融入感受的好处，并能运用这种方法进行仿写。

教学重难点

1. 朗读课文，能想象草原迷人的景色，领悟作者的表达手法与表达的思想感情，并读出自己的感受。

2. 能体会在写景中融入感受的好处，并能运用这种方法进行仿写。

教学准备

教师准备课件。

教学过程

教学活动一：回顾引入，激发兴趣

1. 学生齐诵《敕勒歌》。

2. 学生交流草原风光给自己留下的印象。

3. 教师介绍老舍写《草原》的背景后揭题，学生齐读课题。

教学活动二：整体感知，初识“草原”

1. 学生自由读文，读准字音。

2. 教师出示易错生词检查学生预习情况。

3. 教师重点指导学生读准多音字“蒙”，写好半包围结构字“毯、腐”，写好左窄右宽字“蹄”。

4. 学生说说课文写了哪几个场景，试着用小标题概括。

教学活动三：品读想象，感知“草原”

1. 学生自由读第 1 自然段，想想草原像什么，用一个比喻句说说你的发现。

2. 学生再次默读第 1 自然段，勾画相关语句，批注你的感受，在小组中交流。

3. 小组汇报，学生读出感受。

预设：

（1）“在天底下，一碧千里，而并不茫茫。四面都有小丘，平地是绿的，小丘也是绿的。”——广阔之美。抓住“一碧千里”体会草原的广阔而有层次。

（2）“羊群一会儿上了小丘，一会儿又下来，走到哪里都像给无边的绿毯绣上了白色的大花。”——和谐之美。抓住“绣”体会。

（3）“那些小丘的线条是那么柔美，就像只用绿色渲染，不用墨线勾勒的中国画那样，到处翠色欲流，轻轻流入云际。”——柔和之美。抓住“渲染”“勾勒”和两个“流”字体会。

（4）“在这境界里，连骏马和大牛都有时候静立不动，好像回味着草原的无限乐趣。”——宁静之美。抓住“回味”体会。

4. 学生谈谈体会，读出草原之美。

教学活动四：展开想象，仿写练笔

1. 教师引导学生再回味课文中的几句话。

2. 教师提示：这几句话中，前半句写景，后半句是作者的联想。通过后半句的“联想”，使前半句的景物更加细致、美妙，让人心生向往。

3. 学生欣赏教师带来的几幅画，并用这种表达手法把自己看到的和联想到的写下来。

4. 学生仿写，展示分享。

板书设计

草原｛草原风光 / 喜迎远客 / 主客联欢｝ 抓关键词 联想开去

四川大学附属实验小学江安河分校 杨 娟

微课教学设计

《美丽的小兴安岭》教学设计

文本解读

《美丽的小兴安岭》是一篇优美的写景文章，以季节变化的顺序，介绍了我国东北小兴安岭一年四季的美丽景色和丰富物产，表达了作者对祖国大好河山的赞美和热爱之情。每个季节都抓住了极具特点的事物来写，在教学中教师要引导学生发现这一写法，并尝试运用围绕一个意思写一段话的写作方法。

随文微写点

围绕一个意思写一段话。（基于第 2 自然段）

选点理由

1. 本课所在单元的习作要素：习作的时候，试着围绕一个意思写。

2. 本单元习作内容：这儿真美。写的时候，试着运用从课文中学到的方法，围绕一个意思写。

教学过程

教学活动一：研读小兴安岭的春天，学习写法

1. 学生默读第 2 自然段，用简洁的语言概括这段话的内容。

2. 教师引导学生思考：小兴安岭的春天写到了哪些景物？它们分别是什么样的？

（1）学生数一数第 2 自然段有几句话。

（2）学生勾画每句话中描写的景物。

（3）学生概括每种景物的特点。

3. 学生交流：你觉得哪些词作者用得很好，为什么？

4. 教师引导学生体会“抽出”的妙用，让学生感受枝条快速而有力地长出来的样子，体会春天的勃勃生机。

5. 教师引导学生抓住拟声词“淙淙”，从声音感受春天的生机盎然。

6. 教师引导学生抓住动词“俯、侧”，通过动作体会小鹿的可爱。

7. 学生加上动作朗读课文，读出对春天的喜爱。

8. 教师小结：作者在这一段描写了春天的枝条、叶子、小溪、小鹿，写出了春天小兴安岭的勃勃生机，展现春天的美丽。

教学活动二：创设情境，围绕一个意思说一段话

1. 教师提示：课文描写小兴安岭美丽的春天，抓住了枝条、小溪、小鹿的特点进行描写，采用了围绕一个意思写一段话的写作方法。

2. 教师引导：冬婆婆走了，春姑娘偷偷来到了公园里。春天的公园是怎么样的呢？公园里有哪些景物？这些景物有什么特点？

3. 教师出示图片，学生看图说话。

4. 全班交流。

教学活动三：牛刀小试，随文微写

1. 学生自选题目。

题目：

下课了，操场上真热闹！

秋天到了，果园里一派丰收的景象。

美食大会开始了，教室里弥漫着食物的香味。

……

2. 学生展示，交流赏析。

内江市威远县严陵镇中心学校　何东蔺

《蟋蟀的住宅》教学设计

文本解读

《蟋蟀的住宅》是统编版小学语文教材四年级上册第三单元的第三篇课文，作者法布尔通过细致、持续的观察，真实、生动地介绍了自己观察到的蟋蟀住宅的特点，以及蟋蟀修建住宅的才能，表达了作者对蟋蟀的喜爱之情。全文采用拟人的修辞手法，在细致观察的基础上，展开丰富的想象，把蟋蟀比作人，把它的巢穴称作“住宅”，把它的活动比作人的活动。拟人手法的使用，既生动、贴切地描绘了蟋蟀的形象，给读者留下深刻、鲜明的印象，又能让读者体会作者对蟋蟀的喜爱以及细致入微的观察给作者带来的乐趣。

随文微写点

仿照文章的写法，用拟人的手法写一个你熟悉的小动物的生活场景。

选点理由

1. 本课所在单元的语文要素：体会文章准确生动的表达，感受作者连续细致的观察。

2. 本课所在单元的单元习作：学写观察日记，记录观察对象的变化。

3. 本课课后习题第三题：课文将蟋蟀比作人，把蟋蟀的巢穴比作人的住宅，说说这样写的好处。

教学过程

教学活动一：对比阅读，发现表达特点

1. 教师出示课后第三题节选文段，学生默读选段，思考文段和《蟋蟀的住宅》在表达方式上有什么不同？

（1）学生自由默读文段并思考。

（2）学生分享发言。教师相机引导学生结合关键词句“体形微扁，头部圆形，触角长、呈线状”发现文段在表达上力求简洁、准确；引导学生对比关键词句“雄虫利用位于前翅基部的脊产生求偶鸣声”和“当四周很安静的时候，蟋蟀就在这平台上弹琴”，发现《蟋蟀的住宅》在表达上运用了拟人的手法，表达有趣、生动。

（3）教师小结：这段节选文字是介绍科学知识的短文，目的是让读者快速了解科学知识，所以语言简洁、准确；而《蟋蟀的住宅》是一篇科学小品文，作者除了注重表达的准确，还注重表达的生动，让我们读起来感觉很有趣味。课文中还有很多地方运用了拟人的修辞手法，你能再到课文中找一找，读读这些句子吗？

2. 学生寻找拟人句，并自由读句子，互相交流。

3. 学生交流作者这样写有什么好处。

4. 教师小结：在法布尔笔下，蟋蟀被赋予了人的精神，它们像人一样智慧，一样勤劳，不仅会工作，还会享受，它们就像法布尔的朋友一样亲切。

教学活动二：方法迁移，自主创作

1. 教师出示练写要求：仿照文章的写法，用拟人的手法写一个你熟悉的小动物的生活场景。

2. 学生交流自己观察到的一种动物的生活场景。教师点评，结合学生交流过程中的关键词句引导学生认识拟人的手法就是要赋予动物以人的动作、情感、精神……强化写作方法的同时，针对有些学生观察比较粗浅这一问题，教师引导学生像诗人一样进行不同角度的观察，像叶圣陶一样进行持续的观察，像法布尔一样一边观察一边思考，渗透观察方法。

3. 学生根据教师的评价，完善口头表达，并动笔练写。

教学活动三：小组推荐，佳作互赏

1. 小组合作，完善练笔。

2. 小组推荐，佳作互赏。学生应从“观察的细致性、表达的准确性、拟人手法的使用”三个方面进行推荐。

四川大学附属实验小学　杨慧颖

《猫》教学设计

文本解读

《猫》是统编版小学语文四年级下册第四单元的课文，作者是老舍。课文以作者对猫的喜爱之情为主线，主要写了两部分内容，第一部分讲的是猫的性情很古怪，第二部分讲的是小猫很可爱。文章第一句话简明扼要地交代了猫的性格古怪，然后先写猫的性格，再写小猫的特点，段落层次很清楚。写猫的性格强调了“古怪”，写满月的小猫强调了“好玩”，这都是为了突出中心思想，表达作者对猫的喜爱之情。无论是写猫的古怪也好，还是写小猫的淘气也好，老舍先生都抓住了具体细致的特征进行描写。

随文微写点

围绕动物或人物看似矛盾的性格特点，通过具体事例进行描述，表达对其的感情。(基于课文第 2 自然段)

选点理由

1. 本课所在单元的语文要素：体会作家是如何表达对动物的感情的。
2. 本课课后小练笔：读一读，体会这段话的表达特点，再照样子写一写。
3. 本单元习作训练内容：我的动物朋友。

教学过程

教学活动一：谈话导入，整体感知

1. 教师导入：同学们，你们谁养过猫？能给大家说一说吗？最好能讲一下发生在你们之间有趣的小故事。
2. 教师展示：猫的图片，学生交流这些猫给你留下了怎样的印象。
3. 学生自由读文，感知文中猫的特点。
4. 全班交流、体会猫的特点：古怪、淘气。

5. 学生说说猫的古怪表现在哪三个方面。

预设：它既老实，又贪玩，又尽职；它高兴时温柔可亲，不高兴时一声不吭；它既什么都怕，又勇猛敢斗。

教学活动二：品析课文，学习写法

1. 学生细读第 2 自然段，体会作者是如何把猫的古怪写清楚的。学生勾画描写猫老实、贪玩、尽职的句子，体会其特点，并且有感情地朗读。

2. 教师指导朗读，要求学生读出词语和句子的语气。

3. 学生找出猫性格古怪的具体表现。

4. 教师小结：通过刚才的学习，我们眼前出现了老实的猫、贪玩的猫、尽职的猫，“老实、贪玩、尽职”集于一身，的确写出了猫的性格古怪。作者笔下的猫为什么给我们留下了如此深刻的印象？

5. 师生共同梳理写法：细致观察，点明特点；运用具体的事例、恰当的词语把特点写清楚，表达喜爱的情感。

教学活动三：仿照课文，随文微写

1. 教师举例：写哥哥。

（1）点明哥哥的特点：胆小、勇敢。

（2）写出具体的事例：害怕虫子；有人欺负弟弟时，保护弟弟。

（3）运用恰当的词语：“吧”“哪怕……也”“可是”等。

2. 学生“随文微写”。

（1）练写要求：你也一定有喜欢的人或动物吧，运用具体的事例、恰当的词语，把其特点写出来，表达你对其的喜爱之情。

（2）学生练写。

教学活动四：聚焦评价，整体提升

1. 教师组织交流，赏析学生练写的优秀片段。

2. 学生聚集文段是否“围绕动物或人物看似矛盾的性格特点，通过具体事例进行描述，表达对其的感情”进行评议。

3. 学生修改小练笔。

四川大学附属实验小学江安河分校　杨　璐

《白鹅》教学设计

文本解读

《白鹅》是统编版教材四年级下册第四单元第三篇课文，本文主要描绘了一只高傲的白鹅的形象，表达了作者对白鹅的喜爱之情。课文主要围绕“鹅的高傲，更表现在它的叫声、步态和吃相中”这句话来写，细致刻画了白鹅的叫声、步态、吃相，体现了它高傲的性格特点。作者善于运用对比的方法来突出白鹅的特点，通过对比，白鹅可爱风趣的形象通过文字展现在读者眼前，使人如闻其声，如见其形。

随文微写点

运用对比的手法，写出自己喜欢的动物的某一特点，表达对它的喜爱之情。(基于课文第4自然段)

选点理由

1. 本课所在单元的语文要素：体会作家是如何表达对动物的感情的；写自己喜欢的动物，试着写出特点。

2. 本课课后练习第三题：把鹅和鸭的步调进行比较，这样写有什么好处?

3. 本单元习作训练内容：我的动物朋友。

教学过程

教学活动一：回顾课文，感知白鹅的高傲

1. 学生回顾全文的中心句，明确白鹅高傲的特点，表现在它的叫声、步态和吃相中。

2. 学生读文中描写白鹅叫声、步态和吃相高傲的词语。

叫声：严肃郑重　厉声呵斥　厉声叫嚣　引吭大叫

步态：傲慢　步调从容　大模大样　傲然

吃相：三眼一板　从容不迫　一丝不苟　架子十足

3. 学生自由读文，体会作者是如何把白鹅的高傲写清楚的。

教学活动二：品析白鹅步态的高傲，读中学写

1. 学生齐读第 4 自然段，想一想丰子恺笔下白鹅的步态有什么特点。

2. 教师组织学生交流梳理：白鹅的步态很傲慢，句中把白鹅和鸭子进行比较，让人感受到它走路的大模大样。

3. 学生边读边思考：明明是写鹅，为什么又要写鸭子？

预设：文中写到鸭子走路步调急速，有局促不安之相；而白鹅步调从容，大模大样。这样比较可以感受到白鹅走路时是很傲慢的。

4. 教师小结：作者写鸭子步调急速，局促不安，是为了更好地突出白鹅的步调从容、大模大样。这样一对比，就更加凸显出白鹅的高傲。

5. 师生共同梳理写法：点明特点；选取对比的对象；进行对比，突出特点，表达情感。

教学活动三：选择对象，随文微写

1. 教师举例：写小狗的机警护家，和猫对比。

（1）点明小狗的特点：我家的小狗十分机警护家。

（2）选择对比的对象：猫，总是事不关己，懒洋洋地躺着。

（3）进行对比，突出小狗的特点，表达对小狗的喜爱。

2. 学生“随文微写”。

（1）练写要求：学习课文第 4 自然段的写法，选择一个喜欢的小动物，通过对比，写出它的某一个特点。

（2）学生练写。

教学活动四：聚焦评价，整体提升

1. 教师组织交流，赏析学生练写的优秀片段。

2. 学生聚集文段是否“运用对比的手法，写出喜欢的动物的某一特点、表达对它的喜爱之情”进行点评。

四川大学附属实验小学江安河分校　杨　璐

《祖父的园子》教学设计

文本解读

《祖父的园子》选自萧红的自传体长篇小说《呼兰河传》。课文以儿童的视角描写园子中的景物，用第一人称讲述了“我”和祖父在园子中的生活，平静、自由的园子在我的眼中是一个乐园。课文的语言别具韵味，将感情蕴含在景与事之中，表达了“我”对祖父深沉的爱与依恋，对童年园子中生活的深深怀念。全文分为三个部分，第一部分重点写了园中的昆虫、花草、树木，表现园子景物繁多、色彩明丽的特点；第二部分主要写了“我”和祖父在园子里的活动；第三部分再次写了园中的景物。

随文微写点

仿写课文第16自然段，采用“……愿意……就……”的排比句式，采用总分的结构，把事情或者事物写具体，表达自己的真情实感。

选点理由

1. 本单元的语文要素：体会课文表达的思想感情。
2. 本课课后第二题：读句子，体会“我”内心的感受。
3. 本单元的习作要求：把一件事情的重点部分写具体。

教学过程

教学活动一：初读课文知结构

1. 学生默读课文，边读边思考：这段话是围绕哪一句话来写的？勾画出关键句。

预设：“一切都活了，要做什么，就做什么。要怎么样，就怎么样，都是自由的。”

2. 学生总结这是一个怎样的园子。

预设：这是一个自由的园子。

3. 学生找出园子中有哪些景物。

预设：倭瓜、黄瓜、玉米、蝴蝶。

4. 教师小结：作者先总写这个园子是自由的，然后具体写倭瓜、黄瓜、玉米、蝴蝶这些景物都是自由的。

教学活动二：再读课文知表达

1. 学生默读课文第 16 自然段，说说作者是如何表现景物的自由。

预设：作者用上了“……愿意……就……”的句式。

2. 教师出示以下句子。

“倭瓜愿意爬上架就爬上架，愿意爬上房就爬上房。黄瓜愿意开一朵花，就开一朵花，愿意结一个瓜，就结一个瓜……玉米愿意长多高就长多高，它若愿意长上天去，也没有人管。”

（1）学生找出这段话的特别之处。

（2）教师小结：相同句式的反复出现，也叫排比。

（3）师生读，说体会。

（4）学生交流自己的感受。

预设：园子里的一切都很自由，很开心。

3. 师生共同梳理写作方法：先总后分的结构；采用“……愿意……就……”的排比句式。

教学活动三：创设情境微写作

1. 练写要求：作者在祖父的园子里，是快乐的，自由的，园子里的一切都是自由的。请你们发挥想象，园子里还有什么植物？还有什么昆虫？作者在园子里还做了哪些有趣的事？选择一个方面，运用先总后分的结构，采用“……愿意……就……”的排比句式写一段话。

2. 学生练写。

教学活动四：聚焦评价促提升

1. 学生分享，交流赏析。

2. 学生围绕结构和表达两方面进行评价。

宜宾市筠连县胜利街小学　陈方英

成都市龙江路小学分校　张晓姝

《牧场之国》教学设计

文本解读

《牧场之国》是统编版语文教材五年级下册第七单元的第二篇课文。课文描绘了荷兰牧场白天的辽阔、宁静，夜晚的祥和、神秘、含蓄。课文第 1 自然段起到统领全文的作用，用一句话点明了荷兰这个国家的三个特点，明确了本文是将笔触定格于荷兰广袤的牧场。课文第 2～4 自然段描绘了牧场上动物们富有情趣的生活，第 5 自然段写了人们挤牛奶，将牛奶运走，入夜后，牲畜都沉睡了的寂静祥和。课文的最后一段用“这就是真正的荷兰”来结尾，既是对全文的总结，也表达了作者对荷兰牧场宁静、悠闲、和谐的赞美。课文语句优美，舒缓而富有节奏，充分表现了荷兰牧场的诗情画意。

随文微写点

采用拟人的修辞手法，写写你身边的小动物。(基于课文第 2 自然段)

选点理由

1. 基于本单元的语文要素：体会静态描写和动态描写的表达效果。

2. 作者采用拟人化的写法，写出了动物们富有情趣的生活，通过微写训练，实现在表达中的迁移运用。

教学过程

教学活动一：谈话导入，明确目标

教师导入：初读课文第 2 自然段，牛群专注吃草的样子给我们留下了深刻的印象，作者笔下的牧场是那么的富有诗情画意。

教学活动二：品析课文，从读学写

1. 学生初读语段，明确语段采用了拟人的修辞手法。

“一条条运河之间的绿色低地上，黑白花牛，白头黑牛，白腰蓝嘴黑牛，在低头吃草。有的牛背上盖着防潮的毛毡。牛群吃草时非常专注，有时站立不动，仿佛正在思考着什么。牛犊的模样像贵妇人，仪态端庄。老牛好似牛群的家长，无比威严。极目远眺，四周全是碧绿的丝绒般的草原和黑白两色的花牛。这就是真正的荷兰。”

（1）学生说说牛群吃草的主要特点。

预设：非常专注。

（2）学生思考：课文是怎样写牛群吃草的景象的？

预设：作者用“专注”“仪态端庄”“无比威严”等词语，把牛群当成人来写，赋予牛群以人的身份、性格等，凸显了牧场宁静、舒适的特点。

2. 学生再读语段，说说自己的发现。

预设：前面几句话整体写了牛群吃草的共同特点“非常专注”。后一句写了一些牛特殊的表现，有像“贵妇人”的牛犊，也有“好似牛群的家长”的老牛。先写奶牛的群体，再写个体的表现。

3. 师生共同梳理写作方法：动物拟人化；先群体再个体。

教学活动三：创设情境，随文微写

1. 教师引导：来到茂密的森林，这里生活着形态各异的动物。想象一下，它们都有些什么活动？

2. 学生交流。

3. 教师出示练写要求：仿照课文的第 2 自然段，运用所学的写作方法——动物拟人化和先写群体后写个体，写一写森林中动物的活动。

4. 学生练写。

教学活动四：聚焦评价，整体提升

1. 教师组织交流，赏析学生练写的优秀片段。

2. 学生聚集文段是否用了拟人化的手法写出了动物的特点，是否关注了群体和个体两方面进行评价。

宜宾市筠连县胜利街小学　陈方英
成都市龙江路小学分校　张晓姝

《丁香结》教学设计

文本解读

《丁香结》是统编版教材六年级上册第一单元的第二篇课文，作者宗璞用细腻的笔法描写了北京城内丁香的美丽姿态，记述了由“丁香结”发生的联想。本单元的语文要素是“阅读时能从所读的内容想开去”。《丁香结》是一篇文质兼美的散文，作者从多个角度带我们欣赏了丁香花颜色、香味、形态的美，让我们感受到丁香给作者带来的欢愉，接着写在一次微雨中，作者偶然发现丁香结叫法的缘由，并对丁香结有了新的感悟，引发了作者对人生的思考：生活不可能总是一帆风顺的，正视生活中遇到的不顺心，把它看作生活的一部分，这样的人生才有滋味。

随文微写点

丁香结引发了作者对人生的思考，由此，你还会想到哪些有象征意义的植物呢？（基于对最后一个自然段的理解）

选点理由

1. 本单元语文要素：阅读时能从所读的内容想开去。

2. 本课的教学难点：通过微写训练来突破难点，激励学生学习作者豁达乐观的人生态度。

3. 这是五年级上册“初步了解课文借助具体事物抒发情感的方法”训练点的延伸，也是“交流平台”的训练点。

教学过程

教学活动一：品读句子，悟花谈花

1. 学生默读第5、6自然段，边读边思考什么是丁香结，找出相关语句。

2. 教师引导学生想象：为什么把小小的花苞称为丁香结？它象征着什么？

预设：丁香结自古以来象征着愁怨难解。

3. 学生思考：丁香结引发了作者对人生怎样的思考？

预设："每个人一辈子都有许多不顺心的事，一件完了一件又来。"

4. 学生讨论交流以下问题。

（1）不顺心的事指的是什么？

（2）面对年年都有的丁香结，作者的态度是什么？

（3）作者对丁香结赋予了什么新的意味？

5. 学生讨论交流：我们生活中也有这样的一朵朵丁香结，你生活中的丁香结是什么？你准备怎么去化解心中的"结"？

教学活动二：类比联想，品悟人生

1. 教师小结：小小的一朵丁香花引发了作者对人生的思考，这种表现方法就是象征。我们生活中也有许多植物，能带给我们对人生的思考。

2. 教师引导学生回顾旧知：五年级上册《落花生》中父亲教导我们要像花生一样，要做有用的人，不能做只讲体面，而对别人没有好处的人。

3. 教师提示：我们生活中的竹子、梅花、兰花、菊花等植物，以其美丽的样子和高贵的品质带给我们很多启迪，想想哪一种植物给了你启发。

4. 师生共同梳理写法：作者在写丁香结的时候，先描写丁香花的颜色、香味、形态，再写丁香结给自己带来的感悟。

5. 学生练写。

教学活动三：分享交流，整体提升

1. 教师选择优秀片段分享交流。

2. 师生评议：片段是否写出了植物的特点，是否写出了象征意义。

3. 学生结合范例的评议方式，自己修改段落。

资阳市安岳县岳阳小学　谢　敏

陌上花开

低段“随文微写”之句子仿写训练

《课标》第二部分对一、二年级学生写话的要求是：对写话有兴趣，写自己想说的话，写想象中的事物，写出自己对周围事物的认识和感想；在写话中乐于运用阅读和生活中学到的词语。显然，《课标》十分强调低年级的写话教学。句子仿写是典型的语言实践形式，更是一种简单的写话活动，它是习作的基础，学生在训练的过程中能有所创新，感到主动参与的快乐，并能养成爱习作的好习惯。

在教学实践中，笔者从以下几方面进行了句子仿写训练。

一、巧用教材，以说促写

一、二年级教材中都安排了补充句子和扩写句子，即把句子写具体的练习，如一年级下册语文园地六“照样子说一说”的例句“小白兔割草”可以扩写成“小白兔在山坡上割草”“小白兔弯着腰在山坡上割草”等，这就是训练学生把句子表达具体。

二、贴近生活，融入情感

作文教学不能脱离生活，仿写训练也一样，要引导学生去观察生活，感受自然，分析自然中的种种现象。比如，在一年级上册《小小的船》中仿写“弯弯的月儿像小船”。教师首先要向学生讲解这句话运用的是比喻的修辞手法，重点要让学生知道“像”这个字的运用，然后提问：为什么月儿会像小船？前后比喻的东西是不是同一个？当学生熟练地掌握这些问题的时候，他们就对仿写有一定的认识了。学生打开思路以后，他们就能仿写“蓝蓝的天空像海洋”这样的句子。学生各抒己见，仿写的句子精彩纷呈。

三、发挥想象，个性创新

在《秋天》教学中要求学生仿写“一会儿……一会儿……”的句式，首先向学生讲解句子中“一会儿”表示的意思是短时间内事物不停变化所产生的现象。笔者在教学过程中创设了这样一个情境：“孩子们，天空中有什么啊？除了太阳之外，还有什么呢？是的，还有白云。你们仔细观察过白云的形状吗？它们像什么呢？”学生兴趣盎然，畅所欲言，说出了白云的很多形状。有学生说：“天上的白云，一会儿像胡子飘飘的老头儿，一会儿又像威武的狮子。”还有的学生说：“天上的白云，一会儿像四处奔跑的骏马，一会儿像活蹦乱跳的鱼儿。”想象是作文创新的翅膀，句子仿写要创新，当然离不开丰富的想象。特别对于低年级学生来说，他们充满了奇思妙想，常常能让人眼前一亮。

四、养成习惯，循序渐进

如在《雨点儿》中仿写“……从……”的句式，大多数学生会说“我从屋里出来”“他从外面回来”等简单而没有文采的句子。长期这样练习，学生的表达能力只会止步不前，后续的习作也可能简短单调。所以，教师要指导学生用一些修饰的形容词使句子表达更具体，或者直接要求学生写长句子，如“洁白的雪花从天上飘落下来”“青青的小草从土里偷偷探出头来”等，久而久之，学生的表达就会具体生动。低年级句子仿写遵循由简到繁、由易到难、由浅入深的原则，按仿句、仿段、仿篇有序进行练习，学生肯定就会有所收获。

在低段“随文微写”教学中，教师应该用各种方法引导学生展开句子仿写的训练，并且训练起点要早，要从启蒙阶段开始，帮助学生夯实基础，为学生架起“写话”与“习作”的桥梁。

学生句子仿写展示：

“……像……”

1. 妹妹小小的嘴巴像红红的樱桃。

2. 妈妈长长的头发像黑色的瀑布。

3. 老鼠的尾巴像一条线。

4. 燕子的尾巴像一把剪刀。

"一会儿……一会儿……"

1. 天上的白云一会儿像小羊，一会儿像小鱼，有趣极了！

2. 小猫钓鱼很不专心，一会儿捉蜻蜓，一会儿捉蝴蝶。

3. 春天的天气像娃娃，一会儿晴，一会儿雨。

4. 天上的云彩变幻多端，一会儿是百合色，一会儿是半紫半红。

"……从……"

1. 数不清的雨点儿从云彩里飘落下来。

2. 金黄的树叶从树上纷纷扬扬地飘落下来。

3. 一只可爱的青蛙从水里轻轻地跳出来。

4. 漂亮的小松鼠从树上快速地窜下来。

内江市威远县严陵镇中心学校　李　燕

《四季》“随文微写”教学实践

“随文微写”就是随课文教学进行微型习作训练，即在课文学习过程中，指向单元习作重点，选取有价值的练习点或具有语用衍生力、思维张力和情趣感召力的经典语段，伴随着语文学习过程以及形成的特定氛围，有针对性地提升学生书面表达能力的教学形式。“随文微写”既是习作知识点的分解练习，也是落实培养学生语言运用能力，提高学生语文素养的有效途径。低年级学生年龄小，词汇量不大，语言表达能力弱。因此，低段“随文微写”应当指向遣词造句，从最基层、最基础的方面培养学生的语言表达能力，即随课文教学进行表达训练，包括口头表达和书面表达，先说后写，从词到句。那么低段“随文微写”可以从哪些方面着手训练呢？接下来，以《四季》为例，说说笔者在教学实践中的具体做法。

一、研读教材，精心选点

训练点的选择应始终紧扣教材的单元习作表达训练点，结合不同文体、课文的表达特点，保证阅读教学与语言运用的统一性，使读写融通，读写相长，并进行有效训练，达到积微成著的目的。

《四季》是统编版教材一年级上册第四单元的第三篇课文，本单元主题是“自然”。《四季》是一首富有童趣的儿歌。作者通过对春天的草芽、夏天的荷叶、秋天的谷穗和冬天的雪人这几种代表性事物的描述，表现了春、夏、秋、冬四季的不同特点，表达了对四季的喜爱之情。全文共四小节，运用拟人化的写法，语言亲切且富有情趣，使用叠词，富有童趣且朗朗上口。课文各小节语言句式、结构大致相同，便于学生仿说仿写，积累语言。课后第二题要求学生仿照课文说一说自己喜欢的季节。语文园地中“词句段运用”也要求拓展积累与四季有关的词语，说说自己喜欢的季节。因此，笔者将本文微写点确立为仿照课文，写自己喜欢的季节。

二、品读文段，读中学写

（一）紧扣叠词，积累语言

在指导学生品读第1、2小节时，首先，通过插图，让学生观察草芽、荷叶的形状，感受其特点，同时联系生活实际，说说还有哪些尖尖的、圆圆的事物。接着，通过对比读“尖——尖尖、圆——圆圆”体会叠词的表达效果，进一步感受景物特点。最后，出示柳枝、桃花、太阳等图片，指导学生模仿叠词的表达方式说说春夏季节里景物的特点。

学龄特点和接受能力是我们在教学中必须考虑的因素。只有准确地把握学情，教学才能做到有的放矢，起到事半功倍的效果。一年级孩子的“写”，首先要体现在“积累”和“说”的方面。在课文的教学过程中可以就一个词有针对性地指导学生进行说话练习，能说好词，有一定量的词语积累，是为说好句子打基础。

（二）发现相同，尝试运用

首先，通过朗读、背诵第1、2小节，引导学生发现表达上的共同点：文段不仅使用“草芽尖尖、荷叶圆圆”这样的叠词来说出事物的特征，而且句式都是“什么对什么说”。接着，补充不同季节的图片，帮助学生启发思维，结合之前叠词的运用，让学生说说不同季节都有什么，说出季节的特点。最后，请学生联系生活实际，尝试仿照第1、2小节分别说说春季和夏季景物的特点。

有了前一环节的叠词仿说和积累做铺垫，此环节通过朗读积累优美的语言、背诵发现诗歌的表达句式等有梯度的练习降低了仿说难度，学生“说”的积极性自然就高了。

（三）发现不同，仿说句子

品读第3、4小节后，对比阅读第1、2小节和第3、4小节，引导学生发现句式上的不同：第1、2小节是什么对什么说，第3、4小节是什么怎样地说。通过补充不同季节的图片，帮助学生启发思维，让学生借助句式，说说自己喜欢的季节。

仿照课文说话，必须要以课文学习为依托，在朗读、背诵中积累语言，在对比阅读中感悟表达特点，在仿说中进行句式练习。

（四）迁移仿说，合作创编

教师引导：孩子们能不能也像课文一样，来说说四季中的景物是什么样子的？他们会说些什么呢？

教师依次出示辅助性句式，指名学生说；四人小组合作创编，要求：每个人选择一个季节说，模仿课文的写法，说说四季的景物是什么样子的，他们对谁说，怎么样说；学生把想到的写一写；学生展示汇报，师生交流评价。

1. ________，	2. ________，	3. ________，	4. ________，
他对________说：	他对________说：	他对________说：	他对________说：
“我是春天。”	“我是夏天。”	“我是秋天。”	“我是冬天。”

以文为本，在读中学习，读中识记，读中积累；从词到句，从说到写，读与说紧密联系，说与写有机融合，相辅相成。如果从低段起步就抓牢抓实“随文练写”，坚持练习，学生的习作水平一定会逐步提高。

宜宾市筠连县胜利街小学　张明秋

《富饶的西沙群岛》“随文微写”操作

本学期笔者带着学生进行了《富饶的西沙群岛》的“随文微写”。

先是课前教材解读。本单元围绕“祖国河山”编排了四篇课文，带着学生领略祖国的大好河山。“借助关键语句理解一段话的意思”是本单元的语文要素。本单元的习作要求是“习作的时候，试着围绕一个意思写”。这是“借助关键语句理解一段话的意思”在习作中的运用，形成了“由读到写”的学习路径。《富饶的西沙群岛》第 5 自然段围绕“西沙群岛也是鸟的天下”来写，写到了鸟多、鸟蛋多、鸟粪多。以泡泡的形式“我发现这段话是围绕一句话来写的”提示学生关注关键语句。

课后小练笔：从下面的图中选择一幅，写几句话。这不恰好可以活学活用吗？随即确定本课的微写点：从 78 页的四幅图中选择一幅，写几句话。

开课伊始，话题导入，自学文段，扫清字词障碍，能流利地朗读课文。随后重点学习第 5 自然段。先请学生自读，边读边想象作者眼中的画面，这个自然段写了什么。很多孩子都能回答：这个自然段写了鸟的天下，树林多、鸟蛋多、鸟粪多。然后讨论：读一读泡泡，试着说一说这个自然段是围绕哪一句话来写的。多数孩子都能回答是第一句。接着教师相机梳理：这段话几个方面的内容都是围绕第一句话来写的。那么第一句话就是这段话的关键句或者中心句。借助这句话，就能理解这个自然段的大意。

学生清楚知道第一句话是本段的关键句后，更重要的是要弄清楚作者是如何把“西沙群岛也是鸟的天下”这个意思写清楚的。于是笔者让学生再次默读文本，边读边思考：哪些语句能说明“西沙群岛也是鸟的天下”，请你用横线勾下来。学生 1 汇报交流：岛上有一片茂密的树林，树林里栖息着各种海鸟。因为这里有很多海鸟，所以西沙群岛是鸟的天下。学生 2 汇报交流：遍地都是鸟蛋。遍地，说明到处都是鸟蛋。鸟蛋从哪里来的呢？当然是鸟下的。鸟蛋多，自然鸟就多。因此西沙群岛是鸟的天下。学生 3 汇报交流：树下堆积着一层厚厚的鸟粪，这是非常宝贵的肥料。厚厚的，说明鸟粪多。鸟粪多，自然鸟就多，因此西沙群岛是鸟的天下。教师总结方法：作者选取典型的事物——各种海鸟、遍地的鸟蛋、厚厚的鸟粪来说明西沙群岛是鸟的天下。作者在写这段话时，采用了总分的结构，也就是把关键句或者中心句放在了这段话的最前面。同时，要把句子写得优美生动，我们还可以采用排比、比喻等修辞手法。教师引导学生梳理如何围绕一个意思写清楚的写作方法：总分的结构；选取典型的事物；采用排比、比喻等修辞手法。

接下来就是创设情境“随文微写”。教师在课件上出示四幅图片，请学生说说自己喜欢哪幅图，并阐述理由。学生的观点都比较散乱，不成体系。这时教师出示一幅图让学生采用总分的结构说一说：你喜欢这幅图的什么？为什么喜欢？注意选取典型的事物来说明理由，同时采用各种修辞手法，使自己的语言更加生动。这样一来，学生基本上都能采用上述方法，说一说自己喜欢的那幅图。最后再让学生写下来，就不是特别难了。

我们一起来看看学生的作品吧。

学生作品1：

小丑鱼在大海里悠闲地生活着。它们有的时候在海底的沉船里玩捉迷藏，有的时候在海里寻找食物，有的时候在海底吐泡泡。

其他同学评价这位同学的作品：她采用了总分的结构来写小丑鱼在大海里悠闲地生活着。她写到了小丑鱼的活动方式，选取了典型事例——捉迷藏、找食物、吐泡泡来描写小丑鱼悠闲的生活。同时还采用了排比的修辞手法。这样看来，她基本上学会了围绕一个意思来写的方法。

学生作品2：

今天我来到海边玩，看到好多漂亮的小鱼。有的身上长满了黄色的小扇子；有的身上有黑色的花纹；还有的眼睛圆溜溜的，身上长满了刺。

有同学认为这位同学是围绕“看到好多漂亮的小鱼”来写的，她写到了这些小鱼的外形，采用了总分结构。还有的同学说可以这样改一改：今天我来到海边玩，看到好多漂亮的小鱼。有的全身布满彩色的条纹；有的周身像插着好些扇子；有的眼睛圆溜溜的，身上长满了刺。

分析文本，习得写法。围绕写法，聚焦目标“结构合理，选取典型”，促整体提升。就这样，针对一个细小的微写点，当堂教学，当堂训练，正中靶心。通过这样的训练，慢慢提升孩子们的习作水平。

四川大学附属实验小学江安河分校 陈春鸿

统编版语文教材三年级下册“随文微写”选点策略

“读写并重”是统编版教材语用教学的基本思路，“随文微写”是课堂教学中实施语用训练的途径之一。

三年级是小学习作的起步阶段，统编版教材三年级上、下册的编排既关注阅读理解与积累，又注重模仿性的迁移训练；既有专项的习作单元，也有随课文安排的小练笔，在理解与表达、学习与运用之间架设起一座桥梁，旨在降低习作起步的难度。

开展“随文微写”教学活动的第一步是选择恰当的微写点。接下来笔者以三年级下册教材为例，谈谈选点的策略。

一、选点遵循单元语文要素

微写点的选择，一定是基于对教材细致深入的解读，不难发现，单元语文要素就是很好的向导，微写点就可从此处着手。

例如，第三单元的语文要素是“了解课文是怎么围绕一个意思把一段话写清楚的”。精读课文《赵州桥》的第 3 自然段就是很好的示范：

这座桥不但坚固，而且美观。桥面两侧有石栏，栏板上雕刻着精美的图案：有的刻着两条相互缠绕的龙，嘴里吐出美丽的水花；有的刻着两条飞龙，前爪互相抵着，各自回首遥望；还有的刻着双龙戏珠。所有的龙似乎都在游动，真像活了一样。

为了写清楚赵州桥的美观，作者详细介绍了桥面石栏上精美的图案，把各种姿态的龙写得活灵活现。

本单元的略读课文《一幅名扬中外的画》的第 3 自然段也用到了同样的写法：

走在街上的，是来来往往、形态各异的人：有的骑着马，有的挑着担，有的赶着毛驴，有的推着独轮车，有的悠闲地在街上溜达。

围绕着“形态各异”，作者详细介绍了各种人物的动作：骑马、挑担、赶驴、推车、溜达……

这两段话在表达上有共同点：都是先总说后分说的叙述方式，都用到了“有的……有的……有的……”的句式。这就是一个极佳的“随文微写”训练点，“围绕一个意思把一段话写清楚”。

有了这些基础的认识，在教学中，学生充分与文本对话，习得了“围绕一个意思把一段话写清楚”的范式和方法，并进行迁移运用。孩子们当堂完成了微写。他们这样写道：

草原上的小羊可真有趣啊！有的在玩耍嬉戏，有的在吃绿油油的草，有的在草地上晒太阳。

花儿可真美啊！有的穿着黄色的摆裙，就像美少女战士；有的穿着雪一样白的衣服，头抬得高高的，因为它正要参加舞会；有的戴着华丽的皇冠，自称是皇后。

水里的小鱼儿真可爱：有的在荷叶下玩着躲猫猫，有的在和同伴比赛谁游得最快，还有的跳出水面摆出了优美的姿势。

天上的白云真是千姿百态：有的像温顺的小绵羊，有的像在草原上奔跑的小马，有的像在水中游来游去的小鱼，有的像调皮的大熊猫。

二、选点落实课后小练笔

统编版教材在某些课后灵活地安排小练笔，促进读写结合，由读学写，在教学中笔者巧妙地将小练笔融入课堂教学。比如，结合课文《花钟》鲜花开放的语句，引导学生仿写自己喜欢的花，用不同的说法表达鲜花的开放，可以借用文中的词句，如“笑脸、醒来、怒放、苏醒、含笑”等，也可以调用自己的语言储备。教学课文《我们奇妙的世界》时，引导学生写自己发现的普通而又美丽的事物，写作对象是生活中常见的东西，用上比喻、拟人等修辞手法就能让普通的事物美起来……结合课文内容，模仿课文的语言形式，表达自己的观察和感受。

第一单元的习作是《我的植物朋友》，要写出某种植物的样子、颜色、姿态、气味等方面的特点。课文《荷花》就是描写植物的佳作，尤其是第 2 自然段写荷花不同的样子，这一段尤为精彩，课后小练笔也要求“仿照着写一种你喜欢的植物”。本课的微写点即“写一种你喜欢的植物的不同姿态”。

学生完成了这样的微写片段：

有的玉兰花还是花骨朵儿，像气球一样饱满。有的半开半闭。有的全展开了，这也是最美的模样——乳白色的花瓣一大片一大片的，就在这朵花的中心位置，点缀着淡黄色的花蕊，花瓣尖儿上还衬着玫红色呢！

杏花白色带一点粉，闻起来有一股淡淡的清香。有的花朵才开两三片花瓣，像穿了一件美丽的小裙子。有的花瓣全展开了，微风一吹，风里到处都弥漫着清香味。有时，花瓣会从树上飘下来，像冬天的雪花，还像一只只小蝴蝶在半空中翩翩起舞，正在展示自己的美。有的还是花骨朵儿，看上去圆圆的，看起来饱胀得马上要破裂似的。

三、选点关注课后思考题

有的课后题既启发了学生的想象，也提供了一些微写的思路。例如，第五单元，《宇宙的另一边》课后第二题：想象一下，“宇宙的另一边”还会有哪些秘密？《我变成了一棵树》课后第二题：如果你也会变，你想变成什么？变了以后会发生什么奇妙的事？这些都可以作为该堂课的微写点。

四、选点整合语文园地的“词句段运用”

“词句段运用”中的练习，大部分是从课文中提炼出来的经典句式或者语用训练，将这样的练习与课堂阅读教学进行整合，作为微写训练点，既高效又省时。例如，第一单元语文园地的“词句段运用”。

读一读，照样子写一种小动物的外形特点。

◇ 一身乌黑的羽毛，一对轻快有力的翅膀，加上剪刀似的尾巴，凑成了那样可爱的活泼的小燕子。

◇ 独角仙的甲壳多为深色，挺硬的，头部尖端有一只犀（xī）牛一样的角。

第一文段出自精读课文《燕子》，寥寥数笔勾勒出了燕子的外形；第二文段出自略读课文《昆虫备忘录》，抓住独角仙的壳和角，写出其外形的特点，值得学生进行迁移模仿。

学生的微写片段如下：

两只黑黑的小耳朵，一副大大的墨镜，加上一个圆滚滚的身子，这就是可爱的大熊猫。

一对三角形的耳朵，两颗锋利的大板牙，加上一条蓬松的大尾巴，拼凑成了可爱灵巧的小松鼠。

在阅读教学中，有了这些精心选择的微写点，引导学生读中学写，学写共进，落实语言学用的实践，培养学生的语言运用能力。

四川大学附属实验小学清水河分校　邓　茜

例谈“随文微写”的选点和实施路径

当前，小学语文课堂大部分时间用于阅读教学上，而写作课时间相对较少，并且阅读课堂和写作课堂是明显分开的。最新的统编版教材精心安排了一些名家名篇，要么语言优美生动，要么构思巧妙绝伦，要么结构紧凑和谐，要么思路清晰明了……这些特点鲜明的文章，为学生提供了习作范本，渗透了语言运用，并与该单元的习作训练相契合。学生有效的语言运用实践训练，应该渗透于阅读教学之中，而“随文微写”则是在文本中去寻找微写作的触点，突破“作文难”的问题。

一、巧抓文本特点，确立微写点

“随文微写”即在阅读教学中相机进行微型写作训练。它是单元习作的分解练习，也是落地培养学生语言运用的能力，提高学生语文素养的有效途径。如何确定一篇课文的微写点呢？

我们的选点依托单元的人文主题、语文要素，依托单元主题习作的要求，依托每篇课文的课后题乃至语文园地中“词句段运用”“交流平台”，以及明确提出来的小练笔。不难看出，微写点的选择，始终紧扣统编版教材的单元习作表达训练点及不同文体课文的表达特点，保证阅读教学与语言运用的统一性，使读写融通、读写相长并进行有效训练，达到积微成著的目的。

我们以统编版教材四年级上册第一单元课文《走月亮》为例，第 6 自然段描写了作者和阿妈在村道、果园走月亮的情景（所见、所闻、所想），这段话就是文章的重点段落，需要落实单元语文要素“想象画面”，结合课后小练笔，就可以巧妙地进行微写作指导，让学生写自己经历过的某个月下情景。

二、活用微写点，精心实施教学

为了达成本课的微写点“读课文第 6 自然段，说说‘我’的所见所想，并仿照着写一写自己经历过的某个月下的情景”，笔者进行了以下教学。

（一）布置课前观察

课前，笔者让学生去观察自己身边熟悉的地方，并和家人在夜晚去走一走，看一看，观察周围的景物。

（二）品析文段

在教学时，笔者让学生先默读第 6 自然段，让他们了解这个自然段中作者和阿妈走到哪儿。边读边想象画面，完成学习单上的表格，填写他们看到的、听到的、闻到的、想到的。然后结合课文中的具体语句与大家交流自己印象深刻的画面。学生纷纷发言，把自己想象到的画面，感受到的月下美景表达出来。接着，学生再结合感官体验朗读课文，展开丰富的联想和想象，朗读着这样的文字，仿佛看到了作者描写的画面，听到了作者笔下的声音，闻到了作者笔下的味道。这样的阅读会带给学生丰富的体会。

（三）小结方法

这月下田园让我们流连忘返，因为作者运用自己的感官，用眼看、耳听、鼻闻写出了自己在现实生活中的所见所闻，也写出自己的所想，每一幅画面都让我们感受到了“我”和阿妈的幸福和温暖。那你还记得月下的某个情景吗？仿照这种方法写自己经历过的某个月下情景。

（四）学生微写

这样的指导，让学生调动多种感官感受到现实的情景，由现实情景引发联想，进而生动地描写那些给自己留下深刻印象的画面，并写出自己的感受。

于是学生就有了这样的微写作：

一个秋天的夜晚，我和妈妈在静谧的小河边散步，月光照在河面上，月亮一会儿破碎，一会儿又重新愈合；月光照在昆虫身上，镀上了一层银色，银光闪闪特别漂亮；照在小花园里，花儿向着月亮婆婆问好。秋天正是果实成熟的季节，从果园里飘来一阵阵果子的芳香；从草丛里传来秋虫嘀哩嘀哩的叫声；

从树林里传来夜鸟拍打翅膀的声音。河面上，一只健壮的鱼儿钻出水面，又一个头朝下，扑通一声钻入河水中。天上的云彩本来是被灰色笼罩的，但围在月亮旁边的云朵却有了一件银灰色衣裳，在欢快地跳舞呢！啊，多美的夜晚，我和妈妈走月亮！

（五）及时评价

写完后，及时对微写进行交流和点评是反馈教学效果的重要环节。教师先示范点评学生的微写，看有没有比较真切地写出现实的情景（看到的、听到的、闻到的），有没有进行一些联想。在此基础上，还可以看学生的描写中观察是否有序（由远及近、从上到下），是否写出了层次，是否写出了自己的感受。

之后教师放手，让学生之间再进行微写的点评。这样可以充分调动学生的积极性，使他们不仅用耳听，而且动脑想、动嘴说、动手改，从而帮助他们学会分析、比较，提高写作能力。同时，学生在写作、修改、听取意见后，及时调整自己的微写，更深入地感受语言文字的美。

三、“随文微写”的意义

“随文微写”是将阅读与小练笔巧妙结合，让学生通过品味语言的美，学习作者的写作方法，再迁移方法写一写，降低习作难度，减少学生的畏难情绪，达到学生有话可说、习得写法、锤炼语言的目的。学生长期这样练习，不仅能品味语言文字的美，还能提高习作能力，促进情感的升华，真正做到在阅读和写作之间架起了一座桥！

四川大学附属实验小学　张　兰

感悟《四季之美》，体会别样表达

《四季之美》是统编版教材五年级上册第七单元的一篇精读课文。第七单元以“自然之趣”为主题，从不同角度描写了不同时间、不同地点的景物。《四季之美》是一篇以时间为序的写景散文，全文四个自然段，春、夏、秋、冬各为一段，篇幅简短，结构简单。每段开头，作者开门见山点明季节中最美的时刻，后面的语句中，作者就抓住这一时刻自己认为最美的景物进行描述。全文语言简洁，仿佛一位邻家女孩娓娓道来，娴静委婉，韵味不尽，值得再三品味。

《课标》对第三学段的阅读有这样的要求：揣摩表达顺序，体会思想感情，领悟表达方法。本单元的语文要素是“初步体会课文中的静态描写和动态描写”“学习描写景物的变化”。在《四季之美》中，作者处处写动态，时时写变化，却无时无刻不给人宁静平和之感，无疑是非常好的仿写范例。所以笔者萌生了让学生在“寻觅品味”文中“四季之美”的同时，习得具体的表达方法，并模仿运用这些方法将自己心中的四季之美表达出来的想法。

一、发现四季之美

本课以“你喜欢哪个季节的美景？为什么？”为话题导入，激发学生联系生活体验，回忆自己最喜欢的季节中最美的景色，为仿写铺垫，打下话题基础。同时鼓励学生要用一双善于发现美的眼睛，时时处处关注身边的风景，并提出本课的学习任务：想要把这些美景记录下来，还要学会运用恰当的语言来表达。

【实录片段】

师：你最喜欢哪个季节的美景？说说原因。

生：我最喜欢成都的秋天，因为成都有非常多的银杏树，深秋时节，银杏树上的叶子就全都变黄了，像一把把金色的小扇子，能挂满枝头，还能铺满街道。

生：我最喜欢春天，春天可以去爬山，桃花成片地盛开，像走进了粉色的海洋。

师：你们都有一双善于发现美的眼睛，我从你们细致的描绘中，感受到了你们对大自然的热爱。

随后，教师引导学生抓住文段结构的特点思考：作者心中的四季之美，美在哪里？学生借助每一个自然段的中心句，找到："春天最美是黎明。夏天最美是夜晚。秋天最美是黄昏。冬天最美是早晨。"既找到四季之美特殊的时段，又习得先总写再详细描写的表达方法。

接着，教师让学生读一读上述四句话，思考这四个时段有什么特别之处。学生在读中通过比较分析发现，这些时段两两接近，并且都是一天之中相对安静的时刻。这样的设计看似简单，实则为帮助学生理解"以动衬静"的写作手法埋下伏笔。

二、体会用词之巧

体会词句的感情色彩和表达效果，是第三学段阅读教学应该达到的要求。

【实录片段】

春天最美是黎明。东方一点儿一点儿泛着鱼肚色的天空，染上微微的红晕，飘着红紫红紫的彩云。

师：轻声读文，春天的黎明美在哪里？

生：春天的黎明美在它的色彩，泛着鱼肚白的天空，染上微微的红晕，还飘着红紫红紫的彩云。

师：春天的黎明色彩丰富而有层次，作者用哪三个词写出了颜色的变化呢？

生：作者用了"泛""染""飘"三个动词写出了天空中颜色的变化。

师：这三个词能用其他的词语替换吗？还有没有更恰当的词？

生：我认为还可以用"透"，透着鱼肚色的天空。

生：我还是认为"泛"更合适，"泛"写出了天空刚开始蒙蒙亮，但是从里到外渐渐透出来一片白的样子，"染"有染布晕开的感觉。

生："飘"写出了黎明时彩云轻飘飘的样子。

师：是啊，作者正是通过准确地描写春天黎明天空颜色的变化，表现它特有的美。

在教学设计的过程中，要有一双慧眼，找到有价值的点，对其进行巧妙的设计。文中色彩用词丰富形象，“鱼肚色”“红晕”“红紫红紫”构词各不相同，准确而形象地写出了黎明天空的变化，更写出了作者对春天黎明的喜爱。对三个动词的琢磨和推敲，都让学生感受到文章用词的巧妙，真正引领学生用课文来学习语言、运用语言、积累语言。

同样，在第 2 自然段，夏天最美是夜晚，引导学生找出描写夏夜萤火虫的动作的词语进行体会。“翩翩”“闪着”“飞行”既写出了萤火虫飞舞时的轻快，又以暗夜中萤火虫在林中积聚纷飞的场面和细雨的夜晚闪着微光飞行的情景相对比，写出萤火虫的动态之美。

第 3 自然段，秋天最美是黄昏。引导学生抓住秋天的美景给作者带来的感受，找出文中写作者感受的词语进行体会。鼓励学生探讨作者为什么会有这样的感受。学生在与文本充分对话的基础上，联系自己的生活经验，展开想象：“乌鸦归巢急急匆匆让人联想到他们可能是要急着回去喂养幼儿，与家人团聚。这样的亲情让人感动。”同时，还可以结合作者的生平体会她对亲情的渴望。

当然，每个人在面对不同景色时的感受各不相同，学生应通过对这一部分的探究，明确在描写景色时，还可以写出自己的心情和感受。

三、运用表达之妙

课文的内容，学生多读几遍就能明白，但是表达的形式和效果，需要教师点拨。这前三段的写景文字还隐藏着习作表达的奥妙。写春的黎明，作者着眼在写出变化；写夏的夜晚，作者抓住萤火虫的动作，写出动态；写秋的黄昏，作者一边写景一边抒情。这不就是写景的秘诀吗？教师轻轻一点拨，学生就豁然开朗了。

【实录片段】

师：在作者的眼里，四季之美在四时。春天的黎明，鱼肚色的天空与红紫云彩交融；夏天的夜晚，萤火虫着实迷人；秋天的黄昏，点点归鸦、比翼连飞的雁群，传递着回家的温暖；冬天的早晨，火盆是和谐的保障。在你的眼里，四季之美是何时何景呢？请选择一个季节最让你有所感触的景物写一写，写出变化，写出动态，写出你的感受。

阅读与表达相辅相成，语文要素也得以更好地理解和实现，这样一段仿写是对“用好课文这个例子”最好的诠释。

四川大学附属实验小学江安河分校　杨　娟

想象微写，描摹古诗之美

诗者，天地之心也。它的简约与博大、美丽与深邃承载着中华民族最鲜明的文化基因，构建出国人最浪漫的心灵家园。在聚焦学生核心素养和“双减”政策背景下，读写结合已经成为提高阅读和写作能力的基本方法，“随文微写”就是一种有效途径。小学语文高段的古诗教学中，如何丰富读写结合方式，积极建构新型课堂呢?

小学高段古诗中，写景古诗篇目众多，印证着古人“一切景语皆情语”的审美文化。五年级上册第七单元的主题是“四时景物皆成趣”，其主要的语文要素是体会景物的静态美和动态美，学习描写景物的变化。

学习唐代诗人王维的五言律诗《山居秋暝》时，在理解了整首律诗的大致意思后，将最能体现动静结合，同时也是千古佳句的颔联“明月松间照，清泉石上流”与颈联“竹喧归浣女，莲动下渔舟”作为微写点。先引导学生找出这两句诗描写的四幅图画：明月高照、清泉流淌、浣女归来、莲动舟下。这样定格的四张照片，可以让想象驻足，引导学生围绕每一幅图画想开去。

在引导想象时，首先抓住诗中景物，“明月松间照”中的“明月”“松林”，“清泉石上流”中的“清泉”“溪石”，它们到底是什么样的？再引导学生观察课文中的插图，清新雅致的国画晕染出一片初秋薄暮、雨后初晴的山中美景。这时，自然音乐《寂静山林》淡淡响起，淙淙流水、声声鸟鸣悄然牵引着身心进入这片静谧的隐居之地，感受着月夜山村的清幽、宁静与美好，让人不忍离去。有了情绪和情感的先行，学生看到了诗中美好的景色，于是情动而辞发，兴致勃勃地口头描绘出那些绮丽的景致：月亮升起来了，皎洁的月光穿过茂密的松林。高大的松树手挽手，肩并肩，用扑鼻的松香迎接盛情的月光。学生描绘诗中的关键词“明月”“松林”等相对静态的景物是较容易的，但是把这些景物写具体就不太容易了，需要进一步展开想象：月光从松树的枝叶间散落下来，你还看到了什么？

孩子们的想象围绕着“月光投射到林间地面”，画面在师生对话中徐徐展开。

生：地面上有一串串光斑，每一个小光斑都是一个美丽的舞台。

师：多美的舞台。在这个夜晚，谁会享受这个舞台上的倾情演出呢？

生：晚归的鸟儿。

生：活泼的小松鼠。

生：唱歌的蟋蟀。

生：提着灯笼的萤火虫。

孩子们眼睛亮亮的，想象中的景物带来的美好体验点亮了他们的笑脸。此时聚焦一个“流”字，“山溪”在哪里流？声音好听吗？还有谁和它一起流向远方？教师指导学生展开想象，化无声为有声，让画面活起来，这些灵动之景正好衬托出山林的静谧之美。“清澈的泉水轻轻地抚摸着小石头”“叮叮咚咚的歌声是清泉唱给山村的摇篮曲”“小树叶在清泉的陪伴下，开启了远航之旅”……

“竹喧归浣女，莲动下渔舟。”人物及活动的加入，转换了画面风格，让古诗充满了生命的张力。人物活动及环境共同构成了一个生动的场景。

教师引导：“归”字，你看到了什么？“喧”字，你听到了什么？“下”字，你还想到了什么？

还需要更近一点，请看清：她们的服饰、外貌、神态、动作……

教师的引导，关注了人物及活动的细节，有了细节，人物形象才更加立体。在充分的想象中，一群衣袂飘飘、笑语嫣然的古代浣衣姑娘映入眼帘，她们淳朴自由的天性之美为山居增加了一抹靓丽的风景。

在充分的口头表达和交流后，学生再梳理下笔即成微写。此时的他们所见的不是王维眼中的山居，但同样感受到了静谧与美好，还有美好背后更丰富的世界。

一个人，一首诗，一段独特的旅程。每个人在这些精炼的文字中所看到的风景都是不一样的。阅读自己的所见，微写自己的所见，是对古诗的理解和基于理解后的丰富表达，也是对古诗的再创造。对于小学高段的学生来说，这是提升能力、濡养文化的重要途径。

四川大学附属实验小学清水河分校　岳小兰

“随文微写”，这边风景独好

写作，历来是语文学科的重点和难点，学生也最怕写作。“随文微写”内容短小精悍，形式灵活多样，有效地减轻了学生的写作负担，也很好地契合了当下“双减”的理念，降低了学生的写作难度，提高了学生的写作兴趣，丰富了写作内容，奠定了学生良好的习作基础。

教材是学生接触最多的教学资源，也给我们提供了许多微写点，能起到敲门砖的作用，拓宽学生的思路。不拘泥于形式的练习，可以激发学生的想象力和创造力，只要教师善于发现，教材就有许多宝藏可挖。下面笔者就以《桥》这一课为例，谈谈如何培养学生的微写能力。

《桥》塑造了一位普通的老共产党员的光辉形象。老支书不徇私情、沉着冷静，将村民们送上了跨越死亡的“生命桥”，用自己的血肉之躯筑起一座不朽的桥梁。结合本单元的语文要素“读小说，关注情节、环境，感受人物形象”，笔者设计了三个微写点。

一、聚焦人物，渲染气氛

作者用极短的文字渲染了恐怖的环境，熟睡中的村民在突然而至的洪水面前惊慌失措，出于人的本能，大家赶紧逃命。所以本课的第一个微写点就聚焦在第 3 自然段“是谁惊慌地喊了一嗓子，一百多号人你拥我挤地往南跑”这句话。围绕这个句子进行想象，一百多号人物都有谁？我们可以进行分类描写，从年龄上，可以分为老人、年轻人、小孩这三类人物，想象在洪水来临的时候他们是如何表现的。要突出慌乱的场面，这时候又可以进一步细化，可以从动作、语言、神态等方面分别来描写人物，这样所描写的人物既有代表性也有侧重点。学生的话匣子打开以后，学生略一思索就提笔沙沙地写着，跳动的灵感在笔尖轻轻流淌……

学生 1 练写片段：

突然狗不停地叫起来，人们惊醒了，背上自己重要的东西就赶快冲出去，东面、西面都没有路。就在绝望的时候，一人说："北面有座小木桥。"人们疯一样冲了过去，水如一头猛狮，放肆地冲刷着人们。母亲拿着一把伞，双手抱着熟睡中的婴儿，嘴里念道："别怕，别怕！妈妈在。"年轻人边催着老人边提着东西，走向木桥。老人披上雨篷，不舍地回头看："我的庄稼，我的粮食！"脸上不知是泪水还是冰冷的雨水。哭声、雨声、呼唤声，汇成了一首悲壮的洪水交响曲。

学生 2 练写片段：

人们惊醒了，在咆哮的山洪声中惊醒了。只看见一窝蜂的人直奔那座充满希望的桥。只听见惊慌失措的人群中传来了婴儿的哭泣，人们都忙着逃命，茫茫人群中，一位母亲高声大喊："我的孩子，你在哪里？"一位青年人眉头皱成"八"字，神情凝重，仿佛与村庄永别一般不舍地看着；一位老爷爷死死地拽着手里的小凳子，任凭他儿子怎么劝也不放手，还说这是他唯一可以带走的家产……

二、结尾补白，推向高潮

文章构思新颖别致，设置悬念，前后照应。读到文章结尾时，我们才知道，原来被洪水吞噬的是父子俩。戛然而止的结尾，留给了学生许多想象的空间，想象祭奠那一天的环境和人物。在引导学生想象的时候，可以结合生活中洪水退去的场景，用上排比、比喻的修辞手法描写天空、大地、庄稼、村庄、桥，然后再写人物。可由来祭奠亲人的老太太入手，抓住老太太的动作、语言、神态来突出悲伤的感觉。也可以想象其他村民的感激之情。在这里，可以描写村民们在三个地方寻找、呼唤老支书，此处可结合诗歌《周总理，你在哪里?》的构段方式来写，将人们对老支书的怀念与情感推向高潮。

学生 1 练写片段：

五天以后，洪水退了，庄稼歪歪斜斜的，好像在向人们诉说着悲惨的故事，倒塌的木桥在低低地呜咽……村庄里静得可怕。一个老太太被人扶着，后面跟着一群人，老太太突然挣开人群，颤颤巍巍地跑向坟前，不停地亲吻着丈夫与儿子的坟，泪水止不住滑落下来："老头子呀，儿呀，你们在哪里？我想你们！"老太太跪倒在地，哭得上气不接下气。人们也放声大哭，每个人都在坟前说了一段话，放上一束花。这一段话，这一束花，带着大伙的思念，飘向远方……

学生 2 练写片段：

五天以后，洪水已经退去了，庄稼东倒西歪，还可以看到洪水肆虐后所留下的痕迹，只有崩塌的木桥在默默哭泣。原本平安撤离的人们又回来了：“老支书，您在哪里呀？”人们泣不成声。对着河流喊，只有河水流动的哗哗声；对着田野喊，只有几只小鸟悲伤地啼叫着；对着高山喊，只有风无情地吹着。此时此刻，人们的泪水如同断线的珠子掉了下来，打湿了人们的衣襟。一件件往事浮上心头：“老支书，逃难时是您帮我抱的孩子！”“老支书，您帮我收了好几次麦子。”说着，人们哭得更伤心了……

三、借颁奖词，升华情感

本文是一篇小说，成功地塑造了一位平凡而伟大的老支书的形象，这位优秀的共产党员的形象深入人心，在课文学习结束后，设置了一个微写点（选做）：为老支书写颁奖词。可以结合《感动中国》节目中对人物的评价介绍来写，内容要简要，高度概括老支书的人物形象与事迹，感情要真挚。可以用对比的形式，慌乱的群众与冷静的他作对比，老支书对待群众与对待儿子的态度作对比，生与死的抉择作对比，多用短句达到震撼的效果。

学生 1 练写片段：

山洪暴发时，群众惊慌失措，他镇定自若；儿子插队时，人们欣然应允，他却火冒三丈；木桥呻吟时，人们全部撤离，他却与儿子用生命筑起一座逃生之桥；他是一位不称职的父亲，但他是一位心系人民的老支书，让我们向英雄致敬！

学生 2 练写片段：

山洪暴发，一位伟大的党员出现在群众面前——老支书，他指挥大家安全过桥，却留下了他和儿子牺牲的背影。他是一位伟大的党员，也是一位不称职的父亲。他把希望让给别人，把危险留给自己，他用自己和儿子的身躯铸就了一座坚硬的桥梁，永远留在了人们的心里。

这一堂课中，老支书形象感人，学生被其魅力所感染，对选取的微写点很感兴趣，许多平时不愿意写作的学生今天兴趣高涨，在课堂上主动分享。相信老支书的人格魅力已经感染了学生，成为一座灯塔，指引着孩子们前进的方向……

资阳市安岳县岳阳小学　谢　敏

心有所信，行能致远

2021年，是笔者进入川大附小的第六年，也是加入“贺婧名师工作室”的第二年。在贺老师的指导下，在工作室老师的鼓励和支持下，笔者在语文课堂教学上有所精进，收获颇丰。

于“勤”，笔者坚信对于青年教师而言，唯有学习是成长的活水源泉，只有深厚的专业知识积淀，广博的知识储备，才能促使我们在教学的岗位上走得更远。在工作室成立的头一年，贺老师向我们推荐了大量的阅读书目，从教师的自我修养、教育的艺术、教育的方法到习作教学指导……应有尽有。工作室还定期开展了一系列的阅读交流活动，教师在一起，从阅读体会出发，梳理反思自己的教学实践。这些活动，促使笔者将阅读作为一种习惯坚持下去，也学到了很多先进的教育思想、教育理念、教育方法……

于“思”，以工作室出版书稿为契机，以“随文微写”为切入点，笔者和工作室老师对小学习作教学进行了深入的研究和思考。我们通览了十二册语文教材，从了解小学习作教学的目标，到挖掘教材中隐藏的微写点，到构建“随文微写”的知识序列，再到形成较为完整的“随文微写”教案，整个过程犹如一场头脑风暴，笔者也在思考、创作、讨论、反思、再创作的过程中，明确了今后习作教学的思路和方向。读写结合，在阅读教学中穿插“随文微写”训练已经成为一种重要的授课方式。阅读指向由外到内的吸收，写作指向由内到外的表达，“随文微写”就是要教师通过寻找一个个微写点为学生架起阅读与写作之间的桥梁，带领学生较为分散地开展模仿练习，最终通过大量的练习提升学生的写作能力。

于“行”，在贺老师的鼓励和指导下，在工作室老师的帮助下，两年来，笔者积极参加省、市、区各级赛课和展示课，在实践中不断提高自己的教学水平。回想起赛课的过程是痛苦的，一夜一夜的煎熬，一篇一篇的教案，一遍一遍的推翻，一次一次的重建，庆幸的是自己从未想过放弃，在坚持中也锤炼了自己的意志，收获了丰厚的成果。加入工作室的这两年来，笔者参加了省级赛课一次、市级赛课一次、区级赛课一次、区级教学研讨展示课一次、送教展示课一次，均取得了较好的成绩。

在我们的工作室里，每一名教师都专注于心，不断挖掘自己的潜能；每一名教师都执着于行，把每一件小事做到极致。希望我们的工作室在每一位教师共同的努力下越来越好，也希望我们每一个人都能支撑起川大附小最好的未来。

四川大学附属实验小学　杨慧颖

成长路上的光亮

2019年，笔者有幸成为贺婧名师工作室的一名成员。在贺婧老师的带领下，笔者与工作室的伙伴们逐步成长。时间匆匆流逝，转眼间，进入这个温馨、积极向上的名师工作室团队已经快两年了，这两年的工作、学习和实践虽然让人紧张、繁忙，但是收获良多。

学，然后知不足。在这两年的学习中，很幸运跟着贺老师及工作室的前辈们一起接触了“随文微写”这一理念。起初，笔者粗浅地认为，“随文微写”就是一边学文一边写，那时间够吗？学生最怕写，这样设计学生会喜欢吗？能写出来吗？……一连串的疑问在心中默默萌发。直到贺老师及工作室前辈们给大家进行了耐心的讲解，在教学实操中给予了我们很多支持与帮助，在课题研究中给了我们很多启发与思考。原来，我们研究的“随文微写”是将阅读与习作结合，降低习作难度，减少学生心理压力、畏难情绪，达到使学生有话可说、习得写法、锤炼语言的目的。了解这些后，笔者心中的疑惑扫清一大半。

耳目之闻见，善用之足以广其心。学习了解了“随文微写”的知识，“怎么做”是接下来的又一疑问。贺老师耐心地告知：“不要着急，拿到一篇课文，研读教材才是教案设计的开始。研读教材的第一步，一定是教师自己的反复读文与用心体会。”不仅如此，贺老师在指导笔者完成《四季之美》一课的教学设计时，花了很多时间与功夫，我们一起研读课文，研读作者的经历，研读教材单元导语与课后题，研读教参单元双线要素，研读《课标》，也“研读”我们的学生……还记得，在校园博弈长廊的那个下午，银杏树叶在阳光的照射下微微闪动着，亲切的贺老师和笔者坐在校园一角，我们各自阐述着自己对这篇课文的理解与感受，原来，学生也是一样，不一样的年龄，不一样的阅历，不一样的成长都会读出独特的感受。通过这一课的实操准备，笔者对“随文微写”中“研读教材”这一部分有了更深刻的理解，也在这个过程中，有了成长与进步。

见贤思齐。在这一学年中，跟着工作室的前辈们围绕“随文微写”充实又有意义地忙碌着，仿佛已经习惯每晚休息片刻又打开电脑的生活。时常也会畏难，偶尔也有抱怨，可每当看到工作组里这样一群老师，有的德高望重，有的肩负各项工作，有的还要陪伴年幼的孩子，大家都为了同一个目标聚集在一起，不骄不躁，脚踏实地，让人心生敬意。这是一股向上的力量，也是笔者需要不断磨炼和看齐的方向。

此时此刻，笔者庆幸能与“随文微写”相遇，更想感谢贺老师及工作室前辈们带笔者走进“随文微写”的世界，它就像夜里那盏不灭的航灯为教学指引方向，温暖、明亮，带给人向上的力量，期待能和大家一起点亮习作课堂！

四川大学附属实验小学　周　丹

“随文微写”是单元习作的奠基石

2019年，笔者成为贺婧名师工作室的一员，深感荣幸。跟随工作室两年多了，跟着贺老师和工作室的其他教师做了很多事，贺老师与我们进行了线上交流，还请专家给我们进行线上培训。从2021年暑期开始，工作室进行了“随文微写”的教学设计与实践，笔者感受颇多，尤其是觉得“随文微写”让单元习作更简单，学生不再无话可说。可以说，“随文微写”是单元习作的奠基石。

以前笔者的课堂就是常规的阅读教学课，没有专门注重微写作教学，多是在教完一篇课文之后，课后有小练笔，学生就进行微写作练习，如若没有专门的小练笔，习作就得等到单元习作课的时候了。自从进行了“随文微写”的教学实践，每一次备课时笔者都会基于对文本的解读确定微写点，针对学生的实际情况进行微写作的备课，课堂上有意识地注重微写练习。一段时间下来，学生都会自觉进行微写作，基本上每个学生都能够下笔，大多数学生还能写得很好。几个单元训练下来，学生不再害怕写作，也不再害怕上习作课，因为有了前面几篇课文的微写作的铺垫，到了单元习作的时候，学生只要把自己之前课堂上写的小作文串联整合一下，单元习作就水到渠成了。

例如，在五年级上册第四单元《古诗三首》的教学中，每一首古诗笔者都抓住了当时的背景，让学生结合如今的生活进行微写作。比如，在《示儿》中，让学生写一写，如果你是陆游，你临终前会说些什么？想写些什么？在《题临安邸》中，让学生以路人的视角或者统治者的视角来写一写当时人们的生活到底是怎样的。而在《己亥杂诗》中，让学生想一想自己现在幸福安稳的生活，给龚自珍写一封短信，告诉他未来生活可能会有什么变化，询问有没有达到龚自珍期望的那样。这样一层一层的训练，从分析古诗背景到联系现实生活，学生再接触本单元习作《二十年后的家乡》时，就不会那么难以下笔了，他们就会知道先去分析现在的生活，再去设想未来的变化。

再如，五年级上册第六单元的单元主题是“舐犊情深”。三篇课文写的都是父母之爱，本单元的习作题目是《我想对您说》。笔者在《慈母情深》设计的微写点是：你有没有哪个瞬间感受到了父母的辛苦？当时的场景是怎样的？你是怎样想的？你又想对那个时候的父母说些什么？请写出你的真情实感。《父爱之舟》的微写点是：请写一写生活中你感受到的父母无言的爱的场景，写下你当时的感受，以及你想对父母说的话。《“精彩极了”和“糟糕透了”》的微写点是：相信你的父母表现爱你的方式也是不同的，请写一写他们对待你的不同的爱的表现，并写下你当时的感受，以及可能想对他们说的话。通过三堂课的练习，学生就积累了三个素材，每一次都写下了想对父母说的话，加上口语交际的训练，在习作教学的时候，才能够表达对父母的爱，说出想说的话。

传统的课堂大多数时候都是一个问题接一个问题回答，教师提问时，能举手回答问题的学生只占少数，能够有逻辑、清晰地回答问题的学生就更少了。自从设计了微写作，依托于课文理解的小练笔，学生更能在思考后下笔，写好了之后再在课堂上展示，这样逻辑更清晰，学生的表达欲和自信心更强，更能够提高语言表达能力。

这学期通过“随文微写”，学生的语文成绩有了整体的提升。在习作中，既可以巩固字词基础，也可以让学生提升语言文字的运用水平，字词句篇是密不可分的整体，微写练习可以让学生多思考、多动笔，学会了观察生活，体验情感，使语文课与生活融为一体，学生的成绩自然就有所提升。

总之，跟着工作室的这两年多，笔者学到了很多，教学水平有所提高，但还存在着不足，今后将继续跟随工作室的脚步，勤于学，努力钻，以期不断提高自己的教育教学水平。

简阳市青龙小学　潘佳丽